Jake Wallis Simons – Israelphobie

Jake Wallis Simons ist ein britischer Journalist und Romanautor und seit 2021 Herausgeber des *Jewish Chronicle*. Bekannt wurde er durch einige Inside Storys über den Mossad. Er schreibt für den *Spectator, BBC Radio 4, Sunday Telegraph, Times, Guardian*.

Titel der Originalausgabe: »Isrealophobia«, London 2023

Edition
TIAMAT
Deutsche Erstveröffentlichung
Herausgeber:
Klaus Bittermann
1. Auflage: Berlin 2023

www.edition-tiamat.de
Druck: cpi books
Buchcovergestaltung: Felder Berlin-Köln
ISBN: 978-3-89320-313-0

Jake Wallis Simons

Israelphobie

Die unendliche Geschichte von Hass und Dämonisierung

Aus dem Englischen von
Klaus Bittermann, Mark Feldon,
Christoph Hesse

Critica Diabolis 324

Edition TIAMAT

Für Roxanna und unsere Kinder

Inhalt

»Wir sind ein Volk wie alle anderen Völker auch; wir haben nicht die Absicht, besser zu sein als die anderen. Als eine der ersten Bedingungen für die Gleichheit fordern wir das Recht, unsere eigenen Schurken zu haben, genauso wie andere Menschen auch.« Ze'ev Jabotinsky, 1911

»Seien Sie enttäuscht, wie wir alle bis zu einem gewissen Grad enttäuscht sind, dass die großen abenteuerlichen Ambitionen des Zionismus, die drohende Katastrophe abzuwenden, einen Kurs zwischen aggressiver Assimilation und zaghaftem Isolationismus einzuschlagen, in Frieden mit den Nachbarn zu leben, noch nicht in allen Fällen ihr Ziel erreicht haben. Aber lassen Sie nicht zu, dass die Enttäuschungen von heute die Ambitionen von damals entstellen. Nur weil Ungerechtigkeit manchmal als seine Frucht erscheint, bedeutet das nicht, dass der Zionismus in seiner Entstehung ungerecht war. Es liegt in der tragischen Natur von Träumen, sich zu verflüchtigen. Darüber weinen wir. Je größer der zerstörte Traum ist, desto reichlicher sollten unsere Tränen sein. Und denen, die nicht weinen wollen, die lieber marschieren, protestieren und boykottieren, sage ich: Ihr gehört zu denen, die den Traum von vornherein zerstört sehen wollten.«

Howard Jacobson

VORWORT

Dieses Buch erschien in Großbritannien am 7. September, auf den Tag genau einen Monat bevor sich alles änderte. Für die jüdische Gemeinschaft in Israel und in der ganzen Welt war der 7. Oktober ein Wendepunkt. Es gab ein Vorher und es gibt ein Nachher. Für uns ist jeder Tag der 8. Oktober. In gewissem Maße trifft das auf die ganze Welt zu, wenn der Mob auf die Straße geht und in Berlin Davidsterne an Häuser von Juden geschmiert werden.

In Israel wurden die alten Sicherheitsvorstellungen endgültig über den Haufen geworfen. Vor dem 7. Oktober lautete die vorherrschende Doktrin Eindämmung. Die Bedrohungen durch die Hamas, Hisbollah und den Iran hielt man für beherrschbar. Jeder von ihnen gab seine völkermörderischen Absichten offen zu, und sie verfügten auf unterschiedliche Weise über ein furchterregendes Vernichtungspotential; aber Israel glaubte, mit der Bedrohung fertigwerden zu können, und zwar sowohl durch wirtschaftliche Unterstützung als auch durch eine militärische Prävention, die punktgenaue Schläge vorsah, um den Aufbau feindlicher Truppen in Syrien zu verhindern, auch bekannt als »Kriegführung zwischen den Kriegen«.

Letzteres galt insbesondere für den Gazastreifen. Entgegen der landläufigen Meinung, es handele sich dabei um ein »Freiluftgefängnis«, durften täglich mehr als 10.000 Palästinenser nach Israel einreisen, um dort zu arbeiten und so zur dringend benötigten wirtschaftlichen Liquidität beizutragen (es wird vermutet, dass sich darunter auch Spione befanden, deren Informationen dazu beitrugen, das grausame Vorgehen der Hamas am 7. Oktober zu ermöglichen). Israel versorgte die Hamas zudem mit Wasser, Treibstoff und anderen Hilfsgütern, die diese ihren eigenen Leuten vorenthielt, da sie ihr Geld lieber in den Bau von Tunneln und anderer tödlicher Infrastruktur steckte. Der 7. Oktober ließ all das schmerzlich naiv erscheinen. Er hat uns eine einzige Lektion erteilt: Wenn eine Terrorgruppe die Fähigkeit und den Willen hat, wird sie auch handeln. Dies wirft ein ernüchterndes Licht auf die Zukunft der Region. Kann Israel nach der Liquidierung der Hamas noch leben, ohne es mit der Hisbollah und dem Iran zu tun zu bekommen?

Nicht weniger deutlich fiel die Lektion für die gesamte demokratische Welt aus, von Deutschland über Großbritannien bis zu den Vereinigten Staaten. Aber – und hier kommen wir auf mein Buch zurück – die Anzeichen waren auch nicht zu übersehen. So wie die Hamas kein Hehl aus ihrer Absicht machte, die Juden zu vernichten, deren Heimatland auszulöschen und ein weltweites Kalifat zu errichten, so sprachen sich Hassprediger in ganz Europa und Amerika offen für solchen Dschihadismus aus. Als Auslandskorrespondent habe ich über die grausamen Folgen dieser Ideologie in unseren eigenen Hinterhöfen berichtet, von Berlin bis zum Bataclan, von Nizza bis Stockholm, von Brüssel bis Nizza, Manchester, London, Istanbul und Sri Lanka. Und doch haben wir die Bedrohung nicht ernst genommen. Wir trauerten, zündeten Kerzen an und kehrten zur Normalität zurück, indem wir die, die uns Schaden zufügen wollten, wieder in die Arme schlossen. Jetzt leben wir in einer Zeit, in der Davidsterne an Türen geschmiert werden.

Seit die Hamas am 7. Oktober ihr Blutbad an den Juden begonnen hat, finden auf den Straßen unserer Länder jeden Tag beschämende Aktionen statt. Die ersten propalästinensischen Demonstrationen konnte man bereits beobachten, bevor Israel überhaupt reagiert hatte, ja bevor das Blut in den Kibbuzim getrocknet war, bevor das Morden aufgehört hatte. Innerhalb weniger Wochen brachten Hunderttausende ihre Solidarität mit den Palästinensern zum Ausdruck und schenkten den offen zum Völkermord aufrufenden Gesängen und Plakaten des Mobs (der in vielen Fällen von Männern mit Verbindungen zur Hamas organisiert wurde) keine Beachtung. Sie verhöhnten und attackierten unsere Nationalflaggen, Denkmäler und Symbole.

Scharen von nützlichen Idioten der progressiven Linken schlossen sich ihnen an, beseelt von Mitgefühl angesichts der schrecklichen Bilder des Leids in Gaza, aber ohne über die grundlegenden Wahrheiten nachzudenken. Jeder Krieg ist die Hölle; selbst ein gerechter und defensiver Krieg ist die Hölle; manchmal aber lässt sich die Hölle nicht vermeiden, schon gar nicht, wenn sie von anderen losgetreten wird. In allen Kriegen der Geschichte wurden stets mehr Zivilisten getötet als Kombattanten; für einen toten Zivilisten macht es keinen Unterschied, ob er für eine moralische oder unmoralische Sache getötet wird. Manchmal, wie beim Islamischen Staat und dem Dritten Reich, reichen Diplomatie und Kompromisse jedoch nicht aus: Man muss zu den Waffen greifen, wenn man nicht in einer Diktatur und in einem Kalifat aufwachen will. Die Leichtigkeit, mit der diese Überlegungen beiseite geschoben wurden, verfolgt ein Ziel.

Was hat das Urteilsvermögen so vieler Menschen vernebelt? Was hat das Urteilsvermögen unserer Gesellschaften so viele Jahrzehnte lang vernebelt, als sich Islamisten in unserer Mitte einnisteten, Liberale sie entschuldigten und der Rest von uns ein Auge zudrückte? Was hat es mit Israel auf sich, dass so riesige Menschenmengen auf die Straße gehen wie bei keinem anderen Konflikt – angefangen beim Krieg im Jemen mit seinen Hunderttausenden von Toten bis hin zum syrischen Bürgerkrieg, in dem die Palästinenser von Assad mit Fassbomben beworfen wurden – und dass keine andere Menschenrechtsverletzung, von der Inhaftierung muslimischer Uiguren in chinesischen Konzentrationslagern bis hin zur Vertreibung der muslimischen Rohingya in Birma, auf so leidenschaftliche Ablehnung stößt? Was hat es mit Israel auf sich, dass es so viele Menschen dazu bringt – wie George Orwell in einem bahnbrechenden Aufsatz von 1945 über den Antisemitismus schrieb – zu glauben, was unmöglich wahr sein kann?

Juden wurden schon immer anders behandelt. Seit Jahrtausenden werden sie auf unterschiedliche Weise dämonisiert: als Christusmörder, Untermenschen*, imperiale Kolonisatoren, als dunkle Macht hinter allem Bösen in der Welt. Gottes auserwähltes Volk hatte seinen Sohn ermordet; Juden wurden in die finsteren Gefilde des Übernatürlichen erhoben und zu Untermenschen degradiert. Das so Dämonisierte muss vernichtet werden. Wie sonst soll man mit diesem heimtückischen Feind umgehen, der sogar seine Gestalt verändern kann, um unsichtbar in unserer Mitte zu wandeln? Wie soll man mit dem völkermordenden Staat Israel anders umgehen, als ihn zu vernichten?

Dieses Buch hat, als es am 7. September erschien, die moderne Version der uralten Psychose des Antisemitismus seziert. Das Fenster, das den Blick auf unsere Gesellschaft freigab – und auf den Krebs, der im Innern an ihr nagt –

* Im Original deutsch.

stand bereits offen. Einen Monat später allerdings wurde es dringlicher denn je, durch dieses Fenster zu sehen und genau hinzuschauen. Israelphobie ist eine der größten Gefahren unserer Welt. Sie untergräbt den Zusammenhalt der Gesellschaft, führt zu Instabilität auf regionaler und globaler Ebene und stachelt allerorten zu fanatischem Hass auf. »Der Hass, der mit den Juden beginnt«, sagte der inzwischen verstorbene Oberrabbiner Lord Jonathan Sacks, »hört mit den Juden nie auf.« Israelphobie ist die neueste Version des ältesten Hasses. Was können wir dagegen tun?

James Wallis Simons
London, den 22. November 2023

1

DER NEUESTE HASS

Wir wollen ihr Blut

»Das ist die antijüdische Nike-Edition«, scherzt der junge Mann und zeigt die israelischen Miniaturflaggen, die er an seinen Turnschuhen befestigt hat. Es ist ein Sonntagnachmittag im Zentrum Londons, und vor der israelischen Botschaft findet eine gewalttätige Demonstration statt, um gegen den Konflikt mit der Hamas zu protestieren. Am Vortag fand eine der größten propalästinensischen Kundgebungen in der britischen Geschichte statt, bei der 180.000 Menschen im Hyde Park waren. Diese kleinere Versammlung wurde auf die Beine gestellt, um sich einer proisraelischen Gruppe entgegenzustellen. Ein paar Straßen von dem Mann mit den antisemitischen Turnschuhen entfernt zieht eine Schar junger Leute durch die Seitenstraßen und ruft: »Hier werden wir bestimmt ein paar Juden finden«. »Wo sind die Zionisten? Wir wollen ihr Blut.« Zwei Polizisten in der Nähe hören Rufe, tun aber nichts. In der Zwischenzeit brüllt ein Bärtiger vor einer Gruppe junger Männer in ein Megaphon. Viele tragen schwarze Masken und schwenken palästinensische Fahnen. »Der Unterschied zwischen uns und denen ist, dass sie am Leben hängen«, brüllt er in Richtung der pro-israelischen Demonstranten.

»Wir glauben an den Tod. Wir glauben, dass das Leben mit dem Tod beginnt. Der Tod ist uns egal. Wir lieben den Tod.«[1]

Diese Szenen spielten sich im Mai 2021 ab, aber sie sind vielen britischen Juden noch gut in Erinnerung. Zu jener Zeit befand sich Israel im Kampf gegen Terroristen aus dem Gazastreifen, die mehr als viertausend Raketen auf Tel Aviv, Jerusalem und andere Ballungszentren in Israel abgefeuert hatten, und wohin man auch blickte, kochte der Hass über. Tags zuvor, am jüdischen Schabbat, hatte sich der Mann, der sich seiner Liebe zum Tod rühmte – ein ehemaliger Geschichtslehrer namens Mohammed Hijab – im Herzen der jüdischen Gemeinde Londons dabei gefilmt, wie er orthodoxe Männer vor einer mobilen Werbetafel mit Bildern von Juden in Konzentrationslagern fragte, ob sie denn nichts »aus dem Holocaust gelernt« hätten. In der Woche zuvor war ein Autokonvoi mit palästinensischen Flaggen durch den Norden Londons gerollt, Männer lehnten sich aus den Fenstern und schrien in Megaphone: »Fuck the jews; rape their daughters«. Der Ehemann der israelischen Botschafterin und ihre drei kleinen Töchter wurden umzingelt, konnten aber unversehrt davonfahren.

Im Rückblick auf Ereignisse wie diese sind viele Juden darüber schockiert, wie wenig schockiert sie sind. Jüdische Schulen, Synagogen und Gemeindezentren sind gezwungen, mit Sicherheitsmaßnahmen zu leben, die keine andere Minderheit kennt. Obwohl sie nur 0,5 Prozent der Bevölkerung ausmachen, sind die britischen Juden nach Angaben des Innenministeriums bei jedem vierten Hassverbrechen[2] die Leidtragenden und werden fünfmal häufiger angegriffen als andere Glaubensgruppen.[3] 55 Prozent geben an, dass sie von Rassismus betroffen sind. Das sagen, im Vergleich, nur 50 Prozent der schwarzen Kariben und 30 Prozent der Schwarzafrikaner, wie eine landesweite Erhebung von Evidence for Equality ergab.[4] Antisemitische Vorfälle nahmen in der gesamten westlichen Welt zu und stiegen allein in den Vereinigten Staaten bis 2022 um 36 Prozent auf ein Allzeithoch an.[5] In Frankreich richten sich mehr als 60 Prozent der religiös motivierten Beschimpfungen gegen Juden,[6] und in Deutschland stiegen die antijüdischen Hassverbrechen von 1.374 Vorfällen im Jahr 2012 auf 2.639 im Jahr 2022.[7] Das heute vorherrschende Vorurteil unterscheidet sich jedoch vom Antisemitismus früherer Zeiten. Die meisten antijüdischen Anfeindungen auf der ganzen Welt richten sich heute nicht mehr gegen die Religion oder vemeintliche Rasse* der Juden, sondern gegen ihr Heimatland.

Als Herausgeber der ältesten jüdischen Zeitung der Welt, des *Jewish Chronicle*, und davor als Auslandskorrespondent, der auch ausführlich über den Antisemitismus in Jeremy Corbyns Labour Party berichtet hat, bin ich mir des Hasses, der im dunklen Herzen der Anti-Israel-Bewegung sitzt, schon lange bewusst. Obwohl Israel die einzige liberale Demokratie im Nahen Osten ist, in der Homosexuelle, Frauen und Minderheiten so frei leben wie nirgendwo sonst in der Region, wird es häufig als das repressivste Regime der Welt verunglimpft; diejenigen, die sich ihm auf die fanatischste und chauvinistischste Weise widersetzen, sogar mit Küchenmessern, selbstgebauten Gewehren und Selbstmordbomben, werden als Widerstandskämpfer gegen Tyrannei dargestellt. Im liberalen Westen wird die propalästinensische Sache als Totem der Identitätspolitik be-

* Im Englischen ist, anders als im Deutschen, auch heute noch selbstverständlich von »Rasse« (race) die Rede, und zwar nicht nur in einem irgendwie kulturellen, sondern auch im ethnologischen, wenn nicht gar (pseudo-)biologischen Sinne.

trachtet und mit dem Widerstand gegen die Apartheid in Südafrika, den Kolonialismus und die Vorherrschaft der Weißen gleichgesetzt. Israelische Produkte werden boykottiert, israelische Geschäfte verwüstet, israelische Redner aus den Universitäten gejagt, und alles wird so dargestellt, als stünden die Dämonen auf der Seite der Engel.

Die Öffentlichkeit wird ermutigt zu glauben, der Hass auf den jüdischen Staat sei etwas völlig anderes als der Hass auf Juden. Aber es dauert nicht lange, bis die Maske fällt. Werfen wir einen Blick auf die Massendemonstrationen vom Mai 2021, als das israelische Militär auf die Raketen der Hamas reagierte. Als die Kampfhandlungen abgeklungen waren, waren 256 Palästinenser, die meisten von ihnen Terroristen, und vierzehn israelische Zivilisten tot (weitere Opfer wurden Israel durch das Raketenabwehrsystem Iron Dome erspart, das mehr als 1.200 Raketen abfing und zerstörte, bevor sie auf Häusern und Büros landen konnten).[8]

Warum haben die Demonstranten gerade auf diesen Konflikt so vehement reagiert? In jenem Jahr konnte man den Aufzeichnungen der Vereinten Nationen (UN)[9] entnehmen, dass es zahlreiche Kriege, Ungerechtigkeiten, Menschenrechtsverletzungen und Gräueltaten auf der ganzen Welt gab. Sogar vor der Haustür Israels. In Syrien hatte der zehnjährige Krieg mit mehr als einer halben Million Toten einen traurigen Höhepunkt erreicht. Im Jemen, der als Schauplatz der schwersten humanitären Krise der Welt bezeichnet wurde, war die akute Unterernährung so hoch wie nie zuvor seit Beginn des Konflikts. Mehr als die Hälfte der Bevölkerung litt unter akutem Nahrungsmittelmangel, und zehntausende Kinder wurden seit Beginn der Kämpfe getötet oder verstümmelt.

In Tigray in Äthiopien wütete die Gewalt, und 350.000

Menschen waren von einer Hungersnot bedroht. Ein Putsch in Myanmar trieb 25 Millionen Menschen, fast die Hälfte der Bevölkerung, in die Armut. In Mali wurden UN-Friedenstruppen getötet, 400.000 Menschen flohen aufgrund der Gewalt aus ihren Häusern, und fast fünf Millionen Menschen waren auf humanitäre Hilfe angewiesen. Und doch war es der Israel-Konflikt mit seinen 270 Toten, der weltweit so große und erbitterte Demonstrationen auslöste. Warum? Es gibt viele mögliche Erklärungen. Aber die Todesanbeter vor der Botschaft, die Leute, die in Hinterhöfen das Blut der Zionisten forderten, und die Megaphon-Männer, die jüdische Töchter vergewaltigen wollten, könnten Hinweise geben.

Israel ist alles andere als perfekt. Ich habe nicht nur beim *Jewish Chronicle* und in meinen früheren Jobs bei der *Daily Mail*, dem *Sunday Telegraph* und anderswo ausgiebig über die Region berichtet, sondern auch jahrelang aus der ganzen Welt, von Caracas bis Colombo, von St. Helena bis Harare, vom Bataclan bis in die Niederungen von Maiduguri. Mehr als einmal wurde ich im Westjordanland mit Tränengas beworfen. Ich habe genug Länder in verschiedenen Krisenzuständen gesehen, um – frei nach Tolstoi – zu wissen: jede unglückliche Nation ist auf ihre eigene Weise unglücklich. Seit Benjamin Netanjahu 2022 an der Spitze einer Koalition, der mehrere Extremisten angehörten, Ministerpräsident wurde, sind die Mängel Israels besonders sichtbar geworden. Kundgebungen im ganzen Land lösten eine Krise des demokratischen Systems aus. Doch jedes Land ist auch auf seine Weise bewundernswert. Gemessen an Korruption, Menschenrechten, Demokratie, Freiheit usw. liegt der jüdische Staat in der Regel im Mittelfeld oder darüber. Letztendlich ist er ein Land wie jedes andere, mit seinen eigenen Qualitäten und seinen eigenen

Sünden. Warum wird er nicht nach den Maßstäben beurteilt, die für alle anderen Nationen gelten? Warum wird er an den Pranger gestellt, boykottiert, angegriffen, verunglimpft und beschimpft? Und wie kann man vernünftige Kritik von Hass unterscheiden?

Hier ist das Problem

Antisemitismus ist zu einem der am meisten politisierten und brisantesten Themen unserer Zeit geworden. In den letzten Jahren beherrschte es die Nachrichten, Feuilletons, Kulturkriege und Gespräche am Küchentisch und wurde von Politikern fieberhaft debattiert. Der Antisemitismus hat neue Allianzen und neue Feinde geschaffen, auf beiden Seiten des Streits jede Menge Aktivisten und Verschwörungstheorien in dunklen Ecken des Internets hervorgebracht. Es gab Kundgebungen, es gab Debatten, es gab Gerichtsverfahren, es gab Skandale. Es gab virale Videos und Twitter-Stürme. Freundschaften sind daran zerbrochen, Generationen wurden entzweit und politische Bewegungen zerschlagen. Aber während die Politik versucht hat, das Phänomen in den Griff zu bekommen, ist es außer Kontrolle geraten.

Der alte Antisemitismus war eine bekannte Größe. Es waren Karikaturen von Juden mit Hakennasen und Taschen voller Geld. Es waren Fagin aus »Oliver Twist« und Shylock aus Shakespeares »Kaufmann von Venedig«. Vor allem aber waren es tote Juden: die spanische Inquisition, die Pogrome in Osteuropa und der Holocaust. Israel ist jedoch eine andere Sache. Es entspricht nicht unserem gewohnten Bild von Juden, die vor Gaskammern Schlange stehen. Es wehrt sich, es schlägt zurück. Seine Kampfjets überfliegen regelmäßig Auschwitz, gesteuert von Kindern der Holocaust-Überlebenden. Seine Bürger sind stark, patriotisch und selbstbewusst, weit entfernt von Woody-Allen-Klischees des Selbsthasses. In den sozialen Medien häufen sich die Bilder von Bomben, die auf palästinensische Kinder fallen, und von Bulldozern, die palästinensische Häuser zerstören, und die Menschen flüstern hinter vorgehaltener Hand, der jüdische Staat sei zu all dem geworden, wogegen er einst stand. Die amerikanische Schriftstellerin Dara Horn hat es treffend formuliert: »Die Menschen lieben tote Juden. Lebende Juden nicht so sehr.«[10]

Wie man es von einer postkolonialen Demokratie in einer turbulenten und feindlichen Region erwarten kann, macht Israel nicht alles richtig. Aber das Ausmaß der Anfeindung, die es erfährt, geht weit über seine Fehler hinaus. Es wird im Internet verleumdet, bei der UNO ausgegrenzt, international boykottiert und auf jede erdenkliche Art und Weise angegriffen, von digitaler Propaganda über Plakatkampagnen bis hin zu Kundgebungen auf dem Universitätsgelände. Die Feindseligkeit gegenüber dem einzigen demokratischen Staat des Nahen Ostens und dem einzigen jüdischen Land der Erde übertrifft die Feindseligkeit, die den grausamsten Autokratien entgegenschlägt, bei weitem. An Israel werden Maßstäbe angelegt, die von keinem anderen Staat erwartet werden. Es wird in den reißerischsten Begriffen verleumdet und der ethnischen Säuberung, des Rassismus, Kolonialismus, Kindermords und Massenmords beschuldigt. Wenn es sich mit chirurgischen Militäraktionen gegen Terroristen verteidigt, die Tausende von Raketen auf seine Bevölkerung abfeuern, geht der Mob in Städten der ganzen Welt auf die Straße; wenn in Nachbarländern Teppichbomben auf Zivilisten niedergehen, bleiben die Demonstranten zu Hause. Als Israel im Juli 2023 auf eine Welle tödlicher Angriffe mit der Ausschaltung einer Terrorzelle in Dschenin reagierte – ohne einen einzigen Zivilisten zu töten –, wurde es von einem Tsunami tödlichen Hasses überrollt, und die BBC sah sich zu einer Entschuldigung gezwungen, nachdem ein Moderator behauptet hatte, dass »die israelischen Streitkräfte gerne Kinder töten«.[11]

Die Abneigung gegen Israel ist zu einem Kennzeichen progressiver Leute geworden, die ganz wesentlichen Einfluss auf unsere Kultur haben. Diese »Luxusüberzeugungen«[12], die sich auf modische Themen wie »Rasse«, Transgender, Entkolonialisierung und Sklaverei beziehen, werden als Signal für den sozialen Status verwendet, da die Klassenunterschiede abflachen, so die amerikanische Sozialforscherin Elizabeth Currid-Halkett.[13] Diese Mischung aus bürgerlichem Liberalismus, Globalismus und altmodischem Sozialismus ist so sehr auf »Rasse« fixiert, wie man es normalerweise nur von der extremen Rechten kennt.

Dem israelisch-palästinensischen Konflikt wird sozial und politisch unverhältnismäßig viel Aufmerksamkeit geschenkt. Dabei geht es nicht nur um menschliches Leid. Im Jahr 2022 verloren etwa 180 palästinensische Kämpfer und Zivilisten ihr Leben,[14] verglichen mit 120.000 Ukrainern[15] und 3.000 Jemeniten, die im selben Zeitraum getötet oder verletzt wurden.[16] Doch zwischen Januar und April 2023 versendete der Menschenrechts-NGO Amnesty UK – ein progressives Bollwerk – überhaupt keine Tweets über den Jemen, zwei über den Krieg in der Ukraine, sechs über die Unterdrückung durch die Taliban in Afghanistan, sieben über das brutale Vorgehen im Iran und 26 über die israelische »Apartheid« und andere angebliche Verbrechen. Der Weg in dieses Milieu beginnt oft schon an der

Universität, wo die israelfeindliche Orthodoxie sowohl von Akademikern als auch von Studenten verbreitet wird. Auf dem Campus ist der Kampf gegen das Schreckgespenst des jüdischen Staates zum erstrebenswertesten Anliegen geworden, unbeeindruckt von Fakten oder einem Sinn für Verhältnismäßigkeit, zu einem zentralen Punkt des neuen progressiven Credos. An Universitäten in Großbritannien, den Vereinigten Staaten und anderswo werden jüdische Studenten und israelische Redner regelmäßig schikaniert. Im Jahr 2021 zeigten Videoaufnahmen, wie die israelische Botschafterin in Großbritannien aus der London School of Economics eilte und von einem brüllenden Mob verfolgt wurde. Bezeichnenderweise gehörte zu den Aktivisten, die gegen ihren Besuch agitierten, die Gruppe »Decolonising LSE«.[17] Auf der anderen Seite des Atlantiks marschierten Studenten der Universität Michigan im Januar 2023 über den Campus und skandierten »Intifada, Intifada, lang lebe die Intifada« und »Es gibt nur eine Lösung: Intifada-Revolution«.[18] Die beiden Intifadas waren blutige Perioden, die in der realen Welt, 6000 Meilen von der Universität Michigan entfernt, zahlreiche Menschenleben forderten.

In den 1960er Jahren war weniger als die Hälfte der britischen Akademiker links eingestellt;[19] bei der Wahl 2019 unterstützten zehn Prozent die Rechten, während 80 Prozent für die Linken stimmten.[20] In den Vereinigten Staaten ist der Trend sogar noch auffälliger, denn dort ist die Zahl der linken Akademiker inzwischen zehn- bis fünfzehnmal so hoch wie die der rechten, vor allem in den Geisteswissenschaften.[21] An fast 40 Prozent der besten Liberal Arts Colleges gibt es so gut wie keine Republikaner.[22] Eine Studie aus Großbritannien, den Vereinigten Staaten und Kanada aus dem Jahr 2021 ergab, dass »ein erheblicher Teil der Akademiker Konservative bei Einstellungen, Beförderungen, Stipendien und Veröffentlichungen diskriminiert« und »rechtsgerichtete Akademiker ein hohes Maß an institutionellem Autoritarismus und Gruppendruck erfahren«.[23] Seit 2015 ist die Zahl amerikanischer Akademiker – darunter der gefeierte linksgerichtete jüdische Psychologe Steven Pinker[24] – dramatisch angestiegen, die wegen Äußerungen angegriffen wurden, die nicht den anspruchsvollen Standards des Progressivismus entsprachen.[25] Israelfeindliche Vorurteile gehören inzwischen zu diesen Standards.

Jüdische Studenten haben zugesehen, wie ihre Universitäten ihnen gegenüber immer feindseliger wurden. Seit 2005 wird jedes Jahr die israelische »Apartheid-Woche« an Universitäten weltweit mit Kundgebungen, Reden, Filmvorführungen und inszenierten Kontrollpunkten vor Bibliotheken begangen. Währenddessen wurden in Myanmar Zehntausende muslimischer Rohingyas abgeschlachtet und Frauen und Mädchen vergewaltigt. Für sie gab es keine Myanmar-Apartheid-Woche; und auch keine Syrien-Apartheid-Woche für diejenigen, die von Assad mit chemischen Waffen massakriert wurden. Trotz Chinas anhaltender Verfolgung seiner muslimischen Gemeinschaft und der bösartigen Besetzung Tibets gab es keine chinesische Apartheid-Woche, obwohl immer mehr chinesische Studenten Universitäten im Westen besuchen. Es gibt keine vergleichbare Aktionswoche, um Irans Massaker an Demokratie-Aktivisten, Nordkoreas brutalen Umgang mit Christen, Saudi-Arabiens Entführung und Ermordung von Dissidenten, die Unterdrückung der Kurden durch die Türkei und die Besetzung Nordzyperns oder Russlands grausame Invasion in der Ukraine zu verurteilen. Es überrascht nicht, dass immer weniger Juden an den ideologischsten

Ivy-League-Universitäten studieren,[26] wo viele ihre Augen vor deren Misshandlung verschließen und ihren Schutz durch die Bürgerrechtsgesetze ignorieren.[27]

Oben ist unten

Die dieses Vorurteil verbreiten, haben vielleicht keine Ahnung, dass sie es tun. Aber in Wahrheit haben Antisemiten selten die Fähigkeit besessen, sich selbst zu hinterfragen. Im Mittelalter galt die Bestrafung der Christusmörder als heilige Mission, und im 20. Jahrhundert, als der Antisemitismus eine Frage der Rasse war, beanspruchte er unter dem Deckmantel der Pseudowissenschaft moralische Überlegenheit. Wie Hannah Arendt feststellte, wurde den SS-Offizieren gesagt, sie handelten zum Wohle der Menschheit, weil sie eine biologisch minderwertige »Rasse« ausrotteten. Sie sahen sich selbst als Helden, die um der Zukunft der Welt willen die grausamsten Taten begingen.

Die Art und Weise, wie diese auf den Kopf gestellte Moral jeden Winkel der deutschen Gesellschaft während des Krieges erfasste, ist ein abschreckendes Beispiel. In einer der eindringlichsten Passagen in Hannah Arendts »Eichmann in Jerusalem« kommt sie zu dem Schluss:

> »Denn so wie das Recht in zivilisierten Ländern von der stillschweigenden Annahme ausgeht, daß die Stimme des Gewissens jedermann sagt: ›Du sollst nicht töten‹, gerade weil vorausgesetzt ist, daß des Menschen natürliche Begierden unter Umständen mörderisch sind, so verlangte das ›neue‹ Recht Hitlers, daß die Stimme des Gewissens jedermann sagte: ›Du sollst töten‹, und zwar

> unter der ausdrücklichen Voraussetzung, daß des Menschen normale Neigungen ihn keineswegs unbedingt zum Mord treiben. Im Dritten Reich hatte das Böse die Eigenschaft verloren, an der die meisten Menschen es erkennen – es trat nicht mehr als Versuchung an den Menschen heran. Viele Deutsche und viele Nazis, wahrscheinlich die meisten, haben wohl die Versuchung gekannt, *nicht* zu morden, *nicht* zu rauben, ihre Nachbarn *nicht* in den Untergang ziehen zu lassen (denn daß die Abtransportierung der Juden den Tod bedeutete, wußten sie natürlich, mögen auch viele die grauenhaften Einzelheiten nicht gekannt haben) und *nicht*, indem sie Vorteile davon hatten, zu Komplizen all dieser Verbrechen zu werden. Aber sie hatten, weiß Gott, gelernt, mit ihren Neigungen fertigzuwerden und der Versuchung zu widerstehen.«[28]

Es liegt mir fern, Vergleiche mit den Nazis anzustellen. Aber die heutigen Vorurteile gegen Israel sind ihrerseits geeignet, den üblichen Anstand zu verletzen – wenn auch eher durch progressive Politik als durch Religion oder Pseudowissenschaft – und diese Verzerrung in die breite Gesellschaft zu tragen. Unter ihrem wachsenden Einfluss machen linksradikale Aktivisten sogar gemeinsame Sache mit den schlimmsten Diktaturen der Welt, die sich gegen jeden Grundsatz von Freiheit und Pluralismus stellen, um eine Demokratie anzugreifen, die zwar unruhig und chaotisch ist, aber die Rechte von Frauen, Homosexuellen und Minderheiten schützt. Eine solche Verlogenheit ist bei einigen sozialistischen Denkern leider gang und gäbe. Der britische Aktivist John Rees – eine führende Figur sowohl im »Stop the War«-Bündnis als auch in der Socialist Workers Party – hat es schwarz auf weiß geschrieben. »Sozialisten«, so schrieb er 1994, »sollten sich bedingungslos auf die Seite der Unterdrückten gegen die Unterdrücker stellen, selbst wenn diese undemokratisch sind und Minderheiten verfolgen, wie Saddam Hussein die Kurden und Castro die Schwulen.«[29]

Diesem Credo folgend, haben prominente Linke freundschaftliche Beziehungen zu Assads Syrien, Putins Russland und dem iranischen Regime entwickelt, ganz zu schweigen von islamistischen Terrorgruppen wie der Hisbollah und der Hamas. Gemäßigtere Stimmen vertreten oft eine abgeschwächte Version dieser Weltanschauung. Im Juni 2023 wurde bekannt, dass Islam Alkhatib, ein Studentenvertreter an der Goldsmiths University of London, getwittert hatte: »Ich identifiziere mich eindeutig nicht mit der Ideologie, die die Hamas vertritt. Aber im Falle eines Konflikts zwischen Israel und den Palästinensern würde ich mich auf die Seite der Hamas stellen. (Logo).«[30]

Die Linken sind nicht ohne ihre Mitstreiter von rechts. Im Jahr 2013 trampelte der konservative belgische Politiker Laurent Louis bei einer Hisbollah-Kundgebung in Brüssel auf einer israelischen Flagge herum und sagte im syrischen Fernsehen, Europa werde vom »Schurkenstaat Israel« manipuliert.[31] Diese Haltung ist jedoch eher auf Seiten der Linken verbreitet. Angetrieben von dieser moralischen Umkehrung glauben immer mehr Progressive im Herzen, dass die Hamas – rassistische Fanatiker, die Frauen und Kinder in Selbstmordattentaten in die Luft sprengen, eine repressive Version des Islam gewaltsam durchsetzen, verdächtige Informanten hinter Motorrädern herschleifen, Schwule erschießen und ihre Rivalen foltern und hinrichten – aus revolutionärem Heldentum handeln, so wie Che Guevara oder Robin Hood.

Ich stimme mit Ihnen völlig überein

Es kann unangenehm sein, das zuzugeben, aber die Behauptungen, den »Tod zu lieben«, die Mohammed Hijab an jenem Tag im Zentrum Londons durch ein Megaphon verkündete, spiegeln einen Teil der arabischen Kultur wider, die einen Kult des Blutvergießens sakralisiert. Kinder im Westjordanland und vor allem im Gazastreifen werden einer Gehirnwäsche unterzogen und dazu ermutigt, terroristische »Märtyrer« hochleben zu lassen, den Mord an Juden nachzuspielen und zu Liedern zu marschieren, die den Völkermord preisen. Als im Januar 2023 sieben Menschen – darunter ein frisch verheiratetes Paar, ein älterer Mann und ein vierzehnjähriger Junge – in einer Jerusalemer Synagoge erschossen wurden, strömten palästinensische Menschenmassen auf die Straßen, verteilten Süßigkeiten und sangen und tanzten ausgelassen.[32] Ein großes Feuerwerk erhellte den Himmel über dem arabischen Ostjerusalem; ein Mann filmte sich dabei, wie er einen Juden in einem Aufzug mit Liedern einschüchterte, die die Morde verherrlichten.

Ein solcher Jubel ist in der arabischen Welt ganz normal, wenn Juden getötet werden. Im Jahr 2019 sagte Arafat Irafaiya, der die neunzehnjährige Ori Ansbacher erstochen und vergewaltigt hatte, der Polizei: »Meine Eltern sind sehr stolz auf meine Tat. Ich habe nicht nur jemanden vergewaltigt, ich habe eine jüdische Frau ermordet. Sie werden es nicht verstehen können, weil wir anders denken… Ich habe alles getan, wovon Araber träumen.« Und er fügte hinzu: »Wenn ich bei dem Versuch, weitere Juden zu töten, gestorben wäre, wäre das für mich eine gesegnete Sache, denn dann wäre ich als Märtyrer gestorben.« Leider ist dieses Denken alles andere als ungewöhnlich. Dutzende von

Bäumen, die zu Oris Gedenken gepflanzt wurden, wurden später von Palästinensern zerstört.[33]

Es wäre exzentrisch zu behaupten, dass eine solche Verherrlichung des Todes nicht zumindest Teil des Problems ist. Doch trotz seiner morbiden Tiraden und Provokationen bat die BBC Hijab einige Monate nach dem Gaza-Konflikt, seine Weisheiten für eine Dokumentation – ausgerechnet – zur Überwindung des Antisemitismus darzulegen. Der jüdische Interviewer Tom Brada saß in einem Liegestuhl in einem Londoner Park und fragte ihn, wie man »ein Gefühl der Harmonie zwischen den verschiedenen Gemeinschaften, insbesondere mit der jüdischen Gemeinschaft« fördern könne.[34]

Der als Hitzkopf bekannte britisch-ägyptische Journalist, der sich mit autoritärem Gestus entspannt in seinem Liegestuhl räkelte, behauptete, es gehe darum, »die Menschen zusammenzubringen«. Warmherzig erzählte er von den Juden der Gegend, in der er aufwuchs. Seine Familie habe sich für koscheres Fleisch entschieden, das zwar denselben religiösen Standards wie Halal-Fleisch entsprochen habe, aber von besserer Qualität gewesen sei. Ganz anders spricht er allerdings über Leute, die mit Israel sympathisieren. »Wenn jemand ein Apologet Israels oder des Zionismus ist, dann sollte das bekannt gemacht und er aus dem Judentum ausgeschlossen werden«, sagte er. Was Hijab nicht erwähnte – und Brada auch nicht ansprach: dass mindestens neun von zehn britischen Juden den jüdischen Staat unterstützen, und damit in der Vorstellungswelt Hijabs gar nicht vorkommen.

Mit anderen Worten, nur zehn Prozent der Gemeinschaft würden bestenfalls von diesem todessüchtigen Social-Media-Aktivisten »zusammengebracht« werden. Wahrscheinlich sogar weniger.

Das Interview vermittelte einen Einblick, wie Juden zu sein hätten, die Hijab zu umarmen bereit wäre. Auf die Frage nach seinen Verbündeten nannte der YouTuber die Neturei Karta, mit der er in der Vergangenheit zusammen aktiv war. Jeder, der sich in der jüdischen Community auskennt, hätte darauf mit einem schiefen Lächeln reagiert. Die Neturei Karta ist eine marginale Sekte, die für ihren extremen theologischen Standpunkt bekannt ist; sie glaubt, dass Juden bis zur Ankunft des Messias keine Kontrolle über Israel ausüben sollten (obwohl viele ihrer Mitglieder die Vorteile des Lebens im Land genießen). Die Anti-Defamation League bezeichnet sie als eine »Randgruppe des Judentums«,[35] und ihre wenigen Aktivisten werden von den schlimmsten Antisemiten auf der ganzen Welt als Maskottchen benutzt. Ihre Führer haben sich mit den Chefs der Hamas und Hisbollah im Libanon getroffen; 2006 nahm ihr damaliger Führer, Yisroel Dovid Weiss, an der berüchtigten Holocaustleugner-Konferenz in Teheran teil.[36] Ich habe sie selbst in Jerusalem für die BBC-Sendung *From Our Own Correspondent* interviewt. Sie sind schlicht durchgeknallt.

Dennoch gab es eine offensichtliche Synergie zwischen dem säkularen liberalen Journalisten und dem muslimischen Hardliner. Anscheinend wurde Hijabs Ablehnung Israels – ja, seine Abscheu vor dem Land – akzeptiert, weil er sie von Judenhass »abgrenzte« und sie somit nicht dem alten Begriff des Antisemitismus entsprach. Je mehr Wärme er den »guten« Juden entgegenbrachte, desto mehr Gift konnte er gegen ihre nationale Heimat verbreiten. Die Verlagerung des Hasses von der jüdischen »Rasse« auf den jüdischen Staat ermöglichte es ihm, sich dem Vorwurf des Antisemitismus zu entziehen und eine gemeinsame Basis mit einer kleinen Zahl progressiver Juden zu schaffen, die ebenfalls von den israelfeindlichen Vorurteilen der Linken infiziert sind.

Auf Hijabs Ratschläge, die schlechten Juden zu meiden und sich den guten anzuschließen, antwortete Brada: »Ich stimme Ihnen, um ehrlich zu sein, in fast jedem einzelnen Punkt zu.« Allerdings schien er sein Unbehagen über die Befragung von Juden auf der Straße nicht loszuwerden und fragte nach. »Wir haben nach Verbündeten und Partnern gesucht«, erklärte Hijab. »Wir geben diesen stimmlosen pro-palästinensischen Juden, die einen großen Teil der jüdischen Gemeinschaft ausmachen, eine Stimme. Diejenigen, die mit dem ›israelischen Narrativ‹ sympathisieren, sollten nicht ›geschützt‹ werden«, mutig genug sein, sich ins Kreuzverhör nehmen oder anderweitig öffentlich befragt befragen zu lassen.

Als ich dieses Interview ansah, wurde mir klar, dass es einen gemeinsamen Nenner zwischen dem Liebhaber des Todes und dem liberalen BBC-Journalisten gab. Sie waren auf sehr unterschiedlichen Wegen zu einem ähnlichen Ziel gelangt. Das Israel, auf das sie sich bezogen und das den Zuschauern implizit vermittelt wurde, war eine Art Hieronymus Bosch'sche Vision der Hölle, die nichts mit dem realen Land zu tun hat, mit seinem komplexen Mosaik aus Zugehörigkeit und Religion, Mitgefühl und Grausamkeit, Laster und Tugend, Blut und Tränen. Diese Bosch'sche Hölle aber ist es, gegen die Hijab mit seinem Leben zu kämpfen sich so berechtigt fühlte, und die Brada nicht zu verteidigen vermochte.

Die Leichtigkeit, mit der der muslimische Angeber bereit war, die wenigen Juden, die ihn unterstützten, in die Arme zu schließen, war neu. Aber es war nur ein altes Gift in neuen Flaschen,[37] eine Art Phobie vor Israel. Dabei handelt es sich nicht um eine medizinisch begründete Angst wie die Arachnophobie oder die Klaus-trophobie – auch wenn sie Anzeichen von Wahnvorstellungen aufweist –, sondern eher um einen Ausdruck von Hass oder Vorurteilen, wie Homophobie oder Fremdenfeindlichkeit.

Mutation

Der verstorbene Rabbiner Lord Jonathan Sacks sagte: »Im Mittelalter wurden die Juden wegen ihrer Religion gehasst, im 19. und frühen 20. Jahrhundert wegen ihrer Rasse. Heute werden sie wegen ihres Nationalstaates, des Staates Israel, gehasst. Der Hass nimmt verschiedene Formen an, aber er bleibt derselbe: die Juden hätten kein Recht, als freie und gleichberechtigte Menschen zu existieren.« Das ist selbstverständlich wahr. Diese jüngste Mutation hat jedoch eine Art von Antisemitismus hervorgebracht, der auf eine andere Art und Weise funktioniert.

Die westliche Sicht auf die Juden und ihr Land ist in unserem kulturellen Erbe verwurzelt. Mehr als tausend Jahre lang hat der christliche Blick die Juden sowohl als das auserwählte Volk als auch als die »Synagoge des Satans« dargestellt.[38] Die Bibel – bei der Krönung Charles' III. als »das Wertvollste, was diese Welt zu bieten hat« bezeichnet – erhob das jüdische Land zum Heiligen Land, die jüdische Stadt zur Heiligen Stadt und einen jüdischen Prediger zum Sohn Gottes. Während des gesamten Mittelalters bildete die Fetischisierung der Juden, sowohl als Mörder Christi als auch als Kinder des Göttlichen, die Grundlage der westlichen Zivilisation, häufig mit katastrophalen Folgen. Die Mixtur aus Aberglauben, Verschwörungsdenken, Neid und Abscheu, der die Juden im Laufe der Jahrhunderte ausgesetzt waren, wurde durch die Errungenschaften der Juden noch giftiger. Wenn sie nicht Ausgrenzung und Massakern ausgeliefert waren, haben sie eine bemerkenswerte Fähigkeit bewiesen, nämlich zu gedeihen, denn viele von ihnen wurden große Wissenschaftler, Künstler, Schriftsteller und Bankiers. Obwohl sie 0,2 Prozent der Weltbevölkerung ausmachen, haben Juden mindestens 20 Prozent aller Nobelpreisträger gestellt. In den Augen von Antisemiten werden sie manchmal als Untermenschen, manchmal als Übermenschen eingestuft. Es gab Versuche, sie auszurotten, und Versuche, sie auszubeuten. Es gab Zeiten, in denen sie besondere Bewunderung erfuhren. Aber selten wurden sie als ein Volk wie jedes andere gesehen.

Wie säkular eine Gesellschaft auch sein mag, sie wird weiterhin von einem alten christlichen Psychodrama heimgesucht. Die Art und Weise, in der die jüdische Moral, z.B. die Zehn Gebote, von der späteren Religion übernommen wurde, mag ein Grund dafür sein, dass es als natürlich empfunden wird, die Juden mit einem höheren Standard zu assoziieren. Dies kann man als Verblendung oder Vernarrtheit sehen: Moderne evangelikale Christen, insbesondere in den Vereinigten Staaten, unterstützen Israel in dem Glauben, es würde die Wiederkunft Christi beschleunigen, und Israels technologisches Wunder, das mehr milliardenschwere Start-ups als jedes andere Land pro Kopf hervorgebracht hat, ruft den bekannten Neid hervor. Auf der anderen Seite erinnert die Freude, mit der die Gesellschaft an Israels angespannter Beziehung zu den Palästinensern festhält, an die betrügerischen, blutrünstigen Juden von Shakespeare und Chaucer sowie an das kulturelle Gedächtnis von Judas. Jahrtausendelang, bis zur Mitte des 20. Jahrhunderts, wurden Juden beschuldigt, nichtjüdische Kinder zu ermorden und ihr Blut zu trinken; ist es da ein

Wunder, dass Israelis als Kindermörder verleumdet werden?

Eine Studie der Wirtschaftswissenschaftler Nico Voigtländer und Hans-Joachim Voth ergab, dass Deutsche, die aus Städten stammten, in denen Juden im 14. Jahrhundert für den Schwarzen Tod verantwortlich gemacht und bei lebendigem Leib verbrannt wurden, 600 Jahre später mit deutlich höherer Wahrscheinlichkeit als in anderen Städten die Nazis wählten.[39] Was umso bemerkenswerter ist, als die Juden in Deutschland zwischen dem 15. und dem 19. Jahrhundert fast völlig verschwunden waren. Die Macht des kulturellen Erbes kann gar nicht hoch genug eingeschätzt werden, insbesondere wenn es um das jüdische Volk und die Bibel geht. Eine ähnliche Geschichte spielt sich in der islamischen Welt ab, mit der Dämonisierung der Juden im Koran. Die Blindheit der Gesellschaft gegenüber dem Antisemitismus – oder besser gesagt, unsere tiefe Vertrautheit damit – ist so groß, dass im 21. Jahrhundert eine Karikatur eines jüdischen Ministerpräsidenten, der ein Baby isst,[40] oder der Bau einer Mauer mit blutigen Leichen[41] als »Kritik an Israel« abgetan werden kann.

Die Aufnahme eines jüdischen Staates in das Ökosystem des traditionellen Antisemitismus erfolgte bereits Jahrzehnte bevor Israel überhaupt existierte. Die 1903 veröffentlichten »Protokolle der Weisen von Zion«, der einflussreichste antisemitische Text aller Zeiten, waren ein gefälschtes Dokument, das angeblich auf dem ersten Zionistenkongress 1897 verfasst wurde, dem offiziellen Start der Bewegung, die zur Gründung Israels führte. Darin wurde behauptet, die Juden hätten ein dunkles Komplott geschmiedet, um Regierungen, die Kirche und die Medien zu unterwandern, um Kriege und Revolutionen anzuzetteln und den Aufstieg eines Weltreichs anzustreben, das von einem Diktator vom Format eines David regiert werden sollte. Der jüdische Wunsch nach Selbstbestimmung wurde als ein Komplott zur Übernahme der Welt dargestellt. In Anlehnung an eine gegen Napoleon III. gerichtete Satire von 1864 und einen deutschen antisemitischen Roman von 1868 sollte das Pamphlet den Antisemitismus in Russland schüren, wo das Zarenreich sich von jüdischen Umstürzlern bedroht sah. Selbst im 21. Jahrhundert noch prägt diese Vorstellung antisemitisches Verschwörungsdenken, bis hin zu modernen Einstellungen zu Israel und der »zionistischen Lobby«.

Heute erlaubt die überzogene Bedeutung des jüdischen Staates, ihn als einzigartige globale Bedrohung darzustellen, die Regierungen und Finanzmärkte manipuliere und der sich alle Menschen mit Gewissen widersetzen müssten. Für die Linke ist es selbstverständlich, auf Ungerechtigkeiten mit Kampagnen zu reagieren. Aber die von den Progressiven halluzinierte Version Israels ist eine groteske Karikatur, die einem realen Land übergestülpt wird, so dass die antirassistische Energie in hasserfüllte Kanäle geleitet wird.

Eine der Innovationen des modernen Antisemitismus besteht darin, sich innerhalb der Bewegung für soziale Gerechtigkeit zu tarnen und das westliche Gewissen gegen seine eigenen Werte aufzubringen. Diese Selbstsabotage hat in der Linken eine lange Vorgeschichte. George Orwell schrieb 1940: »Während der ganzen kritischen Jahre haben viele Linke an der englischen Moral gekratzt und versucht, eine Weltanschauung zu verbreiten, die manchmal zaghaft pazifistisch, manchmal gewaltsam prorussisch, aber immer antibritisch war.«[42] Da Großbritannien, die Vereinigten Staaten und andere freie Länder die Grundlagen der liberalen Demokratie mit Israel teilen, geht der Angriff auf die westliche Geschichte, die Werte und die Kultur oft mit einem Angriff auf den jüdischen Staat einher.

Dies ist eine neue, hinterlistige Form des ältesten Hasses. Er ist Teil einer breiten sozialen Bewegung, die nicht durch Religion oder Rassenideologie, sondern durch eine kultische Überzeugung von der eigenen Politik angetrieben wird. Er entgeht den alten Phantombildern, indem er eine neue Maske trägt, die es schwerer macht, ihn zu erkennen. Und als Teil des Bestrebens, die Werte einer freien Gesellschaft zu untergraben, während sie sich als Ausdruck dieser Werte ausgibt, liefert sie eine Vorlage, um Gegner zum Schweigen zu bringen. Wenn Israel und seine Freunde zur Zielscheibe einer Hexenjagd werden, dann sind es auch andere ethnische und sexuelle Gruppen, Gläubige und Menschen mit abweichenden politischen Ansichten oder unzeitgemäßen Werten. Es reicht nicht mehr aus, dies als Antisemitismus zu bezeichnen, da diese Definition weiterhin im Rassenhass des letzten Jahrhunderts verwurzelt ist. Diese neue Bigotterie hingegen ist in erster Linie politisch, was es ihr ermöglicht, progressive Juden als Alibi zu rekrutieren. Es ist von entscheidender Bedeutung, einen neuen Weg zu finden, um diese neue Intoleranz zu erkennen und ihr zu begegnen. Das beginnt damit, ihr einen Namen zu geben: Israelphobie.

2

WAS IST ISRAELPHOBIE?

Israelphobie ist eine Form des Antisemitismus, die sich nicht auf die jüdische »Rasse« oder Religion, sondern auf den jüdischen Staat konzentriert. Sie übersetzt alte Klischees in die Sprache des Antirassismus und gibt Hass als Tugend aus. Sie gründet auf einer Propaganda, die von den Nazis und den Sowjets erfunden wurde. Als ein Phänomen, das eher politisch als rassistisch auftritt, fällt es ihr leichter, eine geringe Zahl an sympathisierenden Juden zu rekrutieren. Israelphobie ist die zentrale Ausdrucksform des gegenwärtigen Antisemitismus.

Israelphobie weist drei Merkmale auf, die jedoch nicht alle gleichzeitig vorhanden sein müssen. Sie sind:

1. DÄMONISIERUNG: Verleumdung Israels als böse und Bedrohung für die Welt.
2. BEWAFFNUNG: Instrumentalisierung der Bewegung für soziale Gerechtigkeit als trojanisches Pferd für den Hass auf Juden und ihre nationale Heimat.
3. VERFÄLSCHUNG: Nachbeten von Nazi- oder Sowjetpropagandalügen.

Die Symptome der Israelphobie können unterschiedlich stark ausgeprägt sein. Bei mittelschweren Verläufen findet die Aufnahme von Wahnvorstellungen vielleicht durch Osmose und Anpassung an die Normen des politischen Milieus statt. Bei schwerwiegenderen Fällen kann es hingegen sein, dass die Hingabe an die Ideologie, an den moralischen Kreuzzug, von ganzem Herzen kommt. In jedem Fall ist es sehr schwer geworden, sie zu entlarven, denn der Judenhass hat sich schneller entwickelt als unser Verständnis von ihm. Obwohl dieser neue Fanatismus den Endpunkt von zweitausend Jahren Antisemitismus darstellt, versteht er es, die alten Etikettierungen vergessen zu machen. Wir alle haben die Worte der Verteidiger gehört: »Wie können Sie es wagen, mich antisemitisch zu nennen? Ich war mein ganzes Leben lang Antirassist. Sehen Sie sich meine jüdischen Verbündeten an. Sie wollen mich nur verleumden, um meine Kritik an Israel zu unterdrücken.«

Jeremy Corbyn etwa stellte seine Zuneigung zur jüdischen Gemeinschaft unter Beweis, indem er an einem Pessach-Essen mit Jewdas teilnahm, einer ultralinken Hardliner-Organisation, die Israel als einen »dampfenden Topf Abwasser« bezeichnete, »der ordnungsgemäß entsorgt werden muss«.[1] Die Instrumentalisierung exzentrischer jüdischer Linker, die in der Sprache der Antirassisten reden, während sie ihre nationale Heimstatt verleumden, ist ein deutliches Kennzeichen der Israelphobie.

Bevor wir die Konturen dieses neuen Begriffs näher untersuchen, müssen wir die Bedeutung eines älteren klären. Eine der großen Errungenschaften der israelfeindlichen Bewegung war es, dem Begriff »zionistisch« eine negative Konnotation zu geben, indem sie ihn mit »weißer Vorherrschaft« oder »Kolonialismus« gleichsetzten. In Wirklichkeit steht der Begriff schlicht für den Wunsch des jüdischen Volkes nach Selbstbestimmung in seinem Heimatland, nachdem es jahrhundertelang in der Diaspora verfolgt worden war. Der österreichisch-ungarische Journalist Theodor Herzl schrieb 1896 in seinem Manifest »Der Judenstaat«, das oft als Gründungsdokument des Zionismus angesehen wird: »Wir sind ein Volk, Ein Volk. Wir haben überall ehrlich versucht, in der uns umgebenden Volksgemeinschaft unterzugehen und nur den Glauben unserer Väter zu bewahren. Man lässt es nicht zu.« Daraus zog er den Schluss: »Die Juden, die wollen, werden ihren Staat haben. Wir sollen endlich als freie Männer auf unserer eigenen Scholle leben und in unserer eigenen Heimat ruhig sterben.«[2]

In gewisser Hinsicht war der Zionismus nichts Ungewöhnliches. Er war lediglich ein Ausdruck des Nationalismus, der entstand, als die Reiche der Osmanen, Österreich-Ungarns, Russlands und schließlich der Westmächte nach dem Ersten Weltkriegs neuen Nationalstaaten Platz machten. In den Turbulenzen dieser Jahrzehnte machten das imperiale Großbritannien, Frankreich, die Vereinigten Staaten und Russland vielen verschiedenen Völkern territoriale Versprechungen. Während einige davon eingelöst wurden, gingen etwa die Kurden und Armenier leer aus. Die nationalen Bestrebungen der Juden hatten jedoch aufgrund der Jahrhunderte brutaler Verfolgung und des weit zurückreichenden Verlangens nach einer Rückkehr in das Heimatland eine besondere Kraft.

Obwohl der Begriff »Zionismus« erst 1890 geprägt wurde – zehn Jahre nachdem »Antisemitismus« in den Sprachgebrauch eingegangen war –, hatte dieser sich als moderne politische Idee schon lange zuvor herausgebildet. In George Eliots Roman »Daniel Deronda« aus dem Jahr 1876 spricht der jüdische Titelheld ähnliche Überzeugungen aus. »Die Idee, von der ich besessen bin, ist die, meinem Volk wieder eine politische Existenz zu geben, es wieder zu einer Nation zu machen, ihm ein nationales Zentrum zu geben, wie es die Engländer haben, obwohl auch sie über den ganzen Erdball verstreut sind«, sagt Deronda. »Das ist eine Aufgabe, die sich mir als Pflicht stellt. Ich bin entschlossen, sie zu erfüllen, wie schwach sie auch sein mag. Ich bin entschlossen, ihr mein Leben zu widmen. Das Mindeste wäre, dass es mir gelingen wird, in anderen Köpfen eine Bewegung zu erwecken, die auch in meinem entstand.«

Die Idee des Zionismus selbst reicht noch viel weiter zurück. Bereits 1561, etwa zur Zeit von Shakespeares Geburt, gab es, angeleitet von einem osmanischen »Hofjuden« namens Joseph Nasi, Versuche, die Juden in ihr angestammtes Land umzusiedeln. Seit die Juden von Babyloniern aus Israel vertrieben wurden, also 600 Jahre vor Christus, herrschte eine religiöse Sehnsucht nach einer Rückkehr nach Zion, die fest im jüdischen Selbstverständnis verankert war. Heute, da der jüdische Staat zu einer unbestreitbaren Realität geworden ist, steht das Wort »Zionismus« für einen israelischen Patriotismus, wie er von jeder anderen Nation zum Ausdruck gebracht wird. Man kann unter ihm auch die Überzeugung seiner nicht-israelischen Anhänger verstehen, dass das Land nicht der Inbegriff des Bösen ist und das Recht auf Existenz verdient. Mit dem Zionismus ist keine politische Zugehörigkeit verbunden. Es gibt linke Zionisten und rechte Zionisten, wie die verschiedenen Kundgebungen in Israel zeigen. Und trotz ihrer politischen Unterschiede demonstrieren doch beide Gruppen unter der gleichen Nationalflagge.

Auf der anderen Seite haben wir einen Begriff, der häufig verwendet wird, um den Hass auf den jüdischen Staat zu beschreiben: »Antizionismus«. Dies ist die Überzeugung, dass Juden im Gegensatz zu anderen Nationen kein

Recht auf einen Staat haben. Er impliziert, dass der Staat Israel, der nach internationalem Recht gegründet wurde, kein »Recht auf Existenz« habe und aufgelöst werden sollte. Die Bigotterie dieser Position ist allzu deutlich, aber sie ist nicht überall tabu. Durch Verzerrungen und unter Verwendung bestimmter Sprachcodes stellen viele Progressive den Antizionismus dem Antirassismus und der Entkolonialisierung in einem angeblichen Kampf gegen Unterdrückung zur Seite. Die radikale Organisation Jewdas beispielsweise bezeichnet den Zionismus als eine »bankrotte Ideologie, die alles Jüdische im Dienste einer Siedlerkolonie ausplündert«. Auf diese Weise soll der Versuch, den jüdischen Wunsch nach Selbstbestimmung zu delegitimieren, als Akt der Tugend erscheinen. Es ist nicht hilfreich, einen Israelhasser, der die Bezeichnung »Antisemit« von sich weist, einen »Antizionisten« zu nennen. Die Debatte wird dann unweigerlich zu einer Auseinandersetzung darüber, ob Antizionismus auch Antisemitismus ist. Was in dieser begrifflichen Neudeutung unterzugehen droht, ist die Erkenntnis, dass jedes blinde Vorurteil gegen ein Land und seine Menschen immer falsch ist, ob es sich dabei um Israel, Japan oder Senegal handelt.

Es geht nicht darum, dass die Begriffe »Antisemitismus« und »Antizionismus« unbrauchbar geworden sind. Es ist nur so, dass sie mit der jüngsten Mutation des antijüdischen Hasses einen Teil der Wirklichkeit verdeckt lassen. Dorthin hat sich das Böse zurückgezogen. Um dieses zu bekämpfen, müssen wir »Antisemitismus« und »Antizionismus« mit dem dritten Konzept der »Israelphobie« verknüpfen.

3

DÄMONISIERUNG

DAS ERSTE MERKMAL DER ISRAELPHOBIE

Die Verleumdung Israels als das Böse und als Bedrohung für die Welt

Du bis es, der urteilt

Es ist nicht leicht, sich eine Meinung über eine Nation zu bilden, schon gar nicht über eine so umstrittene wie Israel. Wie die Historikerin Margery Perham über Imperien im 20. Jahrhundert bemerkte, ist es so, als würde man sich einem Elefanten mit einem Maßband nähern. »Die Größe und die Form des Objekts verwirrt uns, und da es lebendig ist, hält es nicht still. Und welche Kriterien sollen wir anwenden?«[1] Diese Frage ist schwer zu beantworten. Nicht nur objektive Fakten, sondern auch Wertmaßstäbe werden durch den Charakter, den Hintergrund, die Überzeugungen, die Identität, den Geschmack, die Politik und die Erfahrungen eines Beobachters gebrochen und führen zu Schlussfolgerungen, die so einzigartig sind wie die Personen, die sie vertreten.

Manche mögen die Amerikaner als forsch empfinden,

während andere sie als angenehm positiv empfinden. Manche Menschen lieben die Franzosen, die Briten, die Japaner oder die Mexikaner, während andere sie nicht ausstehen können. Ein dänischer Freund, mit dem ich vor einigen Jahren Urlaub gemacht habe, fand die israelische Kultur unerträglich unhöflich, während andere sie als erfrischend ehrlich empfanden. Ähnlich verhält es sich mit politischen und moralischen Fragen. Leute, deren Instinkte und Urteile übereinstimmen, teilen häufig dieselbe Weltanschauung, werden Freunde oder treten der gleichen politischen Partei bei. Einige werden die Vergangenheit des britischen Empire stärker verurteilen als etwa die Frankreichs oder Spaniens; einige werden Australiens harte Haltung gegenüber Migranten stärker ablehnen als andere; einige werden das Verhalten der Pakistaner oder der Inder in Kaschmir besonders bedauern; einige werden dazu neigen, die Russen oder die Iraner oder die Syrer oder die Chinesen zu verteidigen; und einige werden stärkere Ansichten haben als andere, wenn es um den Konflikt zwischen Israel und den Palästinensern geht.

Präferenzen innerhalb eines respektablen Spektrums zu haben, ist ganz natürlich, ob es sich nun um die Transgender-Debatte, Einwanderung, Abtreibung oder Israel handelt. Das heißt aber nicht, dass alle gleichermaßen recht haben. Es gibt Menschen, mit denen ich überhaupt nicht übereinstimme, die aber dennoch vernünftige Ansichten haben. Die meisten Menschen bewegen sich mit ihren politischen Ansichten innerhalb des Overton-Fensters – benannt nach dem amerikanischen Analysten Joseph Overton aus dem 20. Jahrhundert –, das sich auf die Bandbreite der Politik bezieht, die für den Mainstream akzeptabel ist.[2] Innerhalb dieses Fensters sind heftige Meinungsverschiedenheiten das Lebenselixier jeder Demokratie, und das gilt nicht weniger, wenn es um den jüdischen Staat geht. In der Tat ist Israel mehr als fähig, sich selbst zu kritisieren, wie die Vielfalt der Stimmen in der freien Presse des Landes beweist.

Dieses Buch ist keineswegs ein Plädoyer für einen moralischen Relativismus, bei dem kein Urteil über irgendetwas gefällt wird. Es ist auch kein Plädoyer für Israel, denn das wurde bereits gehalten.[3] Es geht auch nicht darum, gegen den jüdischen Staat zu argumentieren, denn dafür gibt es kaum einen Grund; diese modische Einstellung hat Berge von Büchern hervorgebracht. Vielmehr geht es um ein Plädoyer für Toleranz, Liberalität, sachliche Analyse und Augenmaß. Sie fordert die Menschen auf, vernünftig zu sein. Sie versucht, den Punkt zu finden, an dem sich die Debattierenden von den Fakten entfernen, die ehrliche Diskussion hinter sich lassen und in den Bereich der Verschwörungstheorie, Bigotterie und Dämonisierung abgleiten. An diesem Punkt beginnt die Israelphobie.

Sie ist inzwischen erschreckend weit verbreitet. Die schiere Zahl der überzeugten Israelhasser und die Kraft ihrer Desinformation, die durch staatlich geförderte Propaganda in Vergangenheit und Gegenwart – von Berlin bis Teheran – genährt wird, hat eine starke Anziehungskraft entwickelt. Dadurch werden gewöhnliche Menschen, vor allem auf der Linken, angezogen und das Overton-Fenster erweitert, so dass sich unhaltbare Annahmen über Israel in den Mainstream einschleichen können. Das Ergebnis ist eine Art Herdenimmunität gegen den gesunden Menschenverstand.

Es beginnt mit der Dämonisierung. Natan Scharanski, der sowjetische Dissident, der neun Jahre in einem russischen Gefängnis verbrachte, nannte sie als erste seiner dreiteiligen Prüfung antijüdischer Vorurteile (die beiden anderen waren »Delegitimierung« und »Doppelmoral«).[4] Nach der Definition der International Holocaust Remembrance Alliance enthält Dämonisierung »falsche, entmenschlichende, dämonisierende oder stereotype Anschuldigungen gegen Jüdinnen und Juden oder die Macht der Juden als Kollektiv – insbesondere aber nicht ausschließlich die Mythen über eine jüdische Weltverschwörung oder über die Kontrolle der Medien, Wirtschaft, Regierung oder anderer gesellschaftlicher Institutionen durch die Jüdinnen und Juden.« Solche negativen Darstellungen von Juden hat es im Laufe der Geschichte zuhauf gegeben, von den gehörnten Ungeheuern des Mittelalters, die das Blut christlicher Kinder schlürften, über die Rothschild-Banker, die die Strippen an den Finanzmärkten ziehen, bis hin zu den Israelis, die heute angeblich Organe entnehmen.

Wo sind Ihre Juden?

Die sich allmählich ausbreitende Dämonisierung hat eine tiefgreifende Wirkung. Eine 2012 von der deutschen Friedrich-Ebert-Stiftung[5] durchgeführte Studie zeigte, dass 63 Prozent der Polen und 48 Prozent der Deutschen glaubten, dass »Israel einen Vernichtungskrieg gegen die Palästinenser führt«, ebenso wie 42 Prozent in Großbritannien, 41 Prozent in Ungarn und 38 Prozent in Italien. Die Situation hat sich seitdem nicht verbessert. Eine Studie der Agentur der Europäischen Union für Grundrechte über die Veränderung der Einstellungen zwischen 2012 und 2018[6] kam zu dem Ergebnis, dass »allein die Tatsache, dass man Jude ist, die Wahrscheinlichkeit erhöht, mit einem anhaltenden Strom von Beschimpfungen in verschiedenen Formen konfrontiert zu werden, egal wo man hingeht, was man liest und mit wem man zu tun hat«. Der Antisemitismus nehme in ganz Europa zu, 85 Prozent der Befragten halten ihn für ein »ernstes Problem«. Es ist leicht zu verstehen, warum: Laut der Studie hörten die Befragten »regelmäßig« antisemitische Statements, etwa dass »Israelis sich gegenüber Palästinensern wie Nazis verhalten«, »Juden zu viel Macht haben« und »Juden ihre Rolle als Opfer des Holocaust für ihre eigenen Zwecke ausnutzen«. Die jüngste Aktualisierung der Studie wurde im Januar 2023 in Auftrag gegeben und wird Ende des Jahres veröffentlicht werden.[7]

Diese unbegründeten Überzeugungen vermischen uralten Antisemitismus mit Feindseligkeit gegenüber Israel. Wenn man bedenkt, dass sie schon durch einen flüchtigen Blick auf die Fakten widerlegt werden können, ist es eine weitere erstaunliche Leistung der israelfeindlichen Bewegung, dass es ihr gelungen ist, dieses Gruppendenken im Mainstream zu etablieren. Es gibt alle möglichen Vorurteile überall auf der Welt, von schottischen Nationalisten, die alles Englische hassen, über baskische Separatisten, die die Spanier verabscheuen, bis hin zu Ressentiments zwischen Äthiopiern und Tigrayern, aber kein Staat wird von so vielen Menschen auf der Welt so sehr verabscheut wie Israel. Es gibt viele Länder, in denen ein israelischer Staatsbürger sofort gelyncht würde. Im übertragenen Sinne gilt dies auch für zahllose andere Milieus, von den Gemeinschaftsräumen der Studenten bis hin zu den Rathäusern der Gemeinden.

Eine Kampagne für die Palästinenser ist natürlich nicht unbedingt gleichbedeutend mit Israelphobie. Es mag stimmen, dass es überall auf der Welt weitaus schlimmere Menschenrechtsverletzungen gibt, aber das ist ein schwacher Trost für eine Familie aus Hebron, die gezwungen ist, stundenlang in einer Schlange an einem Kontrollpunkt zu warten, oder für eine palästinensische Mutter, die ihr Kind durch eine verirrte israelische Kugel verloren hat. Die Menschen haben ein Recht darauf, die Dinge zu verfolgen, die sie bewegen. Viele sind der Meinung, die nationalen Bestrebungen der Palästinenser seien ebenso wichtig wie die der Israelis, und sie zu unterstützen ist eine durchaus respektable Sache. Es gibt gute Leute, die so denken, die ihre Sache mit soliden Fakten stützen, auch wenn andere ihrer Darstellung widersprechen mögen. Wie Barack Obama es ausdrückte: »Man kann mit einer bestimmten Politik nicht einverstanden sein, ohne die Person, die sie vertritt, zu dämonisieren.«[8]

Es gibt viele Araber, die Israelphobie verachten, aber auch viele Palästinenser, die sich dagegen wehren. Sie verdienen Anerkennung. Der angesehene Präsident der jordanischen Nationalen Gesellschaft des Roten Halbmonds, Dr. Mohammed al-Hadid, war maßgeblich daran beteiligt, das Internationale Komitee vom Roten Kreuz davon zu überzeugen, Israels *Magen David Adom* (den Roten Davidstern) 2006 im Rahmen der Genfer Konventionen anzuerkennen, der seit seiner Gründung im Jahr 1930 brüskiert worden war. Und ein kürzlich erschienener vernichtender Bericht über Antisemitismus in der National Union of Students (NUS) im Vereinigten Königreich enthielt eine Erklärung eines Palästinensers in Oxford, der über die Bigotterie in seiner Organisation entsetzt war. »Das Engagement für palästinensische Rechte und berechtigte Kritik an der israelischen Regierung sollte niemals zu Rassismus führen oder diesen rechtfertigen«, sagte er. »Als Palästinenser finde ich es zutiefst beleidigend, dass das Engagement für palästinensische Menschenrechte als Deckmantel für unverhohlenen Antisemitismus benutzt wird.«[9] Dennoch ist es eine traurige Tatsache, dass viele im Lager der Palästina-Befürworter der Israelphobie verfallen sind.

Das beginnt mit der Dämonisierung. In ihrer Beschäftigung mit den Übeln des jüdischen Staates bleiben Israelphobiker unberührt von den Gräueltaten weitaus furchtbarerer Regime. Die Verfolgung im gesamten Nahen Osten hat beispielsweise dazu geführt, dass die christliche Bevölkerung in dieser Region von 20 Prozent vor einem Jahrhundert auf weniger als 4 Prozent heute zurückgegangen ist.[10] Diese Gräueltaten haben einfach nicht die gleiche Wirkung auf ihre Empathie.

Ironischerweise geschehen viele der Verbrechen in der Welt direkt vor der Haustür Israels. Der jüdische Staat mit seiner 20-prozentigen arabischen Minderheit wird oft der »Apartheid« bezichtigt, während niemand auch nur erwähnt, dass es in vielen Teilen der arabischen Welt unmöglich ist, als Jude zu leben, ohne von einem Mob schikaniert, vertrieben oder ermordet zu werden. Israelphobiker sind nach wie vor empört über die 700.000 Palästinenser,[11] die während des turbulenten israelischen Unabhängigkeitskrieges aus ihrer Heimat geflohen sind, einige aus Angst oder wegen ihrer unfähigen Führung, während andere mit Gewalt vertrieben wurden. Doch sie verschließen die Augen vor den 900.000 Juden, die im gleichen Zeitraum systematisch aus muslimischen Ländern verjagt wurden.[12]

Heute stammt etwa die Hälfte der jüdischen Bevölkerung Israels aus Familien des Nahen Ostens, von denen die meisten aus islamischen Ländern geflohen sind und dabei ihre Heimat, ihre Gemeinschaft, ihr Erbe und ihren Besitz verloren haben.[13] Ihre Ankunft in Israel in den 1940er und 50er Jahren hat entscheidend dazu beigetragen, den jüdischen Staat als lebensfähiges Land zu etablieren; sie erklärt auch den zunehmend nahöstlichen Charakter edes

Landes, der sich in den 2020 unterzeichneten Abraham-Abkommen zwischen Israel und mehreren arabischen Ländern widerspiegelt. Einige dieser Familien lebten seit mehr als tausend Jahren in muslimischen Ländern; früher nannte sie *Yahud, awlad Arab*: »Juden, Söhne von Arabern«. Heute leben in Ländern wie dem Libanon, Ägypten, Jordanien, Syrien und dem Irak jeweils weniger als hundert Juden, in einigen Ländern sogar nur drei oder vier. Das sind Länder, in denen es vor ihrer Vertreibung blühende Gemeinden mit Hunderttausenden von Juden gab.[14]

2017 ging ein Video einer Debatte im Menschenrechtsrat der Vereinten Nationen (UNHRC) viral. Es waren Diplomaten aus verschiedenen arabischen Autokratien zu sehen, die einer nach dem anderen Israel »ethnische Säuberung«, »Terrorismus«, »Diskriminierung«, »Extremismus«, »Verbrechen gegen die Menschheit« und »Apartheid« vorwarfen. Am Ende erhielt der kanadische Völkerrechtler Hillel Neuer das Wort. »Es gab einmal eine Zeit, da war der Nahe Osten voller Juden«, sagte er. »In Algerien lebten 140.000 Juden. Algerien, wo sind deine Juden? In Ägypten gab es einst 75.000 Juden. Wo sind eure Juden? Syrien, ihr hattet Zehntausende von Juden. Wo sind eure Juden? Irak, du hattest über 135.000 Juden. Wo sind eure Juden?« Er beendete seine Ansprache mit den Worten: »Herr Präsident, wo hat die Apartheid wirklich stattgefunden?« Angesichts der eigenen Heuchelei verstummte der Plenarsaal, peinlich berührt und verlegen.[15]

Der glückliche Ort

Wenn die dämonisierte Version Israels durch die Realität ersetzt werden soll, muss das Land einen angemessenen Platz in der Familie der Nationen erhalten. In vielerlei Hinsicht ist es ein unscheinbarer, mittelgroßer Staat. Geografisch gesehen ist es etwa so groß wie El Salvador, Slowenien oder Wales, mit einer Bevölkerung so groß wie New Jersey und einer Wirtschaft so groß wie Nigeria. In Bezug auf Demokratie,[16] Transparenz[17] und Lebensqualität[18] liegt Israel im oberen Drittel der meisten international anerkannten Ranglisten (wobei er die anderen Länder der Region bei weitem übertrifft).

Der jüdische Staat ist mit einer extrem niedrigen Kriminalitätsrate gesegnet, die weltweit auf Platz 104 liegt. Großbritannien, zum Vergleich, liegt an 64., die Vereinigten Staaten an 56., Frankreich an 44. und Südafrika an 3. Stelle (an der Spitze der Liste steht Venezuela).[19] Entgegen der landläufigen Meinung wurde Israel im Jahr 2022 von einer amerikanischen Versicherungsgesellschaft als das fünftsicherste Reiseziel der Welt bezeichnet, hinter Singapur, Dänemark, den Niederlanden und der Schweiz.[20] Seine Geschichte mag blutig sein, aber es gibt mindestens 27 aktuelle Konflikte auf der Welt, von denen zwei Milliarden Menschen betroffen sind; und während die von den USA angeführten Invasionen in Afghanistan und im Irak und der syrische Bürgerkrieg jeweils mehrere hunderttausend Tote forderten, wie auch einige andere Konflikte, z.B. die jüngsten schrecklichen Kriege in Äthiopien und im Sudan, beläuft sich die kumulative Zahl der Araber, die in allen Kriegen mit Israel ihr Leben verloren haben, auf etwa 86.000.[21] In einem Zeitraum von 75 Jahren!

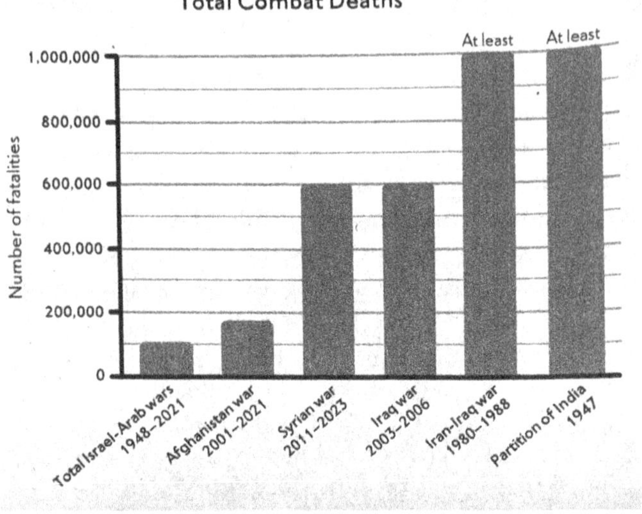

Trotz all seiner Probleme schützt Israel die Rechte von Frauen und Minderheiten sowie die Religions-, Meinungs- und Versammlungsfreiheit. Im Januar 2023 stufte eine Studie des Index on Censorship den jüdischen Staat hinsichtlich der Meinungsfreiheit noch vor Großbritannien und den Vereinigten Staaten ein.[22] Tel Aviv ist eine der schwulen Hauptstädte der Welt. Im Jahr 2020 nahmen im Norden Israels Tausende von Trauernden an der Beerdigung von Ayman Safiah teil, einem offen homosexuellen arabischen Balletttänzer, der vor der Küste des Kibbutz Neve Yam ertrunken war;[23] das wäre in anderen Teilen der Region unvorstellbar. (In Ägypten, gleich hinter der Grenze, infiltrieren verdeckte Polizeibeamte Dating-Apps, um Homosexuelle zu entlarven und zu verhaften, wie die BBC berichtet.)[24]

Wenn man dann noch bedenkt, dass der jüdische Staat weltweit führend in Technologie ist und über eines der besten Gesundheitssysteme der Welt verfügt, in dem sogar die Familien von Terroristenführern behandelt werden, sollte seine Platzierung auf dem von der UNO erhobenen Index der glücklichsten Länder[25] vielleicht keine Überraschung sein. An der Spitze der Glücksliste stehen drei nordische Länder, nämlich Finnland, Dänemark und Island, gefolgt von Israel auf Platz vier. Die Vereinigten Staaten stehen an 15. und Großbritannien an 19. Stelle. Was Israels Nachbarn betrifft, so liegt Jordanien auf Platz 123 und der Libanon auf Platz 136, während Syrien den neuesten Daten zufolge auf Platz 149 rangiert. Die Palästinensischen Gebiete stehen etwas besser da, nämlich auf Platz 99.

Man kann Mussolinis Faschismus nicht damit entschuldigen, dass die Züge pünktlich fuhren. Tatsache ist, dass Israel in Bezug auf Freiheit, Demokratie und Lebensqualität der beste Ort im Nahen Osten für muslimische Araber ist, genauso wie für Christen oder Juden. Laut einer Umfrage der führenden Meinungsforscher Dahlia Scheindlin und David Reis[26] aus dem Jahr 2019 sind 76 Prozent der israelischen Araber der Meinung, dass die jüdisch-muslimischen Beziehungen im Allgemeinen positiv sind (obwohl dies je nach Alter leicht variiert; 80 Prozent der über 35-jährigen antworteten zustimmend, hingegen nur 67 Prozent der 18- bis 24jährigen). 94 Prozent der israelischen Araber erkannten beide Völker an. Und eine aktuelle Studie des Palästinensischen Zentrums für Politik- und Umfrageforschung ergab, dass zwischen 2010 und 2022 der Prozentsatz der in dem israelisch verwalteten Ostjerusalem lebenden Araber, die lieber von der Palästinensischen Autonomiebehörde regiert werden würden, von 52 auf 38 gesunken ist.[27]

Gleichzeitig kann kein ausgewogener Beobachter Israels Schattenseite außer Acht lassen. In vielerlei Hinsicht herrscht im Land ein soziales und politisches Chaos. Wie Präsident Reuven Rivlin in einer bahnbrechenden Rede 2015 sagte, teilt sich die Bevölkerung in vier »Stämme« auf – säkulare Juden, religiös-nationalistische Juden, streng orthodoxe Juden und Araber –, die in der Regel vollständig unterschiedliche Interessen haben.[28] »Ein Stamm, nämlich die Araber, ist – ob freiwillig oder nicht – nicht wirklich im Spiel«, sagte er. »Und wie es aussieht, werden die anderen drei vom Kampf ums Überleben, dem Kampf um Budgets und Ressourcen für Bildung, Wohnraum oder Infrastruktur absorbiert.«

Darüber hinaus ist das Land in Kontroversen verwickelt, in denen territoriale Streitigkeiten, Extremismus, religiöser Chauvinismus, Brutalität und zermürbende asymmetrische Konflikte vorherrschen. Es handelt sich um eine junge Demokratie ohne Verfassung, mit einer einzigen Parlamentskammer und einem mit vielen Befugnissen ausgestatteten Obersten Gerichtshof, ein schlecht geformtes System, das im Jahr 2023 zu tiefgreifender Instabilität führte. Seiner Gründung 1948 ging ein blutiger Zyklus der Gewalt zwischen arabischen und jüdischen Milizen und den britischen Streitkräften voraus; in der darauf folgenden Feuersbrunst verübten die israelischen Streitkräfte inmitten von Gräueltaten auf beiden Seiten eine Reihe von Massakern, bei denen dem Historiker Benny Morris zufolge 800 Kriegsgefangene und Zivilisten getötet wurden.[29] Insgesamt verloren Tausende von Arabern und Juden ihr Leben und Hunderttausende von Palästinensern wurden vertrieben.

Kritische Freunde

Es ist wichtig zu erkennen, dass Israelphobie kein notwendiger Bestandteil der Kritik am jüdischen Staat ist. Selbst der Jurist und Antisemitismusexperte Anthony Julius hat den führenden israelfeindlichen Intellektuellen des 20. Jahrhunderts, Edward Said, prinzipiell auf der richtigen Seite gesehen, da er keine Verschwörungstheorien in die Welt setzte, keine antisemitischen Klischees verbreitete und nicht den Holocaust leugnete.[30] Bei anderen fiel er durch, weil er falsche israelfeindliche Behauptungen aufstellte,[31] Befunde von Historikern abtat und die palästinensischen Araber kurzsichtig als Opfer des westlichen Imperialismus darstellte. Jenseits davon ist vernünftige Kritik durchaus möglich.

Besonders besorgniserregend ist die Politik der israelischen Regierung gegenüber ihren eigenen arabischen Bürgern. Nach Angaben des israelischen Zentralbüros für Statistik erhält ein arabisches Kind ein geringeres Bildungsbudget als ein jüdisches,[32] was bedeutet, dass begabte arabisch-israelische Schulabgänger weniger Chancen auf einen Studienplatz an israelischen Universitäten haben und sich stattdessen oft für ein Studium im Westjordanland oder in Jordanien entscheiden. Wenn die wachsende soziale Kluft überwunden werden soll, muss in wirtschaftlicher und sozialer Hinsicht für diese benachteiligten Gemeinschaften etwas getan werden. Das ist notwendig, um die arabischen Israelis besser in die Gesellschaft zu integrieren, die rasant ansteigende Kriminalität in ihren Gemeinden zu senken und ein Gefühl der nationalen Zusammengehörigkeit zu fördern.

Auch das Verhalten der jüdischen Extremisten, die die öffentliche Bühne betraten, als Benjamin Netanjahu 2022 in einer Koalition mit der extremen Rechten an die Macht kam, ist scharf zu verurteilen. Das Land war schockiert, als eine Bande von Siedlern im Februar 2023 im palästinensischen Dorf Huwara wütete und sich für einen Terroranschlag rächte, indem sie Autos abfackelte, Eigentum beschädigte und einen Mann tötete, der gerade von einem humanitären Einsatz am Ort eines Erdbebens in der Türkei zurückgekehrt war.[33] Diese und andere Kritikpunkte können in der gleichen Weise artikuliert werden, wie das in anderen Nationen möglich ist, und zwar ohne Dämonisierung, aus der die Israelphobie sich speist.

Wenn ein Video von israelischer Polizeibrutalität im Internet kursiert, nehmen viele dies als Beweis dafür, dass das Land selbst rassistisch sei, anstatt die verantwortlichen Beamten zu verurteilen. Aber das ist nichts im Vergleich zur britischen Polizei, die vor kurzem der Frauenfeindlichkeit, des Rassismus und anderen Fehlverhaltens beschuldigt wurde, wie der Mord an einer Frau durch einen Polizisten und die Vergewaltigung vieler anderer durch Beamte zeigen. Von den 3000 Kindern, die in den letzten vier Jahren von der britischen Polizei einer demütigenden Leibesvisitation unterzogen wurden, waren schwarze Kinder sechsmal häufiger betroffen als weiße, wie im März 2023 bekannt wurde.[34] Im Jahr 2022 erklärte eine schwarze Jugendliche, nachdem sie bei einer vergeblichen Suche nach Drogen aus dem Unterricht geholt und gezwungen worden war, ihre Damenbinde vorzuzeigen, sie werde ihre Schule und die örtliche Polizei verklagen,.[35] In Frankreich gelobte Präsident Macron, die Polizei zu reformieren, nachdem vier weiße Polizisten dabei gefilmt worden waren, wie sie 2020 einen unbewaffneten schwarzen Musikproduzenten in seinem Pariser Studio verprügelten.[36] Die trübe Bilanz der amerikanischen Polizeiarbeit spricht für sich selbst.

Dennoch werden diese Staaten nicht grundsätzlich in Frage gestellt.

Mit der Wahl Donald Trumps zum Präsidenten der Vereinigten Staaten begannen vier Jahre der Turbulenzen und der Gewissenserforschung. Doch selbst in dieser hitzigen Zeit verglich niemand das Land mit Schurkenstaaten, trotz des Kolonialismus und der ethnischen Säuberungen, die es auf dem Kerbholz hatte. Die USA setzten die Rassentrennung fast ein Jahrhundert lang durch. Das Jim-Crow-System – benannt nach einem abwertenden Begriff für Schwarze – war tatsächlich eine Art Apartheid. Selbst in den 1950er Jahren, als die Vereinigten Staaten Schwarze in Bussen und auf öffentlichen Plätzen ausgrenzten und dem Geist der Bigotterie, der die blutige Staatsgründung begleitet hatte, weiter treu blieben, wurde ihr »Existenzrecht« nie in Frage gestellt. Doch in denselben Jahren wurde Israel immer wieder abgesprochen, eine Nation zu sein, obwohl es seiner arabischen Minderheit die gleichen Rechte einräumte.

Solche Vorwürfe wurden anderen Demokratien nicht gemacht, obwohl viele eine weitaus diskriminierendere Politik als Israel betrieben haben oder unter den Einfluss der extremen Rechten geraten sind. Im Oktober 2022 traten die Schwedendemokraten – die größte Partei der Welt mit nationalsozialistischen Wurzeln – der Regierungskoalition des Landes bei, wodurch sie Einfluss auf die Politik erhielten. In Deutschland ist die AfD mit ihrer rechtsnationalistischen Ausrichtung zur zweit- bzw. drittstärksten Partei des Landes geworden. Italien wird inzwischen von Giorgia Meloni angeführt, die von vielen ebenfalls als rechtsextrem bezeichnet wird (was einige anders sehen, obwohl die Partei selbst ihre Tradition auf Mussolinis Faschismus gründet). Marine Le Pens Rassemblement National, ehemals Front National, ist Frankreichs größte parlamentarische Oppositionspartei in der Nationalversammlung und auch im Europäischen Parlament stark vertreten.

Obwohl der Erfolg dieser politischen Bewegungen auf eine besorgniserregende Entwicklung innerhalb ihrer Gesellschaften hinweist, gelten die Länder selbst nicht als rassistisch. Als jedoch Rechtsextreme in der israelischen Regierung auftauchten, wurden sie in einem Artikel in der Londoner *Times* mit den Taliban und den Ajatollahs verglichen.[37] Israel hat eine dunkle Seite, das ist klar. Aber es sollte möglich sein, darüber zu debattieren, zu kritisieren und eine Kampagne dagegen zu führen, ohne das Land zu dämonisieren. Ze'ev Jabotinsky, eine der wichtigsten Persönlichkeiten bei der Gründung des modernen Israel, schrieb 1911: »Wir sind ein Volk wie alle anderen Völker auch; wir haben nicht die Absicht, besser zu sein als die anderen. Als eine der ersten Bedingungen für die Gleichheit fordern wir das Recht, unsere eigenen Schurken zu haben, genauso wie andere Menschen auch.«[38]

Es gibt Böses und Böses

Der Menschenrechtsrat der Vereinten Nationen (UNHRC) wurde gegründet, um Menschenrechtsverletzungen auf der ganzen Welt zu bekämpfen. Dennoch wurde der jüdische Staat, dessen Bevölkerung ein Siebtel derjenigen Großbritanniens beträgt, mehr als doppelt so oft offiziell verurteilt wie jede andere Nation. In der UN-Generalversammlung gab es im Jahr 2022 fünfzehn Resolutionen zu Israel und nur dreizehn zu allen anderen Ländern der Welt zusammen.[39]

Die UNO hat nicht weniger als sieben formelle Gremien,

die sich mit Israel befassen, dazu gehören die Abteilung für palästinensische Rechte, der Ausschuss für die Ausübung der unveräußerlichen Rechte des palästinensischen Volkes, das Informationssystem der Vereinten Nationen zur Palästinafrage, der Sonderberichterstatter zur Lage der Menschenrechte in den seit 1967 besetzten palästinensischen Gebieten, der Sonderausschuss zur Untersuchung israelischer Praktiken, die die Menschenrechte des palästinensischen Volkes und anderer Araber in den besetzten Gebieten beeinträchtigen, und das Register der Vereinten Nationen für Schäden, die durch den Bau der Mauer in den besetzten palästinensischen Gebieten verursacht wurden.[40]

Dies geschah nicht zufällig. Die Struktur des UNHRC ist genau auf eine solche Dämonisierung ausgerichtet. Die Regeln des Gremiums schreiben vor, dass Punkt 7, der sich mit der »Menschenrechtssituation in Palästina«[41] befasst, bei jeder einzelnen Sitzung diskutiert werden muss, unabhängig von anderen dringenden Weltangelegenheiten. Kein anderes Thema steht ständig auf der Tagesordnung, was dazu führt, dass die Konferenzen ins Absurde abgleiten. Im Jahr 2019, bei der 41. Einberufung in Genf, versammelten sich draußen Aktivisten, um ein Ende des Völkermords an den Uiguren zu fordern, während die Delegierten über die »Zunahme von Hassreden politischer Vertreter und in den sozialen Medien in Israel« diskutierten.[42] Abgesehen davon, dass Israel in den sozialen Medien das bei weitem am meisten verleumdete Land der Welt ist,[43] war es grotesk zu sehen, dass Tweets von israelischen Politikern zum Völkermord an Muslimen in China nichts bewirkten.

Das ist schon seit Jahren so. Die berüchtigte UN-Antirassismus-Konferenz 2001 in Durban versank in blankem Judenhass.[44] Als sie 2009 erneut einberufen wurde, sprach als einziges Staatsoberhaupt der iranische Präsident Mahmud Ahmadinedschad. In seiner Rede beschimpfte er Israel als »absolut rassistisch«, nannte den Holocaust eine »zweideutige und zweifelhafte Angelegenheit« und behauptete, er diene lediglich als »Vorwand« für die Unterdrückung der Palästinenser.[45] In seinen Memoiren erinnert sich Danny Danon, Israels ehemaliger Botschafter bei der UNO, an seine ersten Tage in diesem Amt. »Ich wusste um die Feindseligkeit bei der UNO und war darauf vorbereitet«, schreibt er, »aber niemand kann sich wirklich auf die Flut von Angriffen gegen Israel vorbereiten. In manchen Wochen mussten wir uns jeden Tag mit einer neuen Krise befassen, mit Resolutionen, Initiativen und Berichten. Im Grunde arbeiten wir Tag und Nacht, um unsere Position zu verteidigen.«[46]

Obwohl die UNO selbst 1947 für die Gründung des jüdischen Staates gestimmt hatte, organisierte sie im Mai 2023 eine Veranstaltung zum Gedenken an die »Katastrophe« der Geburt Israels. Auf diesem Karneval der Israelphobie durfte Palästinenserführer Mahmoud Abbas eine Rede halten, die doppelt so lange dauerte wie die ihm zugestandene Zeit von dreißig Minuten (wobei man fairerweise sagen muss, dass er sich derzeit im achtzehnten Jahr seiner vierjährigen Amtszeit befindet). Er wetterte in den schärfsten Worten gegen den jüdischen Staat. Er versuchte, die historische Tatsache zu leugnen, dass jüdische Landwirte das Ödland Palästina zu Beginn des 20. Jahrhunderts zum Blühen brachten –1867 hatte Mark Twain das Land als »eine stille, traurige Weite«[47] beschrieben – und bediente sich dabei sogar einer Nazi-Metapher. »Sie lügen und lügen, genau wie Goebbels«, wetterte er. »Sie lügen, lügen und lügen, bis die Leute es glauben.«[48]

Ein einfaches Gedankenexperiment: Stellen wir uns vor,

es ginge nicht um Israel, sondern um China. Chinas Bilanz in Sachen Menschenrechte, Korruption und Destabilisierung im Ausland übertrifft die Israels bei weitem. Das chinesische Vorgehen gegen Hongkong war brutal, und derzeit wird befürchtet, China könnte in sein demokratisches Nachbarland Taiwan einmarschieren und die Region in einen Krieg stürzen. China war die Quelle der Covid-Pandemie. Seit die Volksrepublik 1949 Tibet annektierte, wurden ganze Gemeinden ausgelöscht, Klöster zerstört und das Land einem repressiven Regime unterworfen. Der amerikanische Think Tank Freedom House stuft Tibet heute als einen der schlimmsten Orte der Welt ein, wenn es um Bürgerrechte und politische Freiheit geht.[49] Und China stellt eine sehr reale, direkte und zunehmende Bedrohung für den Westen dar.

Stellen Sie sich jedoch einen Moment lang vor, die Volksrepublik wäre der einzige Staat, über den bei jeder UNHRC-Sitzung debattiert und der mehr als doppelt so oft verurteilt würde wie jedes andere Land. Stellen Sie sich vor, es gäbe eine breit angelegte Kampagne zum Boykott chinesischer Waren, Akademiker, Sportmannschaften, Musiker und Tanzgruppen. Stellen Sie sich vor, chinesische Studenten an den Universitäten würden schikaniert, gemobbt und von ihren eigenen Dozenten beschuldigt, Agenten eines »gewalttätigen, rassistischen, ausländischen Regimes zu sein, das ethnische Säuberungen vornimmt«,[50] und ihre eigenen Studentenvereinigungen würden diesen Hass noch verstärken. Wer sind diese Leute, werden Sie sich fragen, und warum verteufeln sie China?

Manche sagen, an eine Demokratie westlichen Stils stelle man höhere Ansprüche. Aber das erklärt nicht, warum der jüdische Staat so viel mehr unter die Lupe genommen, kritisiert und unterminiert wird als die Vereinigten

Staaten, Australien, Frankreich oder Großbritannien; und es erklärt ganz sicher nicht, warum er so behandelt wird, als sei er viel bösartiger als wirkliche Autokratien.

Geschichte und Hummus

Die Darstellung Israels als koloniale Zumutung für die einheimische Bevölkerung, als »Siedlerstaat«, der das Land der Palästinenser besetzt und ihre Kultur vernichtet habe, ist ein Grundpfeiler der Israelphobie. Sie hat ihren Ursprung in der Behauptung, Juden hätten im Nahen Osten nichts zu suchen und seien der Region fremd – eine Behauptung, die schon ein kurzer Blick in die Geschichte widerlegt. Dennoch hält sich die Dämonisierung hartnäckig.

Das Akub ist ein angesagtes palästinensisches Restaurant im Londoner Stadtteil Notting Hill und mehr als nur ein gehobenes Restaurant. In einem Interview mit der *New York Times* aus dem Jahr 2022 sagte der in Frankreich ausgebildete Koch und Gründer Fadi Kattan, seine Mission sei es, »eine Küche zurückzuerobern, die Teil einer alten arabischen Tradition ist, zu der Lebensmittel wie Hummus, Falafel, Taboulé, Fattusch und Schawarma gehören«, von denen er das Gefühl hatte, »dass sie von israelischen Köchen vereinnahmt wurden«.[51] Normale Menschen kochen, während Israelis in den Augen von Kattan Lebensmittel »vereinnahmen«. Dieser Standpunkt beruht auf einer äußerst selektiven Sicht der Geschichte. Wie ein Leser in den Kommentarspalten anmerkte: »Juden kochen diese Gerichte auch schon seit Jahrhunderten und haben sich nichts angeeignet. Es gibt eine kontinuierliche jüdische Präsenz im Land Israel seit Tausenden von Jahren. Darüber hinaus sind viele dieser Speisen nicht auf das Land Israel beschränkt, sondern im gesamten ehemaligen Osmanischen Reich verbreitet.«

Oft wird vergessen, dass das Judentum zwei Jahrtausende älter ist als der Islam und 1.500 Jahre älter als das Christentum. Israel war die Wiege der jüdischen Zivilisation. Mindestens tausend Jahre vor der Geburt Jesu Christi machte König David, der berühmteste Jude Jerusalems, die Stadt zur Hauptstadt des Landes Israel. Seitdem leben in Jerusalem mehr oder weniger viele Juden – das Wort »Jude« ist eine Abkürzung für Judäa, das alte Königreich, das in der Eisenzeit um Jerusalem entstand.

Kulturell haben die Juden ihre Identität immer mit dem Land Israel verbunden, vor allem seit sie um 598 v. Chr. nach Babylonien verbannt wurden, wo sie eine heftige Sehnsucht nach Rückkehr verspürten. Jahrtausendelang haben Juden in der Diaspora mit Blick auf die Heilige Stadt gebetet, beim Pessachfest »nächstes Jahr in Jerusalem« gerufen, die Zerstörung des Tempels betrauert, bei Hochzeiten ein Glas zerbrochen und eine Ecke ihrer Häuser ungeschmückt gelassen als Ausdruck ihrer Sehnsucht, in Jerusalem begraben zu werden, an den verbliebenen Mauern des zerstörten Tempels gebetet und eine Pilgerreise unternommen. Im Laufe der Geschichte haben viele den Schritt gewagt, mit ihren Familien in ihre Heimat zurückzukehren. All das spielt auch heute noch eine Rolle.

In der jüdischen Geschichte lässt sich die Heimkehr als Ideal und Wunschtraum wie ein roter Faden bis in die Antike zurückverfolgen. Ab 1516 fiel Palästina – wie es von den Römern umbenannt worden war – unter osmanische Herrschaft, die mehr als vierhundert Jahre andauern sollte. Weniger als fünfzig Jahre nach der Eroberung versuchte Joseph Nasi, der Herzog von Naxos, ein von den Osmanen begünstigter portugiesisch-jüdischer Diplomat, die Juden in ihre Heimat zurückzubringen, ohne Rücksicht auf die biblischen Prophezeiungen über das Warten auf die Ankunft des Messias. In gewisser Weise war er der erste Zionist.

Das Glück der Juden im Heiligen Land war in den folgenden Jahrhunderten ein Auf und Ab. 1860 gründete der britische Finanzier Sir Moses Montefiore, der an die göttliche Vorsehung des britischen Reiches und die Rückkehr der Juden nach Zion glaubte, die Gemeinde Mischkenot Schana'anim außerhalb der Altstadt von Jerusalem. Sie bestand aus roten Backsteinhäusern und einer Windmühle und war der früheste Vorläufer des künftigen Staates (die Windmühle steht noch heute).

Die moderne jüdische Einwanderung nach Palästina begann 1883 mit einem Zustrom von 25.000 Juden, von denen viele vor antisemitischen Pogromen in Russland geflohen und von dem Wunsch beseelt waren, in ihr angestammtes Land zurückzukehren. Juden kamen auch aus Persien und dem Jemen und siedelten in eigenen Vierteln. Einwanderer aus Buchara (Usbekistan), darunter die Juweliersfamilie Moussaieff, die Diamanten für Dschingis Khan geschliffen hatte, schufen das Bucharan-Viertel (Schkhunat HaBucharim) mit seinem ausgeprägten zentralasiatischen Flair.

Im *Jewish Chronicle* von 1896 legte Herzl, der Vater des modernen Israel, das Konzept des Zionismus dar. »Ich stelle keine neue Idee vor«, betonte er. »Im Gegenteil, es ist eine sehr alte Idee. Es ist eine universelle Idee – und darin liegt ihre Kraft –, die so alt ist wie das Volk, das selbst in der Zeit des bittersten Unglücks nie aufgehört hat, sie zu hegen. Dies ist die Wiederherstellung des jüdischen Staates. ... Es ist bemerkenswert, dass wir Juden diesen königlichen Traum durch die lange Nacht unserer Geschichte hindurch geträumt haben. Jetzt bricht der Tag an. Wir brauchen uns nur den Schlaf aus den Augen zu reiben, unsere Glieder zu strecken und den Traum in die Wirklichkeit umzusetzen.«[52] Achtzehn Monate später, 1897, fand der berühmte erste Zionistenkongress in Basel statt. Danach schrieb Herzl in sein Tagebuch: »L'état c'est moi. In Basel habe ich den Judenstaat gegründet. Wenn ich das heute laut sagen würde, würde ich von der ganzen Welt ausgelacht werden. Vielleicht in fünf Jahren, sicher in fünfzig, wird es jeder wissen.«[53]

Ein neuer Anfang

Es folgten vier weitere Einwanderungswellen, als Juden vor dem weltweiten Gemetzel in das von den Osmanen kontrollierte Palästina flohen. 1896 waren mehr als drei Fünftel der 45.300 Einwohner Jerusalems Juden.[54] Yousef al-Khalidi, der Bürgermeister der Stadt, schrieb seinem alten Freund Zadok Khan, dem Oberrabbiner von Frankreich: »Wer kann die Rechte der Juden auf Palästina bestreiten? Gott weiß, historisch gesehen ist es in der Tat euer Land.«[55] Im Jahr 1915, als sich die Konturen des künftigen jüdischen Staates immer weiter herausbildeten, gab es noch keinen palästinensisch-arabischen Nationalismus. »Fragen der Nationalität liegen den Arabern so fern wie der Bimetallismus dem Leben in Texas«, schrieb Lawrence von Arabien damals. »Christen und Mohammedaner pilgern [nach Jerusalem]; die Juden sehen dort die politische Zukunft ihrer Rasse.«[56]

Während des Ersten Weltkriegs stellten sich die Türken auf die Seite der Deutschen. Nach ihrer Niederlage brach das Osmanische Reich zusammen und große Teile seines

Territoriums fielen in die Hände der alliierten Mächte. Die Osmanen hatten ihre Gebiete in *Vilâyets* (territoriale Verwaltungseinheiten) organisiert, die die Grundlage für die Aufteilung durch die Alliierten bildeten. Im Nahen Osten übernahm das französische Syrien drei *Vilâyets* – Damaskus, Aleppo und Beirut –, in denen maronitische Christen, schiitische und sunnitische Muslime, Drusen und Alawiten lebten. Die Franzosen teilten das Gebiet später in Syrien und Libanon auf. Der britische Irak wurde aus den drei Verwaltungsbezirken Bagdad, Basra und Mosul gebildet, ein Flickenteppich aus schiitischen und sunnitischen Muslimen, Jesiden, Kurden und irakischen Juden. Nach der Unabhängigkeit erwies sich das Land für die Iraker als ebenso unregierbar wie für die Briten. Die von sunnitischen und christlichen Arabern, Drusen, Beduinen und Juden bewohnten *Vilâyets* in Palästina wurden unter britisches Mandat gestellt, was bedeutete, dass Großbritannien das Gebiet so lange verwalten würde, bis die Bewohner das Recht auf Selbstverwaltung hätten, woraufhin unabhängige Nationalstaaten entstehen könnten.

So wurde das imperiale Großbritannien 1917 die erste christliche Macht, die Jerusalem seit mehr als sieben Jahrhunderten regierte. Es war die Erfüllung eines lange gehegten Wunsches. Premierminister David Lloyd George bezeichnete Jerusalem als »Weihnachtsgeschenk für das britische Volk« und rief aus: »Oh, das müssen wir uns schnappen!«[57] Am 11. Dezember, nachdem er die deutsch geführten osmanischen Truppen in einem der letzten erfolgreichen Kavallerieangriffe der modernen Kriegsführung geschlagen hatte, stieg Feldmarschall Edmund Allenby vom Pferd ab und betrat die Heilige Stadt zu Fuß. Großbritannien hatte gerade die historische Balfour-Erklärung veröffentlicht, in der es sich für eine »nationale

Heimstätte für das jüdische Volk« in Palästina aussprach, um die russischen Juden dem Bolschewismus abspenstig zu machen. Dies war typisch für die taktischen Zusagen, die die Großmächte unter dem Druck des Krieges machten und von denen sich viele gegenseitig widersprachen. Die Verwaltung des Mandats war nicht einfach, da die jüdischen Bestrebungen nach einem eigenen Staat immer stärker wurden und die Spannungen mit den Arabern zunahmen; in den 1930er Jahren entstand der palästinensische Nationalismus, der immer wieder zu innerpalästinensischer Gewalt führte.

Dann kam der Zweite Weltkrieg. Der Holocaust untermauerte die Forderung nach einem jüdischen Staat, der in der Lage sein sollte, eine eigene Armee zu unterhalten und das Versprechen »Nie wieder« zu erfüllen. Wie ein indigenes Volk, das sich gegen das britische Empire auflehnte – und einen gemeinsamen Kampf mit anderen kolonisierten Nationen teilte, die unter dem imperialen Stiefel stöhnten –, führten jüdische Untergrundkämpfer eine bewaffnete Auseinandersetzung gegen die Briten, um sie aus Palästina zu vertreiben. Wie im gesamten Nahen Osten und in Europa üblich, stimmte die UNO 1947 der Teilung des Landes in einen jüdischen und einen palästinensischen Staat zu, wobei die Grenzen um die ethnischen Mehrheitsgebiete herum gezogen wurden (die jordanischen *Vilâyets* waren ein Jahr zuvor parzelliert und unter haschemitische Herrschaft gestellt worden). Im Rahmen dieser Zweistaatenlösung würde Israel 56 Prozent des Landes erhalten, die Palästinenser 43. Die Bevölkerung wäre gemischt: eine halbe Million Araber auf israelischer Seite und 10.000 Juden im Staat Palästina. Die Nachbarn Israels reagierten mit Bestürzung; sie hatten selbst den Wunsch, das Gebiet zu annektieren. Am 14. Mai 1948, acht Stunden vor dem offiziellen Ende der britischen Herrschaft, erhob sich David Ben-Gurion, der erste Premierminister des Landes, im Stadtmuseum von Tel Aviv am Rothschild-Boulevard und verkündete die Unabhängigkeit Israels. Vierundvierzig Jahre nach Herzls Tod war seine Vorhersage eingetreten.

Die jüdische Seite akzeptierte den UN-Teilungsplan. Schließlich stimmten auch die Syrer und Libanesen im Norden der Teilung zu, obwohl die Alawiten und Drusen sich darüber aufregten. Doch die Palästinenser – angeführt vom Mufti von Jerusalem, Amin al-Husseini, der während des Krieges eng mit dem Dritten Reich kollaboriert hatte (siehe dazu das Kapitel über Fälschungen) und von der Idee der Ausrottung der Juden besessen war – lehnten jeden Vertrag ab, der die Gründung eines jüdischen Staates vorsah. Nur wenige Stunden nach Ben-Gurions Rede griffen die Armeen Ägyptens, Jordaniens, des Iraks, des Libanons und Syriens auf Husseinis Geheiß den jungen jüdischen Staat an. »Dies wird ein Vernichtungskrieg und ein gewaltiges Massaker«, kündigte der Generalsekretär der Arabischen Liga Abdul Rahman Hassan Azzam an, »man wird von ihm sprechen wie von den mongolischen Massakern und den Kreuzzügen«. Der Mufti rief zum Dschihad auf und rief: »Ermordet die Juden! Tötet sie alle!«[58] Ironischerweise war, wie Joseph Spoerl feststellte, »der Plan für die ethnische Säuberung in Palästina in den Jahren 1947/48 ein arabischer Plan, kein zionistischer«.[59]

Es folgte ein Kampf um die Existenz. Stalin, der Israel als erster anerkannte, sorgte dafür, dass es wertvolle sowjetische Waffen aus Osteuropa erhielt, und mit seinen organisierten und entschlossenen Kampfeinheiten – von denen viele den Holocaust überlebt hatten – hielt der jüdische Staat dem Angriff stand. Im chaotischen Sturm und Drang des Krieges flohen etwa 700.000 Araber aus ihrer

Heimat. Simon Montefiore berichtet: »Einige wurden gewaltsam vertrieben, andere gingen, um dem Krieg zu entgehen, in der Hoffnung, später zurückzukehren – und etwa die Hälfte blieb sicher in ihren Häusern und wurde zu israelischen Arabern, nichtjüdischen Bürgern in der zionistischen Demokratie.«[60] Das palästinensische Flüchtlingsproblem, schreibt der Historiker Benny Morris, »war ein Produkt des Krieges und weder von jüdischer noch von arabischer Seite geplant ... Es war zum Teil das Ergebnis böswilliger Handlungen jüdischer Befehlshaber und Politiker, in geringerem Maße waren arabische Befehlshaber und Politiker durch ihre Befehle und Versäumnisse dafür verantwortlich.«[61] Die Existenz von zwei Millionen arabischen Bürgern in Israel heute zeigt, wie Behauptungen über »ethnische Säuberungen« verdreht und als Waffe eingesetzt werden. Es gibt keine Juden unter palästinensischer Herrschaft, und die jüdischen Gemeinden, die Seite an Seite mit ihnen leben, benötigen militärischen Schutz. Wo ist die wirkliche ethnische Säuberung?

Nach neunmonatigen Kämpfen endete der Krieg. Das von der UNO überwachte Waffenstillstandsabkommen von 1949 teilte Jerusalem und übergab die Altstadt König Abdullah von Transjordanien, dem es auch gelungen war, das Westjordanland zu annektieren, das die UNO für die Palästinenser reserviert hatte. »Niemand wird Jerusalem von mir übernehmen, es sei denn, ich werde getötet«, erklärte er. Die ausgehandelten Bedingungen erlaubten den Juden den Zugang zur Klagemauer, zum Friedhof auf dem Ölberg und zu den Gräbern im Kidrontal, aber diese Zusagen wurden nie eingehalten. In den folgenden neunzehn Jahren konnten die Juden die Mauer nicht besuchen und ihre Gräber wurden verunstaltet.

Nachdem der unruhige Frieden wiederhergestellt war,

kam es zu einer weiteren Ansammlung von Flüchtlingen. Es trafen Einwanderer aus der ganzen Welt ein, darunter viele der 900.000 Juden, die im Zuge der großen antisemitischen Säuberung der arabischen Länder vertrieben worden waren. Heute, 75 Jahre nach dem Unabhängigkeitskrieg, sind 80 Prozent der israelischen Juden in Israel geboren,[62] und die Hälfte der jüdischen Bevölkerung des Landes ist schwarz oder aus dem Nahen Osten, was bedeutet, dass die Weißen in der Minderheit sind. Israel ist weit davon entfernt, ein Staat weißer Vorherrschaft zu sein, sondern ein zutiefst multiethnischer Staat.

Die Dämonisierung Israels stellt all dies als einzigartiges historisches Übel dar. In Wahrheit war die Art und Weise seiner Gründung jedoch typisch für die damalige Zeit. Diese historischen Fakten zeigen, dass Israel im Gegensatz zu den Vereinigten Staaten, Australien oder den südamerikanischen Ländern als postkolonialer und nicht als kolonialer Staat gegründet wurde, der nach dem Rückzug des britischen Empire völkerrechtlich legitimiert war. Leider wurden die palästinensischen Gebiete und Israel – ebenso wie der Irak, Syrien, der Libanon und Jordanien – während des restlichen 20. und des 21. Jahrhunderts von typischen postkolonialen Problemen wie ethnischen Rivalitäten, Vertreibungen und Unruhen heimgesucht. Allein der iranisch-irakische Krieg in den 1980er Jahren kostete einer Million Soldaten und ebenso vielen Zivilisten das Leben. Abgesehen von der Einzigartigkeit der alten jüdischen Geschichte, dem Holocaust und dem Ausmaß der Migration aus der Diaspora waren nur zwei Dinge an Israels Geburt außergewöhnlich. Erstens wurde 50 Prozent der arabischen Bevölkerung, die innerhalb der Landesgrenzen geblieben waren, die volle Staatsbürgerschaft gewährt. Zweitens wurde es trotz des Chaos zu einer liberalen Demokratie mit einer starken Wirtschaft, was Israel in der Region einzigartig macht. Dennoch werden die Juden immer noch beschuldigt, den Hummus gestohlen zu haben.

Historische Ungerechtigkeiten

Den Gästen des Restaurants Akub werden ihre »zurückgeforderten« Gerichte vor dem Hintergrund der an der Wand angebrachten Schlüsseln serviert. Diese stehen für das Eigentum, das die 700.000 Araber verloren haben, die bei der Gründung Israels geflohen sind, und das die Forderungen nach Rückerstattung befeuert. Dies ist ein Beispiel für die Fetischisierung der palästinensischen Enteignung, die zu einer der bekanntesten »historischen Ungerechtigkeiten« in der Welt geworden ist. Im gleichen Zeitraum wurden Millionen anderer Menschen in Europa und Asien inmitten der gleichen postkolonialen Wirren unter noch gewaltsameren Umständen über Grenzen getrieben, ihre Häuser wurden beschlagnahmt, ihre Verwandten getötet, ihre Familien zersplittert, und ihre Kulturen gingen verloren; doch ihre Schicksale sind von der Geschichte begraben worden.

Wer beklagt die Not der griechisch-orthodoxen Christen, der indischen Hindus und Sikhs, der Armenier, der irischen Flüchtlinge, die nach der blutigen britischen Teilung von 1921 entstand, oder der zwölf Millionen Deutschen, die nach dem Zweiten Weltkrieg auf Betreiben Churchills aus Osteuropa vertrieben wurden? Oder die Not der Juden des Nahen Ostens? »Ich weiß, wie [Fadi Kattan] sich fühlt«, berichtet der jüdische Restaurantkritiker Giles Coren: »In der Zeit, von der er spricht, hatte meine Familie ein Kaufhaus in Bratislava. Aber es gab eine Invasion, sie mussten flüchten, und jetzt, nun ja, hätte ich es gerne zurück. Aber dazu wird es nicht kommen. Meine Familie konnte nicht nach Hause zurück. Die meisten von ihnen wurden in Gaskammern erstickt oder in Wäldern erschossen, einige von ihnen gingen nach Israel/Palästina (das tut mir leid, Fadi, wirklich), und einige gingen nach England.«[63]

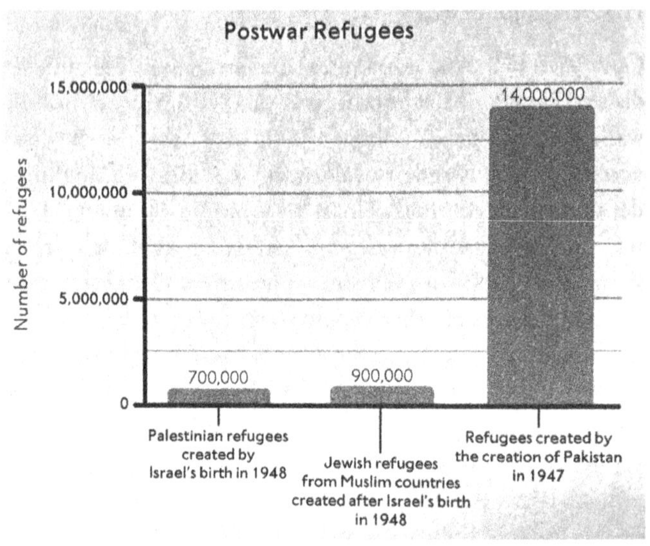

Das soll nicht heißen, dass die Sünden Israels nicht verurteilt werden dürfen oder das palästinensische Unrecht vergessen werden sollte. Es geht einfach darum, die Relation zu benennen und die Dämonisierung zu entlarven. Der jüdische Staat wurde in einer Zeit geboren, in der Massenvertreibungen an der Tagesordnung waren. Als das Zeitalter des Imperiums durch das Zeitalter des Nationalstaates abgelöst wurde, forderten ethnische Gruppen ihre eigenen unabhängigen Länder. Nationalistische Bewegungen erlebten einen Aufschwung, ein typisches Beispiel dafür war der Zionismus, den Stalin als » nationalen Ausdruck des Judentums« bezeichnete.[64] Das Osmanische, das Österreichisch-Ungarische, das Russische und das Deutsche Reich zerfielen, und in den folgenden Jahrzehnten wurden ihre Gebiete in der selbstherrlichen Art des frühen 20. Jahrhunderts von Engländern, Franzosen und Amerikanern nach der ethnischen Zusammensetzung der Einwohner aufgeteilt. Das Ergebnis war immer dasselbe: Gewalt zwischen den Gemeinschaften und die massenhafte Vertreibung von Minderheiten über die neuen Grenzen hinweg.

Viele Historiker führen das erste moderne Beispiel für einen Nationalstaat auf Griechenland zurück, eine weitere antike Zivilisation an der Küste des Mittelmeers. In den 1820er Jahren lehnten sich die Griechen gegen die Osmanen auf, was zur Gründung des modernen Griechenland als orthodoxes christliches Königreich führte. Obwohl sie friedlich zusammengelebt hatten, wurden die Muslime in die Türkei und die orthodoxen Christen nach Griechenland vertrieben. Auf beiden Seiten kam es zu Massakern. 1923 genehmigten die europäischen Mächte weitere Bevölkerungstransfers mit dem Ziel, zwei ethnisch getrennte Nationalstaaten zu schaffen, und mindestens zwei Millionen Menschen wurden aus ethnischen und religiösen Gründen vertrieben. Noch 1965 wurden 50.000 Griechen aus Istanbul verjagt und ihr Eigentum beschlagnahmt, was als »Türkisierung« bezeichnet wurde. Bis heute gibt es auf beiden Seiten fremdenfeindliche Ressentiments. Es gibt natürlich Unterschiede, aber die Parallelen zur Entstehung Israels sind offensichtlich.

Nur wenige Monate vor der Gründung Israels wurden 1947 Indien und Pakistan gegründet. Dies war ebenfalls Folge einer Auseinandersetzung mit der britischen Kolonialmacht. Doch während die Gründung des jüdischen Staates 700.000 palästinensische und 900.000 jüdische Flüchtlinge nach sich zog, führte die indische Teilung zur größten Massenmigration in der Geschichte der Menschheit,[65] bei der vierzehn Millionen Muslime und Hindus vertrieben wurden. Im israelischen Unabhängigkeitskrieg wurden etwa 16.500 Menschen getötet;[66] im Unabhängigkeitskrieg Indiens und Pakistans wurden mindestens eine Million Menschen abgeschlachtet, wobei einige die Zahl der Toten doppelt so hoch schätzen. Auf dem indischen Subkontinent folgten vier Kriege, und bis zum heutigen Tag verfolgen beide Seiten auf unterschiedliche Weise ihre Minderheiten. In Indien bedroht der Hindu-Nationalismus über eine Milliarde muslimischer Bürger, während die Islamische Republik Pakistan drakonische Ketzergesetze anwendet und Schiiten, Sufis, Hindus, Ahmadis und Christen unterdrückt, ganz zu schweigen von den Frauen.

Beide sind heute Atommächte. Während die israelisch-palästinensischen Beziehungen von einem Kreislauf aus Konflikten und Stillstand beherrscht werden, der in den letzten zwei Jahrzehnten etwa 11.000 Menschenleben gefordert hat, hat in Kaschmir ein gewaltsamer Territorialstreit zu Zehntausenden von Toten geführt. Es gibt sogar eine indische Version von »Fauda« – dem israelischen Thriller über verdeckt operierende Soldaten in den palästinensischen Gebieten –, die in Kaschmir spielt. Und während Israels Menschenrechtsbilanz zwar nicht makellos, aber im Vergleich zu der seiner Nachbarn sehr gut ist, ist die des modernen Pakistans miserabel, das Land ist voller Korruption und Brutalität, einschließlich der weit verbreiteten Gewalt gegen Frauen, religiöser Verfolgung und Sklaverei (im Weltglücksindex steht Pakistan auf Platz 108). Dennoch hört man von westlichen Progressiven nicht, dass Pakistan – oder irgendein anderer postkolonialer Staat außer dem verteufelten Israel – »kein Existenzrecht« zustehe. Und die Pakistanis sind auch nicht das Ziel von Straßenprotesten, Boykott- oder irgendeines Aktivismus in internationalen Institutionen oder Universitätskampagnen.

Unabhängig von den Turbulenzen in ihrer Geschichte ist es absurd, den jüdischen Israelis das Recht abzusprechen, in diesem Land zu leben. Manchmal scheint es, als sei der israelisch-palästinensische Konflikt in einzigartiger Weise immun gegen den Lauf der Zeit. Wenn die Zionisten von Anfang an »Siedler« gewesen sein sollen, wie viele Jahrzehnte müssen dann noch vergehen, bis dieses Etikett verschwindet? Wie kann man behaupten, dass die 80 Prozent der Israelis, die in diesem Land geboren wurden,[67] keine nationale Identität hätten? Selbst wenn man den moralischen Imperativ beiseite lässt, der sich aus dem Reichtum der jüdischen Geschichte und Kultur in der Region ergibt, kann man feststellen, dass auf Bürger anderer junger Länder solche ausgrenzenden Kriterien nicht angewandt werden.

Sie werden auch nicht auf andere Einwanderer angewandt. Überall im Westen bemüht sich die Gesellschaft um Offenheit gegenüber Neuankömmlingen aus der ganzen Welt, unabhängig von ihrem Herkunftsland, nimmt sie als Bürger auf, sobald sie einen Pass haben, und sorgt dafür, dass sie sich wie zu Hause fühlen. Bedenken hinsichtlich der ethnischen Herkunft werden als rassistisch abgetan. Als die 83jährige Lady Susan Hussey, eine der Hofdamen der verstorbenen Königin Elizabeth, im Dezember 2022 die in Großbritannien geborene Wohltätigkeitsmanagerin Ngozi Fulani fragte, woher sie komme, war Lady Hussey ihren Job los. Die Linksextremen waren die ersten, die sie als bigott verurteilten. Sie glauben an offene Grenzen und daran, dass es jedem erlaubt sollte, überall zu leben. Wenn es um Israel geht, gelten jedoch plötzlich andere Maßstäbe.

Es ist aufschlussreich, das westliche Denken über Einwanderung mit seinen Ansichten über Israel zu konfrontieren. Sunder Katwala, Direktor des britischen Think Tank Future, fragt: »Wie werden Menschen wie wir?« Er empfiehlt: Einer der besten Gradmesser könnte ein Test sein, um die vollständige Integration innerhalb einer Generation zu prüfen. Dann äußert er ein gewisses Unbehagen über die zweifelhaften Begriffe der »zweiten« und der »dritten Generation« von Einwanderern. »Die Kinder und sogar die Enkelkinder von Migranten werden häufig eher als ›sie‹ denn als ›wir‹ wahrgenommen, was ein Indikator ist für die anhaltende Kluft zwischen den rechtlichen Fakten der Staatsbürgerschaft und der gesellschaftlichen Wahrnehmung dessen, was dies wirklich bedeutet.«[68] Ein durchaus vernünftiger Punkt. Dennoch sehen die Progressiven die israelischen Juden weiterhin als die ewigen »sie« in ihrer eigenen Heimat, unabhängig von den Generationen, die ihnen vorausgegangen sind. Die Palästinenser hingegen sind die ewigen »wir«, die ihr »Rückkehrrecht« bis ins Unendliche behalten und ihren Vertriebenenstatus auf einzigartige Weise an künftige Generationen weitergeben. Nach Angaben der UNO gibt es heute fünfmal mehr palästinensische Flüchtlinge als 1948.[69]

Nächstes Jahr in Palästina

Es stimmt natürlich, dass der Wunsch der Juden, aus dem Exil zurückzukehren, seit Jahrtausenden besteht. Aber der Kontext ist ein ganz anderer als der der Palästinenser. Historisch gesehen wollten die Juden aufgrund ihrer ständigen Verfolgung unbedingt einen eigenen Staat. Jahrhundertelang war die Sehnsucht nach einer Rückkehr nach Zion eine religiöse und kulturelle Angelegenheit, was bedeutet, dass viele Juden glaubten, der Wiederaufbau Israels sei bis zur Ankunft des Messias verboten. Stattdessen setzten sie alles daran, sich in der gesamten Diaspora ein Leben aufzubauen, von Berlin bis Bagdad, von Algerien bis in die entlegensten Winkel des russischen Reiches. Manchmal bemühten sie sich so sehr, von der Gesellschaft akzeptiert zu werden, dass sie patriotischer wurden als alle anderen.

In Großbritannien wurde das Singen der Nationalhymne bei jüdischen Bar-Mizwas und Hochzeiten erst in den 1970er Jahren abgeschafft, und ein Gebet für die Monarchie wird immer noch an jedem Schabbat gesprochen. In der Whitechapel Road, im alten jüdischen East End, steht noch immer ein Denkmal für König Edward VII. Es wurde 1912 eingeweiht und laut einer Gedenktafel am Sockel »aus Spendengeldern der jüdischen Einwohner von East London« errichtet. Mit anderen Worten: von Einwanderern, die ihre Loyalität gegenüber der Krone unter Beweis stellen wollten.

Doch die Möglichkeit, als »wir« wahrgenommen zu werden, wurde ihnen verwehrt. Ob in Form der spanischen Inquisition, der Pogrome des 19. Jahrhunderts oder des Holocaust – Zeiten der Akzeptanz wichen in der Regel grausamen Verfolgungen. Im 19. und 20. Jahrhundert drückte das Schicksal der Juden, dieses zerstreuten, gequälten und umherziehenden Volkes, das durch Gewalt so entwürdigt und erniedrigt worden war, auf das Gewissen der führenden Politiker der Welt. Die Antwort, die die Juden selbst gaben, war die Rückführung in ihre angestammte Heimat Palästina, die möglich wurde, nachdem diese durch den Zerfall des Osmanischen Reiches staatenlos geworden war.

In den vorangegangenen Jahrzehnten waren mindestens 34 Gebiete als mögliche Zufluchtsorte für das jüdische Volk ins Gespräch gebracht worden, darunter Uganda, Argentinien, Angola, Libyen, Irak, Madagaskar und Alaska. Es wurden Anstrengungen unternommen, einige von ihnen zu verwirklichen: Um das jüdische Verlangen nach einer Nation für die Sowjetunion auszunutzen, versuchte Stalin, an zwei verschiedenen Orten, in Birobidschan und auf der Krim, ein jüdisches »Heimatland« zu errichten. Beide scheiterten und bewiesen, dass es nicht möglich war, ein echtes Zugehörigkeitsgefühl zu schaffen. Bereits 1908 hatte Winston Churchill seine Sympathie für die »Wiederherstellung« einer jüdischen Heimat zwischen dem Jordan und dem Mittelmeer zum Ausdruck gebracht. Nach dem Holocaust, als die Bevölkerung des europäischen Judentums um zwei Drittel geschrumpft war, schien der Zionismus die einzige Lösung zu sein.

Die Geschichte der Palästinenser ist eine ganz andere. Der UN-Teilungsplan von 1947 – der noch vor dem Unabhängigkeitskrieg vorgelegt wurde, bevor auch nur eine einzige Familie aus ihrer Heimat geflohen war – schlug einen Staat Palästina vor und einen Staat Israel. Doch die Araber lehnten ihn ab, da ihr Streben nach Selbstbestimmung durch ihre Abscheu vor der jüdischen Selbstbestimmung in den Hintergrund gedrängt wurde. In Wahrheit war der moderne palästinensische Nationalismus nur als Reaktion auf den Zionismus entstanden. Die Palästinenser sind Teil einer viel größeren arabischen Nation, die eine riesige Landmasse von fünf Millionen Quadratmeilen in Westasien und Nordafrika einnimmt, von der Spitze Omans am Arabischen Meer bis zur Nordatlantikküste Marokkos. Die arabische Welt ist sehr vielfältig, aber die panarabische nationalistische Bewegung, die in den 1950er und 60er Jahren den Höhepunkt ihrer Popularität erreichte, trat für einen Zusammenschluss ihrer Länder ein, um einen postkolonialen Block zu bilden. Unter dem Druck des Islamismus, des Sektierertums, der Machtkämpfe und des militärischen Scheiterns zerbrach dieser Traum schließlich, doch die panarabische Baath-Partei, die Syrien seit dem Putsch von 1963 ununterbrochen regiert und den Irak unter Saddam Hussein beherrschte, ist in vielen Ländern des Nahen Ostens weiterhin aktiv. Die drei versuchten Vernichtungskriege gegen Israel, der Unabhängigkeitskrieg, der Sechstagekrieg und der Jom-Kippur-Krieg von 1973, wurden von einer Koalition aus Syrern, Libanesen, Jordaniern, Ägyptern, Irakern und anderen geführt. Sie sind ein Beweis für die Stärke einer gemeinsamen arabischen Identität.

Jahrzehntelang war die ablehnende Haltung der Palästinenser gegenüber Israel mit den arabischen Staaten abgestimmt. Sie kam auf dem berüchtigten Treffen der Arabischen Liga im Sudan 1967 zum Ausdruck, das zu den »Drei Nein von Khartum« führte: kein Frieden mit Israel, keine Verhandlungen mit Israel und keine Anerkennung Israels. Ungeachtet der Friedensvereinbarungen von Oslo – die 1995 nach der Ermordung des israelischen Premierministers Jitzchak Rabin durch einen jüdischen Extremisten tragischerweise scheiterten –, war dies die palästinensische Position. In den Worten des israelischen Diplomaten Abba Eban »lassen die Araber nie eine Gelegenheit aus, eine Gelegenheit zu verpassen.«[70]

Damit soll der palästinensische Wunsch nach Eigenstaatlichkeit nicht heruntergespielt werden, der international, auch in Israel, große Unterstützung findet. Es wäre wunderbar, einen friedlichen und wohlhabenden Staat Palästina zu sehen. Aber dieser Wunsch hätte bereits mehrfach erfüllt werden können, zuerst schon 1948, doch diese Option wurde – wie wir im Kapitel über Verfälschung sehen werden – von den palästinensischen Extremisten, die inzwischen die Führung dominieren, abgelehnt. Ein weiterer aufschlussreicher Moment kam 2008, als der israelische Premierminister Ehud Olmert nach intensiven Verhandlungen ein beispielloses Angebot unterbreitete. Die Bedingungen lauteten: 94 Prozent des Westjordanlands werden den Palästinensern überlassen, dazu kommen 6 Prozent israelisches Land, um die Differenz auszugleichen; Ostjerusalem wird unter palästinensische Souveränität gestellt und damit zur Hauptstadt eines palästinensischen Staates; Israel zieht sich aus der Altstadt von Jerusalem zurück, die unter internationaler Verwaltung stehen sollte; ein Tunnel verbindet das Westjordanland und den Gazastreifen, wodurch die territoriale Kontinuität der Palästinenser gewährleistet wird; und Israel nimmt fünf Jahre lang jährlich tausend palästinensische Flüchtlinge auf, die übrigen sollten finanziell entschädigt werden. Ein großzügigerer Plan ist kaum denkbar. Doch Mahmoud Abbas lehnte das Angebot ab. Eine groteske Fehleinschätzung.

Im darauf folgenden Jahr schrieb Olmert in der *Washington Post*: »Es wäre lohnenswert, die Gründe zu erforschen, warum die Palästinenser mein Angebot abgelehnt und es stattdessen vorgezogen haben, eine echte Entscheidung zu vermeiden.«[71] Wie wir sehen werden, kann man sich nur schwer der Schlussfolgerung entziehen, dass der palästinensische Nationalismus mehr aus dem Hass auf die Juden als auf dem Wunsch nach Staatlichkeit besteht.

Sie tun es also

Israels Erfolgsbilanz seit seiner Gründung kann sich im Vergleich zu den anderen liberalen Demokratien sehen lassen, auch wenn es in einer weitaus schwierigeren Nachbarschaft lebt. Großbritannien, eine der aufgeklärtesten und tolerantesten Gesellschaften, die die Welt je gesehen hat, hat seine eigenen Schattenseiten. Auf der Liste stehen Ereignisse wie das Massaker von Amritsar 1919, bei dem Zehntausende friedlicher Demonstranten erschossen wurden, und die kollektive Bestrafung von einer halben Million Malaien in der Nachkriegszeit, bei der ihre Häuser zerstört und sie in befestigten Lagern, den sogenannten »New Villages«, interniert wurden. Im Jahr 2022 wurde bekannt, dass die Royal Air Force in Afghanistan mindestens 64 Kinder getötet hatte, viermal so viele wie zuvor zugegeben.[72] Diese Meldung wurde in den britischen Morgennachrichten gebracht, war aber am Abend aus den Nachrichten verschwunden; man fragt sich, wie die Reaktion ausgefallen wäre, wenn israelische Bomben Palästinenser und nicht britische Bomben Afghanen getötet hätten.

Auch die USA, eines der freiesten Länder der Geschichte, sind alles andere als perfekt. Im Laufe des Jahrhunderts, das zur Gründung der USA führte, wurden 56 Millionen Ureinwohner massakriert. Einer aktuellen Studie des University College London zufolge hinterließ der Völkermord ein Brachland von der Größe Frankreichs, das, wenn man es mit Bäumen bepflanzte, zu einem Rückgang der Kohlendioxidemissionen und einer Abkühlung der Erdtemperatur führte.[73] Es folgten Jahre der Sklaverei und der Rassentrennung. Im Jahr 1945 setzten die USA in Zweiten Weltkrieg als einziges Land jemals Atomwaffen ein und töteten in Hiroshima und Nagasaki mehr als 200.000 Menschen. Die Irak-Invasion 2003, die Hunderttausende von Menschenleben forderte, brachte Abu Ghraib, Waterboarding, außerordentliche Auslieferungen und Guantánamo Bay in den allgemeinen Wortschatz. Als der von den USA geführte Afghanistan-Feldzug 2021 sein demütigendes Ende fand, war allein unter den afghanischen Zivilisten eine Bevölkerung so groß wie die der Stadt Olympia im US-Bundesstaat Washington oder von Inverness in Schottland ausgelöscht worden. Dennoch ist es Israel, nicht die Vereinigten Staaten, das routinemäßig des Siedlerkolonialismus, der Apartheid, der ethnischen Säuberung und des Landraubs beschuldigt wird und von dem es heißt, es habe »kein Existenzrecht«.

Auf diese Doppelmoral hinzuweisen, ist keine »Dummheit«. Es ist eine Möglichkeit zu zeigen, wie Israel dämonisiert wird. Wenn Sie die Geschichte eines beliebigen Staates lesen, werden Sie große Kapitel über Brutalität, Eroberung und Unrecht finden, die die des jüdischen Staates weit in den Schatten stellen. 1799 vergewaltigten französische Truppen in Jaffa Mädchen auf den Leichen ihrer Mütter.[74] Im spanischen Bürgerkrieg von 1936 kamen Hunderttausende bei systematischen Liquidierungen zu Tode, wobei Folter und Vergewaltigung an der Tagesordnung waren. Francos Truppen stellten die Brutalität als »heiligen Krieg« gegen eine »jüdisch-freimaurerisch-bolschewistische« Verschwörung dar und verbreiteten die berüchtigte antisemitische Fälschung »Die Protokolle der Weisen von Zion«. 1947, als die UNO für die Gründung des Staates Israel stimmte, trieben niederländische Kolonialtruppen in Indonesien 431 Dorfbewohner aus Rawagede zusammen und richteten sie kaltblütig hin, was die UNO als »vorsätzliche und gnadenlose« Tötungen bezeichnete. Im Jahr 1951, als die Tel Aviver Börse eröffnet wurde, wurden grönländische Kinder von dänischen Kolonialkräften nach Dänemark zwangsverschickt, um sie zu »dänifizieren«. Und brutale Gewalt und Vertreibungen kennzeichneten die Gründung neuer Nationalstaaten während des gesamten 20. Jahrhunderts.

Während in den 1950er Jahren ein Zustrom von Holocaust-Überlebenden und jüdischen Flüchtlingen aus arabischen und muslimischen Ländern die Bevölkerung Israels auf zwei Millionen anwachsen ließ, folterten britische Truppen die Kikuyu in Kenia, vergewaltigten Frauen und Männer mit zerbrochenen Flaschen, Gewehrläufen, Messern, Schlangen, Ungeziefer und heißen Eiern, zerrten die Opfer hinter Landrovern her, peitschten sie aus, verbrannten sie, spießten sie an Bajonetten auf und erhängten Menschen am Fließband. 1967, als der Sechstagekrieg in Israel ausbrach, verwüstete die US-Operation Rolling Thunder Vietnam; bis zu ihrem Ende im darauf folgenden Jahr hatte sie 180.000 vietnamesische Zivilisten und Kämpfern ausgelöscht. Während Israel 1973 verzweifelt den Jom-Kippur-Krieg führte – und damit so nah am Rande der Zerstörung stand wie nie zuvor –, ergriff Pinochet in Chile die Macht und schickte seine »Karawane des Todes« auf eine mörderische Tour durch das Land. Die Schlussfolgerung ist unvermeidlich: Wenn wir gegenüber allen Ländern die gleiche Hysterie an den Tag legen würden, die manche auf Israel richten, wären wir ständig hysterisch.

Festgefahren

Die Sicherheitsherausforderungen, denen sich der jüdische Staat heute gegenübersieht, übertreffen die jeder anderen vergleichbaren westlichen Demokratie bei weitem. Er ist von Truppen umgeben, die sich seiner Zerstörung verschrieben haben. An seiner Nordgrenze befindet sich die Hisbollah, die über ein Arsenal von etwa 150.000 Raketen verfügt –größer als das vieler Nationalstaaten –, und Syrien, in dem sich iranische Truppen und Stellvertreter niedergelassen haben. Im Westen befindet sich der Gazastreifen, der von der Terrororganisation Hamas verwaltet wird und in dem sich noch mehrere andere militante Gruppen aufhalten. An seiner östlichen Flanke sind die Gebiete der dysfunktionalen und korrupten Palästinensischen Autonomiebehörde, wo Menschenrechtsverletzungen, Terrorzellen, Stammesrivalitäten und mangelhafte öffentliche Dienstleistungen das Klima bestimmen. Im Süden liegt die gesetzlose Wüste Sinai. Und noch weiter entfernt befindet sich der Iran, der sich der Vernichtung des jüdischen Staates verschrieben hat, ein Netzwerk von Terroristen sowohl an Israels Grenzen als auch in der gesamten Region unterhält und nun kurz davor steht, eine Atommacht zu werden.

Allein im Jahr 2022 wurde Israel von mehr als 5000 Terroranschlägen heimgesucht, die von Angriffen mit Steinen bis zu Messerstechereien, Schießereien und Bombenanschlägen reichten. Würden die Vereinigten Staaten, wenn New Jersey sich an der Stelle Israels befände, weniger Zivilisten töten? Was würde die britische Armee tun, wenn Wales zwischen Syrien, dem Libanon und dem Gazastreifen läge? Was würden die Franzosen tun? Als Großbritannien der Terrorismus der IRA zu schaffen machte, war seine Antwort brutal. Und als England das letzte Mal mit einer wirklich existenziellen Bedrohung konfrontiert war, nämlich während des Zweiten Weltkriegs, hatten außer den Bischöfen der anglikanischen Kirche nur wenige etwas gegen die Bombardierung Dresdens einzuwenden.[75] Wenn Kanada Detroit oder ein unabhängiges Schottland England mit Raketen beschösse, würden die Bürger eine militärische Reaktion fordern, auch wenn auf der anderen Seite Menschen sterben würden. Und zwar wahrscheinlich sogar *mehr* Menschen, als es bei den israelischen Streitkräften der Fall ist, denn das Verhältnis getöteter Zvilisten zu getöteten Kombattanten ist dort weniger gravierend als in den Konflikten, an denen britische und amerikanische Truppen zuletzt beteiligt waren. Doch unter dem Einfluss der Israelphobie stellen die Medien Israels sorgfältig kalibrierte Selbstverteidigungsmaßnahmen routinemäßig als Aggression dar, während sie die Angriffe, denen es ausgesetzt ist, herunterspielen.

Denken Sie zum Beispiel daran, wie die BBC über den Konflikt zwischen Israel und dem Islamischen Dschihad im Mai 2023 berichtete. Im World Service sagte ein Moderator: »Nun zum Nahen Osten, wo nach palästinensischen Angaben zwei junge Männer bei einem nächtlichen Angriff der israelischen Armee in der Nähe von Dschenin im besetzten Westjordanland getötet wurden. Der Vorfall ereignete sich nur wenige Stunden nach israelischen Luftangriffen auf den Gazastreifen, bei denen Militärkommandeure angegriffen wurden. Fünfzehn Menschen wurden dabei getötet, darunter zehn Zivilisten. Israels Premierminister Benjamin Netanjahu warnte die militanten Palästinenser, dass jede Vergeltungsmaßnahme eine vernichtende Antwort nach sich ziehen würde.«

Dann fragte der Interviewer Lahav Harkov, die Journalistin der *Jerusalem Post*, ob der Zeitpunkt der israelischen

Angriffe von Bedeutung sei. Sie antwortete lapidar: »Es ist bedeutsam wegen der Details, die Sie in Ihrer Einleitung ausgelassen haben. Zum Beispiel schossen die beiden palästinensischen Männer, die in der Nacht in Dschenin erschossen wurden, auf IDF-Soldaten, und die IDF-Soldaten schossen zurück … Die Operation im Gazastreifen fand statt, nachdem der palästinensische Islamische Dschihad 102 Raketen auf israelisches Gebiet abgefeuert hatte. Israel brauchte etwa eine Woche, um seine Operation vorzubereiten und seine Geheimdienstinformationen zu nutzen, und schlug dann zurück. Aber auf eine Art und Weise, die mit dem Völkerrecht vereinbar war, denn die Palästinenser schossen auf Zivilisten und Israel schoss auf die Terroristen, die diese Organisation und diese Operation anführten, um auf Zivilisten zu schießen.«[77] Dies war eine umfassende Widerlegung der Israelphobie durch eine vernünftige Interpretation der Fakten. Leider sind Kommentatoren wie Harkov nur selten anzutreffen oder werden nur selten befragt.

Die Dämonisierung, die den jüdischen Staat umgibt und die öffentliche Wahrnehmung prägt, ist kaum zu überschätzen. Er wird verurteilt, weil er die auf Regeln basierende internationale Ordnung nicht eingehalten habe, und das zu einer Zeit, in der sich kein einziges Land daran gehalten hat. Er wird doppelt verurteilt, weil er die Standards nicht genügend beachtet habe, die heute von niemandem eingehalten werden, am wenigsten im Nahen Osten. Wie jede andere Nation hat auch Israel eine positive und eine negative Seite in seiner Bilanz. Und wie bei jeder anderen Nation neigen einige Menschen dazu, es freundlicher zu beurteilen als andere. Doch im Gegensatz zu anderen Nationen wird es mit einem außergewöhnlichen Hass verfolgt.

Der gute alte Doppelpass

Der Antisemitismus entwickelt sich seit jeher auf die gleiche Weise. Zunächst wurden die Juden in den christlichen oder muslimischen Gesellschaften nur geduldet, sodann damonisiert, und schließlich wollte man sie vernichten. Das Naziregime schürte mit seinem Propagandaapparat über Jahre hinweg die Feindschaft gegen die Juden, die es für alle Übel der Welt verantwortlich machte. Damit wurde der Grundstein für die Endlösung gelegt.

Erst Dämonisierung, dann Vernichtung. Doch zwischen diesen beiden Schritte ist viel passiert, da auch der Antisemitismus mit dem Zeitgeist Schritt hielt. 1791, am Ende der Französischen Revolution, wurde den Juden in Frankreich die volle Staatsbürgerschaft und Gleichberechtigung gewährt. Dies war das erste Mal in der Geschichte, dass sie emanzipiert wurden und den mittelalterlichen Fanatismus hinter sich lassen konnten, mit dem man den »Christusmördern« Ritualmorde vorgeworfen, sie vertrieben und ermordet hatte. Im 19. Jahrhundert, als der Aufstieg der Rothschild-Dynastie Verschwörungstheorien über verborgene jüdische Macht hervorbrachte, wurden die Juden für die Korruption in der neuen liberalen Welt mit ihren Zeitungen, Aktienmärkten und modernen Kriegen verantwortlich gemacht.

Dies wurde 1894 deutlich, als man den jüdisch-französischen Armeeoffizier Alfred Dreyfus beschuldigte, Geheimnisse über Artillerietechnik an die Deutschen verraten zu haben, und vor einem geheimen Kriegsgericht als Verräter verurteilte. Die Entehrung von Dreyfus wurde als öffentliches Spektakel inszeniert. Unter dem Gejohle der Menge schnitt man ihm die Orden von der Uniform und zerbrach seinen Degen. Trotz dieser Demütigung rief er aus: »Ich schwöre, dass ich unschuldig bin. Ich bin weiterhin würdig, in der Armee zu dienen. Es lebe Frankreich!« Der unglückliche Offizier wurde in die Strafkolonie auf der Teufelsinsel in Französisch-Guayana in Südamerika geschickt. Natürlich war er unschuldig. Der wahre Schuldige war ein Soldat namens Ferdinand Walsin Esterhazy, der die Tat später gestand.[78] Der Romancier Zola enthüllte den Frevel in »J'accuse«, einem offenen Brief an den Präsidenten, für den er wegen Verleumdung verurteilt wurde.

Obwohl dieser Justizirrtum den französischen Verantwortlichen bekannt wurde, vertuschten sie ihn so lange wie möglich. Erst sieben Jahre später, nach einem öffentlichen Aufschrei, wurde Dreyfus schließlich entlastet. Der Fall beherrschte die Nachrichten und spaltete Frankreich, da sich herausstellte, dass Dreyfus angeklagt worden war, weil er Jude war, und Juden als Verräter angesehen wurden.[79] Der alte Antisemitismus war in einem neuen Gewand aufgetaucht. Dieser Vorfall hatte eine tiefgreifende Wirkung auf Herzl, der als Journalist über die Geschichte berichtete und miterlebte, wie der Pariser Mob in dem Land, das die Juden als erstes emanzipiert hatte, »Mort aux Juifs« brüllte. »Dies bestärkte ihn in seiner Überzeugung, dass die Assimilierung nicht nur gescheitert war, sondern auch zu mehr Antisemitismus führte«, schreibt Sebag Montefiore. »Er sagte sogar voraus, dass der Antisemitismus eines Tages in Deutschland legalisiert werden würde. Herzl kam zu dem Schluss, dass die Juden ohne eigene Heimat niemals sicher sein würden.«[80] Doch der Vater des Zionismus starb 1904 an Herzversagen, ohne die Erlösung des jüdischen Sündenbock zu erleben.

Die Dreyfus-Affäre ist ein berüchtigtes Beispiel für eine frei erfundene Anschuldigung, die zu einer ungerechtfertigten Verurteilung führte. Doch veranschaulicht sie exemplarisch den zweistufigen Prozess des Antisemitismus: Juden werden dämonisiert, Beweise für ihre Schlechtigkeit fabriziert, und die öffentliche Begründung des gegen sie gefällten Urteils ist bigott. Bei der Israelphobie ist die gleiche Dynamik am Werk. Wenn Israel ein Apartheidregime ist, warum sollte es dann ein Recht auf Existenz haben? Wenn es sich der ethnischen Säuberung schuldig gemacht hat, warum sollte es dann nicht wie ein Paria behandelt werden? Wenn es sich wie Nazideutschland verhält, verdient es dann nicht die gleiche Niederlage?

In den letzten Jahrzehnten des Russischen Reiches war der Judenhass eine Mischung aus dem Alten und dem Neuen. Aber der Weg von der Dämonisierung zur Vernichtung war immer erkennbar. Als Alexander II. 1881 mit Sprengstoff ermordet wurde, gab man den Juden die Schuld. Die fünf Millionen Juden im russischen Reich wurden auf traditionelle Weise schikaniert, etliche von ihnen ermordet und gruppenweise vergewaltigt, doch kam eine moderne Verschwörungstheorie hinzu: Jüdische Kaufleute wurden für die wirtschaftliche Depression verantwortlich gemacht. Der neue Herrscher, Alexander III., war ein besonders heftiger Antisemit. Ein Jahr nach seiner Thronbesteigung im Jahr 1882 führte er antijüdische Gesetze ein, die eine weitere Welle von Verfolgungen und Pogromen auslösten. Denselben Elan legte sein ebenso bigotter Sohn Nikolaus II. an den Tag, der 1894 den Thron bestieg und bis zu seinem Sturz durch die Februarrevolution 1917 regierte. »Die Protokolle der Weisen von Zion« erschienen zum ersten Mal während seiner Regierungszeit und wurden in der ultranationalistischen Zeitung *Snamja* veröffentlicht. 1917, während Revolutionäre ihn unter Hausarrest stellen, las Nikolaus die antisemitische Fälschung seiner Familie vor. Diese Zeit veränderte das russische Judentum für immer. Viele wurden zu Bolschewisten, während Millionen in die Vereinigten Staaten und nach Großbritannien auswanderten und etwa 45.000 sich dem Zionismus anschlossen und nach Palästina strömten.

Der zweistufige Prozess ist ein beständiges Muster, das einem jedoch in verschiedenen Gesellschaften und zu verschiedenen Zeiten in unendlich vielen Varianten begegnet. Der deutsche Ansatz bestand darin, bestehende antisemitische Klischees zu adaptieren und mit einem giftigen Cocktail aus Pseudowissenschaft, Verschwörungstheorien und Aberglauben zu mischen.

Es begann mit der Entmenschlichung. Ein typisches Beispiel findet sich in dem Propagandafilm »Der ewige Jude« von 1940, in dem der Erzähler sagt: »Wo Ratten auftauchen, bringen sie Verderben, indem sie die Güter und Lebensmittel der Menschen zerstören. Auf diese Weise verbreiten sie Krankheiten, Pest, Lepra, Typhus, Cholera, Ruhr und so weiter. Sie sind listig, feige und grausam und treten meist in großen Rudeln auf. Unter den Tieren sind sie das Rudiment einer heimtückischen, unterirdischen Zerstörung – genau wie die Juden unter den Menschen.«[81]

Daraus ergab sich die nächste, seit dem Mittelalter bekannte Schlussfolgerung: Die jüdischen *Untermenschen*[*] waren Ungeziefer und zugleich allmächtig. »Zu Beginn des 20. Jahrhunderts sitzen die Juden an den Schaltstellen der Weltfinanzmärkte«, so der Erzähler des Films weiter. »Sie sind eine internationale Macht. Nur ein Prozent der Weltbevölkerung, terrorisieren sie mit Hilfe ihres Kapitals die Weltbörsen, die Weltmeinung und die Weltpolitik.«[82] Wie Hitler selbst sagte, war das Ziel angeblich »die Ver-

* Im Original deutsch.

sklavung der deutschen Arbeitskraft für die jüdische Finanzwelt.«[83] Ein gängiger jüdischer Witz aus dieser Zeit, den der Schriftsteller Christopher Hitchens 2008 kolportierte, erzählt von einem unterdrückten Juden, der die Nazi-Propagandazeitung *Der Stürmer* liest. Auf die Frage, warum er das tue, erklärt er: »Ich lese den *Stürmer*, weil er gute Nachrichten bringt: Uns gehören die Banken und wir kontrollieren auch noch weltweit die Geschäfte!«[84]

Wie setzen diese *Übermenschen-Untermenschen** ihre Macht ein? Zur Zerstörung Deutschlands und all dessen, was gut war. Dies war der nächste Schritt der Dämonisierung. Ein Slogan, der den Leitartikel des *Stürmer* zierte, lautete: »*Die Juden sind unser Unglück**.«[85] Daran anknüpfend machte ein gängiges nationalsozialistisches Schlagwort die Juden für den Zweiten Weltkrieg verantwortlich. Ein anschauliches Propagandaplakat aus dem Jahr 1942 zeigt einen finsteren Juden, der hinter den Flaggen Großbritanniens, der Vereinigten Staaten und der Sowjetunion lauert, begleitet von den Worten »*Hinter den Feindmächten: der Jude**«.[86] (Diese Vorstellung hinterließ einen unauslöschlichen Eindruck. Im Jahr 2006 sagte der Schauspieler Mel Gibson zu einem Polizisten, der ihn wegen Trunkenheit am Steuer festnahm: »Scheißjuden. Die Juden sind für alle Kriege auf der Welt verantwortlich.«)[87]

Die deutsche Öffentlichkeit war für den letzten Schritt weichgekocht worden. Nach Jahren der Dämonisierung war sie bereit, die von Hitler angekündigte »Vernichtung der jüdischen Rasse in Europa« zu akzeptieren.[88] 1941 schrieb Joseph Goebbels in einem Artikel: »Die Juden erwartet ein Schicksal, das zwar hart ist, aber auch mehr als verdient. In diesem Fall ist Mitleid oder Bedauern völlig

* Im Original deutsch.

fehl am Platz.«[89] Nur wenige Menschen rührten sich. Wie sonst sollten anständige Arier mit einer so gefährlichen und bösartigen Rasse in ihrer Mitte umgehen?

Die Oktopus-Lobby

Diese Mechanismen des rassischen und religiösen Antisemitismus wurden politisch instrumentalisiert und tauchen in der Israelphobie nahezu unverändert wieder auf. Die Grundaussage bleibt die gleiche: Israel ist böse, also muss es ausgerottet werden. Dämonisierung erfordert Zerstörung. Das erinnert nicht nur an den Antisemitismus des 20. Jahrhunderts, sondern auch an die mittelalterliche Ritualmordlegende, die erstmals 1144 in England aufkam und sich in ganz Europa, Russland und im Nahen Osten verbreitete. Noch heute werden die Israelis beschuldigt, palästinensische Kinder zu ermorden, um ihre Organe gewinnbringend zu verkaufen, und in Moscheepredigten und Schulbüchern als »Nachkommen von Affen und Schweinen« entmenschlicht.[90] Der Mythos von Judas und seinen dreißig Silberlingen findet sich im Bild des jüdischen Geldverleihers wieder, der zum jüdischen Bankier wurde, der die Weltfinanzen kontrolliert, oder zum Zionisten, der die Politiker kauft. Der gierige Jude ist zum Israeli geworden, mit seiner beängstigenden Vorliebe für das Land anderer Leute. Die im Christentum des 11. Jahrhunderts beliebte Darstellung der Juden mit Hörnern, Paarhufen und Schwänzen spiegelt sich in der Darstellung der Israelis als Nazis und als moderne Teufel wider. Die alten Bilder sind in vielen Kulturen schon so fest etabliert, dass die Israelphobie sich ihrer mühelos bedienen kann.

Unter den vielen israelfeindlichen Karikaturen, die im Internet kursieren, finden sich Darstellungen Israels als Krake, der seine Arme um das Kapitol oder die Freiheitsstatue schlingt. Dies ist von einer Nazikarikatur inspiriert, die den Juden als Kraken darstellt, der die Welt fest im Griff hat. Auch die Art und Weise, wie die heutigen Israelhasser von der »zionistischen Lobby« sprechen, die die westlichen Regierungen in der Hand habe, hat offensichtlich Vorläufer in der Nazirhetorik, die eine geheimnisvolle jüdische Kontrolle der internationalen Finanzen und Politik behauptete. Nach der vernichtenden Niederlage Jeremy Corbyns im Jahr 2019 zog der linksgerichtete ehemalige Labour-Abgeordnete Chris Williamson den Schluss: »Eine feindlich gesinnte ausländische Regierung hat ihr Vermögen in Großbritannien mobilisiert – was israelische Diplomaten ihren ›Machtmultiplikator‹ nennen –, um die Wahl einer von Corbyn geführten Labour-Regierung zu verhindern.«[91]

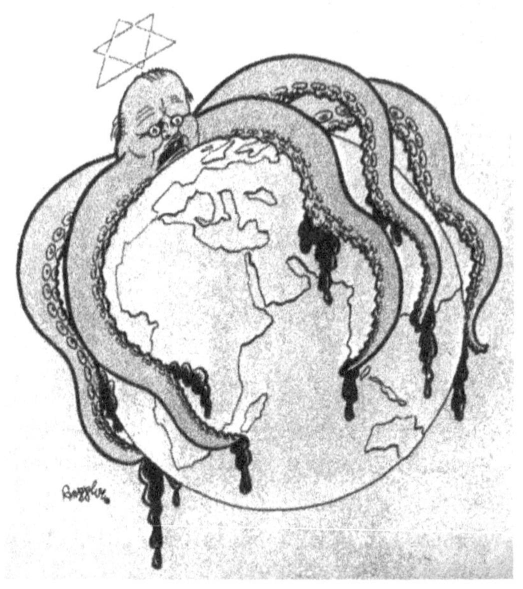

Die verschwörungstheoretischen Tiraden der Israelphobie unterscheiden sich vom alten Antisemitismus oft nur durch die Einführung des Wortes »zionistisch«. Der linke Soziologieprofessor David Miller, der darum 2021 von der Universität Bristol entlassen wurde, zeigte seinen Studenten Diagramme von jüdischen Gruppen in Großbritannien und behauptete, sie bildeten ein Netzwerk »zionistischer« Kontrolle. Er beschrieb zum Beispiel den Community Security Trust, eine Wohltätigkeitsorganisation, die Sicherheitspersonal für Synagogen und Schulen bereitstellt, als »eine Organisation, die für eine feindliche ausländische Regierung im Vereinigten Königreich arbeitet«: »Das ist die einfache Geschichte der Einflussnahme durch einen ausländischen Staat.«[92]

Als Miller entlassen wurde, war er ganz und gar nicht zerknirscht. Seine Entlassung sei das Ergebnis »einer Kampagne gegen mich, die von einer feindlichen ausländischen Regierung geführt wurde«, wetterte er, und »vermögende Israelis im Vereinigten Königreich« seien »ermutigt worden, mit der Universität zusammenzuarbeiten, um Lehrveranstaltungen über Islamophobie zu unterbinden«. Zum Abschied sagte Miller: »Die Universität von Bristol ist für muslimische, arabische oder palästinensische Studenten nicht mehr sicher.«[93] Danach wurde er Experte im iranischen Staatsfernsehen, wo auch Jeremy Corbyn aufgetreten ist.[94]

Wie immer offenbart eine auch nur flüchtige Betrachtung der Beweise, dass Dämonisierung am Werk ist. Nehmen wir die »zionistische Lobby«. Natürlich hat Israel Lobbyisten, aber die haben auch Hunderte anderer Ländern, Unternehmen und Interessensgruppen, von denen viele den jüdischen Staat finanziell übertreffen. Laut der OpenSecrets-Liste[95] der zehn größten ausländischen Lobbys in den Vereinigten Staaten, die in den letzten drei Jahren am meisten Geld ausgegeben haben, ist Israel nicht vertreten. Man muss mehrere Jahre zurückgehen, um Israel in dieser Statistik zu finden. Betrachtet man die Daten zwischen 2016 und 2022, so steht China mit erstaunlichen 293 Millionen Dollar an der Spitze. An zweiter Stelle steht Japan, gefolgt von Südkorea, Katar und den Marshallinseln im Pazifik, die 214 Millionen Dollar ausgaben. An sechster Stelle liegen die Vereinigten Arabischen Emirate mit 175 Millionen Dollar, gefolgt von Russland an siebter Stelle. An achter Stelle liegt Israel, das 162 Millionen Dollar ausgab, was vor allem auf einen Anstieg der Ausgaben in den Jahren 2017 und 2018 zurückzuführen ist. Die letzten beiden Plätze werden von Saudi-Arabien und Irland belegt, die 159 bzw. 139 Millionen Dollar ausgeben. Jeder, der sich in politischen Kreisen bewegt, wird schon einmal mit Lobbyisten zu tun gehabt haben. Ein bekannter Kollege versucht jedes Mal, wenn ich ihn treffe, elegant die Interessen eines bestimmten ölreichen arabischen Staates zu vertreten. Aber nur im Falle Israels wird daraus eine finstere Verschwörung.

Eine weitere Auffälligkeit besteht darin, dass die Dämonisierung der Juden als Verantwortliche für die Kriege in der Welt – was auch die Nazis behaupteten und was schon in den »Protokollen der Weisen von Zion« und der darauf basierenden französischen und deutschen antisemitischen Literatur zu finden ist –, nun ebenfalls Eingang in das Lexikon der Israelphobie gefunden hat. Ein neuerer Mythos besagt, die Zionisten steckten hinter dem Krieg in der Ukraine, um Juden zur Auswanderung nach Israel zu bewegen; in mehreren Tweets bezeichnete die Anti-Israel-Aktivistin Susan Abulhawa Ukrainer, die in den jüdischen Staat flohen, als »rassistische weiße Kolonisatoren«.[96]

Wenn Israel die Regierungen der Welt kontrolliert, die Organe palästinensischer Kinder stiehlt, für Apartheid und Völkermord verantwortlich ist und den Krieg in der Ukraine anheizt, fällt es freilich nicht schwer, Unterstützung für seine Ausrottung zu gewinnen. Im 21. Jahrhundert werden diese Lösungen jedoch in der Sprache sozialer Gerechtigkeit formuliert. Der volkstümliche Ruf »from the river to the sea, Palestine will be free«, der wie ein Slogan des Widerstands und der Befreiung anmutet, enthält jedoch die Forderung, Israel auszulöschen, das zwischen dem Jordan und dem Mittelmeer liegt. Auch die Forderung einer »Einstaatenlösung« – die auf den ersten Blick gerecht erscheint – wird als Code für die Auslöschung des jüdischen Staates verwendet.

In der Nachkriegsepoche ist die Zeit, in der man im Westen die Vernichtung der Juden fordern konnte, vorbei. Aber es scheint absolut akzeptabel zu sein, wenn im aktuellen

Sprachgebrauch das dämonisierte Israel mit selbstgerechten Forderungen nach seiner Zerstörung konfrontiert wird. Es ist sogar so akzeptabel geworden, dass diejenigen, die diese Rhetorik pflegen, sich nicht einmal fragen, warum eigentlich kein anderes Land auf der Welt beschuldigt wird, »kein Existenzrecht« zu haben.

4

BEWAFFNUNG
DAS ZWEITE MERKMAL DER ISRAELPHOBIE

Die Bewegung für soziale Gerechtigkeit als Deckmantel für den Hass auf Juden und ihre nationale Heimat nutzen

Die Linke

Antisemitismus besaß schon immer die Fähigkeit, die vorherrschenden Überzeugungen einer Gesellschaft, ob religiös oder säkular, als Deckmantel für Angriffe auf Juden zu benutzen. Der Kommunismus bot die Gelegenheit, sie als Agenten des internationalen Kapitalismus darzustellen, während der Kapitalismus es den Menschen ermöglichte, sie als Kommunisten zu verunglimpfen. Das Christentum inspirierte im Laufe der Jahrhunderte zahllose Pogrome, vom Massaker von Lissabon 1506 – bei dem bis zu 4000 Juden abgeschlachtet und auf dem Kirchplatz verbrannt wurden – bis zum Lynchmord an Überlebenden des Holocaust 1946 in Ungarn und Polen, die man bezichtigte, sie hätten christliche Kinder zu Matze und Würstchen verarbeitet.[1] Juden wurden im Laufe der Geschichte immer wieder im Namen des Islam getötet, vom Granada-Massaker im Jahr 1066 bis zu den islamistischen Gräueltaten von heute. Auch der Fortschritt der Wissenschaft im 20. Jahrhundert schuf neue Möglichkeiten: Nazi-Ärzte maßen die Nasen und Köpfe von Juden mit Greifzirkeln, um die Minderwertigkeit ihrer »Rasse« zu »beweisen«. In Auschwitz wurden grausame Experimente an jüdischen Zwillingen durchgeführt.

Der Holocaust, das furchtbarste Beispiel antijüdischen Rassismus in der jüngeren Geschichte, hat den nationalsozialistischen Antisemitismus im Westen diskreditiert. Angesichts des Niedergangs der Religionen nahm der Hass Sprache und Bilder der Identitätspolitik an und machte sich die Kraft der Bewegung für sozialen Gerechtigkeit zu eigen. Israel wurde zur wichtigsten Zielscheibe der antikolonialistischen, antiimperialistischen und antirassistischen Bewegung, obwohl die Gründung des jüdischen Staates weder kolonialistisch noch imperialistisch noch rassistisch war. Das gab den Antisemiten die Chance, sich als die Guten zu inszenieren und Rassismus als alleinige Angelegenheit der Rechten darzustellen: Der Soziologe David Hirsh bemerkte dazu: »Der heutige Antisemitismus ist schwer zu erkennen, weil er nicht in einer Nazi-Uniform daherkommt und seinen Hass oder seine Angst vor Juden nicht offen verkündet. Vielmehr behauptet er, die Lehren aus dem Judenhass der Vergangenheit besser verstanden zu haben als die meisten Juden, denen man unterstellt, nicht in der Tradition des Antirassismus zu stehen. Es handelt sich um einen Antisemitismus, der die Juden selbst als ›Unterdrücker‹ und diejenigen, die sich judenfeindliche Geschichten ausdenken, als ›Unterdrückte‹ bezeichnet.«[2]

Es ist diese ideologische Akrobatik, die es Jeremy Corbyn ermöglichte, das Gedenkbuch für den Holocaust-Gedenktag 2017 zu unterzeichnen,[3] obwohl er einen Antrag auf dessen Umbenennung in »Völkermord-Gedenktag« unterstützt hatte,[4] eine Holocaust-Gedenkveranstaltung ausgerichtet hatte, bei der Israel mit dem Nationalsozialismus verglichen wurde[5] und die heutigen Judenmörder von Hamas und Hisbollah als seine »Freunde« bezeichnet.[6] Wie Baudelaire es ausdrückte: »Das größte Kunststück des Teufels bestand darin, die Welt davon zu überzeugen, dass es ihn nicht gibt.«[7]

All dies bedeutet natürlich nicht, dass der altmodische Antisemitismus verschwunden wäre. In vielen schattigen Ecken gedeihen nach wie vor nicht mutierte Stämme des Virus. In Ländern wie Frankreich, Deutschland und den Vereinigten Staaten, wo der Rechtspopulismus eine bedeutende Kraft ist, ist die antijüdische Bigotterie auf der konservativen Seite verankert. Furchtbare Dinge wesen in Bewegungen wie QAnon und den Proud Boys. Die Schießerei in der Tree-of-Life-Synagoge in Pittsburgh im Jahr 2018 war ein Beispiel dafür – als ob es noch eines Beispiels bedurft hätte –, wie solche Vorurteile auch tödlich enden können.[8] Selbst ältere Formen des Judenhasses sind immer noch vorhanden. Im Januar 2023 gab der in Ungnade gefallene katholische Bischof Richard Nelson Williamson dem iranischen Fernsehen ein Interview in einer Sprache, die direkt aus dem Mittelalter hätte stammen können. »Der Teufel hat den Juden Macht gegeben«, teilte er seinem Gesprächspartner mit. »Der allmächtige Gott lässt sie gewähren, aber es ist der Teufel, der ihnen zeigt, wie sie die Macht und die Kontrolle über Regierungen übernehmen können.«[9]

Diese Formen des Antisemitismus sind jedoch leichter zu erkennen, da sie mit der vertrauteren Sprache des religiösen Hasses, der Fremdenfeindlichkeit und des Hyper-Nationalismus verbunden sind (der weiße Rassist, der sich den Spruch »Die Juden werden uns nicht ersetzen« ausgedacht hat, gab sich nicht einmal die Mühe, von »Zionisten« zu sprechen)[10]. Die selbstgewisse Linke hingegen verkleidet ihren Antisemitismus meistens als Israelphobie. Diese Mutation breitet sich viel schneller aus als ältere Varianten. Sogar einige rechtsextreme Brandstifter, die bereits gut mit den Klischeebildern gieriger Juden, die die Medien und die internationale Finanzwelt kontrollieren, bereits vertraut sind, beginnen, sich des neuen Wortschatzes zu bedienen. Im Juni 2023 erschienen Fotos einer amerikanischen Neonazi-Gruppe namens Goyim Defence League, die sich mit Helmen aus dem Dritten Reich und Tarnanzügen verkleidet hatten und den Hitlergruß zeigten. Dabei schossen sie auf eine Israelfahne, die sie anschließend verbrannten. Die neue Pathologie verdrängt ältere Versionen in allen Teilen der Gesellschaft. Selbst Juden, vor allem auf der Linken, fällt es oft schwer, Antisemitismus zu erkennen, wenn er seine Kommentare über Israel in gutmenschliche Rhetorik kleidet. Die ehemalige *New York Times*-Journalistin Bari Weiss, die als Kind die Tree-of-Life-Synagoge besuchte, schreibt: »Amerikanische Juden neigen dazu, Antisemitismus viel stärker wahrzunehmen, wenn er von der politischen Rechten kommt. Sicherlich ist dies eine Folge von Hitlers langem Schatten. Aber es liegt auch daran, dass amerikanische Juden eine tiefe Affinität zur politischen Linken haben.«[11]

Links rechts links

Die Verbindung zwischen der progressiven Bewegung und dem Antisemitismus hat eine lange Tradition. Tatsächlich gab es sie von Anfang an, wie die Biographie eines frühen

Linken, nämlich des Satirikers, Pamphletisten, Chronisten und Politikers William Cobbett aus England, zeigt.

Der 1763 in Surrey geborene Cobbett war ein gefeierter Vorkämpfer für die Armen. Sein Buch »Rural Rides« war immer erhältlich. Der ideologisch eigenwillige Verteidiger der Unterlegenen, setzte sich für eine Ausweitung des Wahlrechts ein und kämpfte auf dem Höhepunkt der industriellen Revolution für die Rechte der Arbeiter. Er wurde zu einem Helden späterer linker Intellektueller, darunter Karl Marx und Michael Foot. Cobbett und Jeremy Corbyn hätten sich sicherlich gut verstanden. Es war die grundlegende Überzeugung des Viktorianers, dass erst die Beseitigung korrupter Politiker, Investoren, kommerzieller Interessen, Ostindienhändler und Ökonomen das Land wieder glücklich und heiter machen könne. Zwei Jahrhunderte später kritisiert Corbyn die »Steuerhinterzieher, zwielichtigen Großgrundbesitzer, schlechten Bosse und großen Umweltverschmutzer«[12] und stellte die Jagd nach ständigem Wirtschaftswachstum in Frage.

Wenn das Sir Isaiah Berlin nachgesagte Bonmot, Antisemit sei jemand, der die Juden mehr hasst als unbedingt nötig, zutrifft, dann war Cobbett nicht nur ein brillanter Journalist und Kämpfer, sondern auch ein eindeutiger Antisemit (er hasste aber auch Schwarze, Schotten und die meisten Ausländer). Dass die meisten Biographien diese Tatsache geflissentlich ignorieren und ihn nur als »Freund des armen Mannes«[13] beschreiben, ändert daran nichts. Dieser Held des 19. Jahrhunderts vertrat eine Mischung aus mittelalterlichem Antisemitismus und Verschwörungstheorien, die die Juden mit den verborgenen Kräften der Finanzwelt in Verbindung brachte – eine Idee, die bis heute in der fortschrittlichen Bewegung vorzufinden ist. Doch damit nicht genug, seine Überzeugungen deckten sich auch mit den Anfängen eines neuen Antisemitismus, der zu einem späteren Zeitpunkt in Auschwitz seinen Ausdruck finden sollte.

Cobbett artikulierte seine Vorurteile offen und im traditionellen Stil. »Meine Abneigung gegen die Juden ist die gleiche, die unsere Vorfahren hatten«, schrieb er und fügte hinzu, dass »etwas Abscheuliches in der Natur der Zeremonien liegt, die sie in infamer Weise religiös nennen«. 1823 schrieb er über sein Bedauern, dass man die Juden nicht mehr behandeln dürfe wie in früheren Zeiten, als Edward I. sie in die Verbannung schickte, sie besondere Abzeichen tragen mussten und es ihnen sonntags nicht erlaubt war, ihre Häuser zu verlassen. Er wetterte gegen den »Judenhund«, den er in Großbuchstaben schrieb.[14] In einem besonders galligen Moment erklärte er, ein wahrhaft christliches Land müsse »ihre Beerdigung verweigern und ihre Kadaver ins Meer werfen«.[15] Er verteidigte die mittelalterliche Verfolgung der Juden und erzählte stolz, sie in seiner Jugend mit Äpfeln und Erdklumpen beworfen zu haben.[16]

Sein Hass wurde jedoch moderner, als er begann, die Juden als verborgene Lenker des Finanzwesens, der Presse und der Gesellschaft anzusehen, die Arbeiter und Adlige gleichermaßen für ihre eigenen Zwecken manipulierten und eine anti-englische Agenda verfolgten. Für ihn bedeutete die Beseitigung der Geldbesitzer und der kommerziellen Interessen auch die Beseitigung der Juden. Sein Glaube an die »jüdische Vorherrschaft« findet sich in einem verschwörungstheoretischen Artikel aus dem Jahr 1805, der in der Wochenzeitung *Political Register* erschien. An einer Stelle beklagte er ein »System, das das Land ruiniert« hätte.

Und dieses System, gegen das er wetterte, bestand aus:

»[Emporkömmlingen]; von niedrigrassigen, niedriggesinnten Kriechern, die sich der Stellen bemächtigen, welche Vernunft, Verfassung und die Interessen des Volkes gestaltet hatten, die für Männer von hoher Geburt, herausragenden Talenten oder großen nationalen Verdiensten vorgesehen sind. Das System, das die alte Aristokratie und die Kirche untergraben hat, das den alten Adel des Königreichs fast ausgelöscht hat, da seine Mittel zum Lebensunterhalt durch die Hand des Steuereintreibers Unternehmern, Gelegenheitsarbeitern und Juden übertragen worden sind.«[17]

Später gab er dem »jüdischen Geld« in der Londoner City auch die Schuld an der Krise der Landwirtschaft.[18]

Zuweilen nahm Cobbett die Entstehung eines neuartigen europäischen Antisemitismus vorweg. »Nirgendwo fielen Cobbetts Ansichten auf fruchtbareren Boden als in Deutschland«, stellte der amerikanische Historiker John W. Osborne 1984 fest. »Im späten 19. Jahrhundert gab es dort zahlreiche Stimmen, die ihrem Hass auf die neue liberale, materialistische Maschinenzivilisation freien Lauf ließen. Antisemitisch, bäuerlich geprägt, misstrauisch gegen Parlamente und politische Parteien, den Kapitalismus, die Städte und den ›Fortschritt‹ verabscheuend und im festen Glauben an eine Geschichte voller Verschwörungen, versuchten die deutschen Nationalisten, die verachtete Gegenwart zu zerstören, um eine idealisierte Vergangenheit zurückzuerobern.«[19] In Cobbett lassen sich bereits die Anzeichen des Hitlerismus erkennen.

Schrödingers Jude

Die politische Kultur des Westens hat sich in den letzten Jahrzehnten gewandelt. Traditionell waren die Themen der Konservativen die Freiheit des Einzelnen, Steuern, die Größe des Staates, Einwanderung und Recht und Ordnung, während die Progressiven sich auf Fairness, öffentliche Dienstleistungen, das Wohlfahrtssystem, internationale Solidarität und Tarifverhandlungen konzentrierten. Nun aber sind auf der Linken neue Prioritäten im Vormarsch. Fragen der Ethnie und Identität, Vielfalt und Integration, Kolonialismus, Sklaverei, sexuelle Gleichberechtigung und Transgender-Rechte haben exponentiell zugenommen, vor allem in den akademischen Schichten, die an der Spitze unserer Institutionen sitzen. Die Rechte hat daraufhin mit einer Kampagne gegen den »Wokismus« reagiert.

Die palästinensische Notlage, die irrigerweise als Kampf gegen koloniale weiße Vorherrschaft angesehen wird, steht im Mittelpunkt des heutigen Kulturkampfes. Auf der Suche nach einem Gegner erfinden Israelphobe einen jüdischen Todfeind. Der Einfluss dieser Ideologie ist mittlerweile so mächtig, dass sie zur Eintrittskarte der liberalen Gesellschaft geworden ist. Es ist schwer vorstellbar, dass Freunde Israels von Progressiven noch willkommen geheißen werden, selbst wenn sie eingefleischte Sozialisten sind.

Als das Assad-Regime Fassbomben auf ein palästinensisches Flüchtlingslager im Südosten Syriens warf oder als die Hamas ihre eigenen Bürger im Gazastreifen »willkürlichen Verhaftungen, Folter und anderen Misshandlungen sowie der Anwendung übermäßiger Gewalt gegen Demonstranten« (wie Amnesty International es formulierte)[20] aussetzte, gab es keinen Aufschrei oder Protest. Mit der

Sorge um die Palästinenser kann es also nicht weit her sein. Als Israel Terroristenhochburgen in Gaza angriff, demonstrierten Zehntausende in London und New York; als Assad palästinensische Gemeinden in Yarmouk angriff, blieb es still. Die häufigen Gräueltaten, die anderswo in der islamischen Welt, vom Jemen bis zum Irak, begangen werden, finden kaum Beachtung. Man kann sich des Eindrucks nicht erwehren, dass sich Progressive über tote Muslime nur dann empören, wenn es Juden sind, die sie umgebracht haben.

In der neuen Welt der Identitätspolitik wird die Opferrolle durch ein ideologisches Prisma betrachtet. Der Underdog wird nur dann mit grenzenloser Energie verteidigt, wenn es sich auch um den richtigen handelt. Es bringt nichts, Energie für eine Kundgebung für die Tigrayer zu verschwenden, denn sowohl Angreifer als auch Opfer sind Äthiopier, was sie für den Kampf gegen strukturellen Rassismus unbrauchbar macht. Und das Klagen über ermordete Israelis bringt noch weniger, da diese als weiß angesehen werden. Das erklärt, warum die Notlage der Palästinenser einen solchen Status erreicht hat, während andere Ungerechtigkeiten – vom Völkermord an den Rohingya bis zur Verfolgung demokratischer Aktivisten im Iran – fast unsichtbar bleiben. Kampagnen gegen das birmanische, iranische, chinesische oder nordkoreanische Regime haben in den Kulturkriegen nur begrenzten Wert. Mit anderen Worten: Es geht nicht um die Palästinenser, es geht um die Täter. Es geht um die vermeintlich Mächtigen und Privilegierten. Es geht um die Juden.

Ein Video einer propalästinensischen Kundgebung in Großbritannien bringt dies auf den Punkt. Mühsam durch ein Megaphon sprechend, erklärt eine Frau im späten mittleren Alter: »In Manchester gibt es ein Transparent mit der

Aufschrift ›Manchester unterstützt den Widerstand‹. Und es gibt nur eine Lösung: die Intifada. Und davor schrecken die Aktivisten oft zurück. Wir machen uns Sorgen über gewalttätige Aktionen der Palästinenser. Aber es gibt keine friedliche Lösung, was Israel betrifft.«[21]

Die beiden Intifadas oder Aufstände forderten Tausende von Menschenleben, da militante Palästinenser Wellen von Bombenanschlägen, Raketenangriffen und Erschießungen von Zivilisten verübten, während Israel mit Infanterie, Panzern und Luftangriffen gegen den Terror vorging. Die erste schuf ein Machtvakuum, aus dem 1987 die dschihadistische Gruppe Hamas hervorging, ein Ableger der ägyptischen Muslimbruderschaft, die sich der Zerstörung Israels verschrieben hat. Sie trieb einen Keil zwischen Juden und Araber, die danach aufhörten, zusammen zu arbeiten oder die Nachbarschaft des jeweils anderen zu besuchen.

Die zweite Intifada mit ihren Selbstmordattentaten auf israelische Busse zerstörte das Vertrauen in den Friedensprozess, ließ das Land nach rechts kippen und führte zu einer Spaltung des palästinensischen Lagers. Doch während die Menschen in der Region für Frieden beten, ruft eine Frau in Manchester zum Mord an Juden und zu neuer Gewalt auf. Das entspricht Aktivisten in Boston, die eine weitere Bombenkampagne der IRA in London und die Aufhebung des Karfreitagsabkommens fordern. Es war kein Zufall, dass die Organisation, die die Rednerin unterstützte, die Palestinian Solidarity Campaign, mit fünfzehn der größten britischen Gewerkschaften verbunden ist.[22] Hier ging es offenbar weniger um Mitgefühl für das Leben der Palästinenser als um Ideologie.

Es geht immer nur um sie

Die Situation der heutigen Linken sieht erbärmlich aus. Von Jeremy Corbyns berüchtigter Bemerkung, britische »Zionisten« verstünden die »englische Ironie« nicht – eine der folgenreichsten Geschichten meiner Journalistenkarriere – bis hin zu der Behauptung der US-Kongressabgeordneten Ilhan Omar, Israel habe die Welt dank seiner mittelalterlichen mystischen Macht »hypnotisiert«, um von seinen »Übeltaten« abzulenken. Der Hass trägt oft die Fingerabdrücke der Progressiven, vom linken spanischen Politiker Pablo Iglesias Turrión, der in einer vom Iran finanzierten Talkshow über die Macht der »Pro-Israel-Lobby« diskutiert,[23] bis hin zu den griechischen Gewerkschaftern, die Bilder toter Palästinenser an das Holocaust-Denkmal in Thessaloniki kleben. Diese Art von Vorurteilen überschneidet sich mit dem in der muslimischen Welt allgegenwärtigen Hass. Als ginge es darum, die Gültigkeit der Hufeisentheorie zu beweisen, unterstützte der frühere Vorsitzende der British National Party Nick Griffin den Labour-Politiker Jeremy Corbyn auf dem Höhepunkt der Antisemitismus-Kontroverse.[24]

Dies ist größtenteils auf die radikale rassistische Ideologie in fortschrittlichen Kreisen zurückzuführen. Zu Beginn der Bürgerrechtsbewegung stand die jüdische Gemeinschaft an der Seite Martin Luther Kings. Infolgedessen wurden Synagogen vom Ku-Klux-Klan angegriffen. »Strange Fruit«, Billie Holidays ikonisches Protestlied über einen Lynchmord in Indiana, wurde von Abel Meeropol, einem jüdischen Highschool-Lehrer, geschrieben. In Großbritannien kämpfte die britisch-jüdische Tennisspielerin Angela Buxton 1956 gemeinsam mit dem afroamerikanischen Star Althea Gibson gegen Rassismus und gewann den Titel im Damendoppel in Wimbledon. Diese Affinität hatte auch eine zionistische Seite. Golda Meir, Israels erste weibliche Regierungschefin, wies in ihren Memoiren darauf hin, dass »wir Juden mit den afrikanischen Völkern eine Erinnerung an jahrhundertelanges Leid teilen«. Sie erinnerte daran, dass Herzl selbst viele Jahre zuvor ein Gelübde abgelegt hatte: »Wenn ich einmal die Erlösung der Juden, meines Volkes, erlebt habe, möchte ich auch bei der Erlösung der Afrikaner mithelfen.«[25]

Die Solidarität beruhte auf Gegenseitigkeit. Im Jahr 1966 forderte Martin Luther King Gerechtigkeit für die verfolgten Juden hinter dem Eisernen Vorhang. »Dass die Juden nicht in den Genuss der jüdischen Kultur und der religiösen Erfahrung kommen, wird zu einer schwerwiegenden Einschränkung für den Einzelnen«, sagte er. Schwarze können dieses Problem gut verstehen und mitfühlen. In seinem typisch kompromisslosen Stil fügte er hinzu, dass die jüdische Geschichte und Kultur »Teil eines gemeinsamen Erbes sind, ob es sich nun um Juden, Christen oder Moslems handelt.« Er schloss: »Wir können nicht selbstzufrieden am Wegesrand sitzen, während unsere jüdischen Brüder in der Sowjetunion mit der möglichen Auslöschung ihres kulturellen und geistigen Lebens konfrontiert sind. Diejenigen, die sich ausruhen, während andere sich anstrengen, sind zarte Schildkröten. Sie erkaufen sich ihre Ruhe mit Schande.«[26]

Als der militante Malcolm X Martin Luther King als dominierende Figur in der schwarzen Befreiungsbewegung ablöste, geriet diese Solidarität jedoch ins Wanken. Malcolm X, der die Juden vor allem mit Macht in Verbindung brachte, äußerte sich immer wieder antisemitisch. Zeit seines Lebens griff er den sogenannten »Zionismus Dollarismus« an, verurteilte Israel und bezeichnete die Juden als eine Rasse weißer Unterdrücker. In seiner Autobiografie – die Beispiele heftigster Bigotterie enthält – hatte er für die Beziehung zwischen Juden und der Bürgerrechtsbewegung nur Spott übrig. »Viele Juden behaupten, Freunde der Schwarzen zu sein, doch sie sind in Wirklichkeit nur Heuchler«, schrieb er. »Ich rechnete es dem Juden hoch an, dass er unter allen Weißen der aktivste, lautstärkste und finanzielle ›Anführer‹ und ›Liberale‹ in der Bürgerrechtsbewegung der Neger war. Aber gleichzeitig wusste ich, dass der Jude diese Rollen aus einem sehr sorgfältigen strategischen Grund spielte: Je mehr Vorurteile in Amerika auf den Neger konzentriert werden konnten, desto mehr würden die weißen Nichtjuden von ihren Vorurteilen gegenüber Juden abgelenkt werden.«[27]

In der Gegenwart haben sich die radikalen rassistischen Ideen der 60er und 70er Jahre zu einer alles verzehrenden politischen Ideologie entwickelt, die sich im gesamten Westen verbreitet hat. Die Critical Race Theory, die Philosophie hinter der Bewegung für soziale Gerechtigkeit, geht davon aus, dass »Rassismus gleich Vorurteil plus Macht«[28] ist – eine Definition, der 1970 von der amerikanischen Psychologin Patricia Bidol-Padva eingeführt wurde. Die Theorie besagt, dass es keinen Rassismus gegen Weiße geben könne. Es hat sich eine Hierarchie der Unterdrückten herausgebildet, an deren Spitze Schwarze stehen sollen. Nicht-schwarze Minderheiten wie Armenier, Roma oder Juden werden ausdrücklich von der Opferrolle ausgeschlossen, selbst wenn sie weitaus häufiger als Schwarze verfolgt werden. Und angesichts des seit Jahrhunderten verwurzelten Antisemitismus, der sich heute gegen Israel wendet, können die Anhänger der Identitätspolitik nicht anders, als Juden, die seit Menschengedenken millionenfach aufgrund ihrer Rasse ermordet wurden, in die Kategorie des weißen Unterdrückers zu stecken. Whoopi Goldberg trieb diese Logik 2022 auf die Spitze, als sie im Fernsehen behauptete, beim Holocaust sei es »nicht um Rasse« gegangen,[29] da es sich um »zwei Gruppen von Weißen« gehandelt habe. Dabei galten Juden in der Nazi-Ideologie ausdrücklich als »rassisch minderwertig«.

In ähnlicher Weise äußerte sich die britische Abgeordnete Diane Abbott im April 2023. Sie wurde aus der Labour Party ausgeschlossen, nachdem sie in einem Brief an die Zeitung *Observer* behauptet hatte, Juden könnten keinen Rassismus erfahren, da sie »weiße Menschen« seien. Es ist beruhigend, dass ihre Aussagen nicht ohne Folgen blieben, aber die Selbstverständlichkeit, mit der sie zwei Jahrtausende Antisemitismus und sogar den Holocaust ausblendete, und das mangelnde Zögern des linken *Observer* bei der Veröffentlichung dieser Behauptungen zeigen, wie sehr die Ideologie bei den Linken die Realität bereits verdrängt hat. Es zeigt auch, wie allgegenwärtig die amerikanische Identitätspolitik in Großbritannien und der gesamten westlichen Welt geworden ist.

Der politische Chorus einer Generation

Auf dem Höhepunkt seiner politischen Karriere unterstützten mehr als zwei Drittel der britischen Universitätsstudenten Jeremy Corbyn.[30] Einige Jahre sind vergangen, seit der alte Sozialist vom Rest der britischen Wählerschaft an den Wahlurnen eine Abfuhr bekommen hat. Doch das Vermächtnis des kulturellen Wandels, den er verkörperte, sehen wir noch heute. Er wurde als Dinosaurier der alten Linken zum Labour-Chef gewählt. Sein politisches Coming-Out hatte er in der Bewegung für nukleare Abrüstung und in marxistischen Randgruppen. Jahrelang war er Kolumnist für die Zeitung *Morning Star*, die sich am Manifest der Kommunistischen Partei Großbritanniens orientiert. Er hatte auch Verbindungen zur verwandten Publikation *Soviet Weekly*, einem Propagandablatt des Sowjetischen Informationsbüros, das die Nachrichtenagentur der UdSSR in der sowjetischen Botschaft in London herausgab. Seine politischen Ansichten behielt er sein ganzes Erwachsenenleben über bei. Doch seine politische Basis war die ultra-progressive, digital aufgewachsene Jugend Großbritanniens. Corbyns Wahlkampf war eine Mischung aus altmodischen Kundgebungen und dem geschickten Online-Aktivismus seiner Anhänger, was mehrere Jahre lang gut funktionierte. 2017 sorgte er für ein radikales »Jugendbeben«, als er auf dem Wirral Live Rockfestival auftrat und Tausende von Jugendlichen, die meisten von ihnen ein Drittel so alt wie er, »Oh, Jeremy Corbyn« riefen. Der *Guardian* beschrieb dies überschwänglich als »den politischen Chorus einer Generation«.[31] Doch sowohl die älteren als auch die jüngeren Generationen der Bewegung waren durchdrungen von Israelphobie.

Dieses Phänomen spiegelte sich auf der anderen Seite des Atlantiks in der Figur von Bernie Sanders wider, der sich selbst als »demokratischer Sozialist« bezeichnet und mit einer radikalen Plattform für linke Reformen für die Präsidentschaft kandidierte. Im Wahlkampf 2020 erhielt er die Unterstützung einer Mehrheit der Demokraten unter dreißig Jahren, die keine Erinnerung mehr an den Kalten Krieg hatten, aber umso mehr von den Auswirkungen des Finanzcrashs 2008 betroffen waren.[32] Sanders, der sich 2019 mit Corbyn »solidarisierte«, hat ebenfalls der Israelphobie Raum gegeben, was vor allem auf einige Personen in seinem Team zurückzuführen ist.[33] Seine eigene Position zu Israel ist weit links von den Mainstream-Demokraten. So hatte er etwa angekündigt, amerikanische Militärhilfe vom Verhalten Israels abhängig zu machen. Benjamin Netanjahu nannte er gar einen »Rassisten«.[34]

Sanders' Erbe wird von Aktivisten wie Linda Sarsour, einer radikalen Antizionistin, die sich für einen Boykott des jüdischen Staates einsetzt, und The Squad weitergeführt, einer Gruppe junger, linksextremer demokratischer Politiker, vereint durch Charisma, progressive Ansichten und eine Abscheu vor Israel. Corbyn und Sanders mögen von der politischen Bühne verschwunden sein, aber die äußerst erfolgreiche Mischung aus traditionellem Sozialismus und Identitätspolitik ist immer noch da. Der gemeinsame Nenner ist die Opferrolle. Wo altmodische Marxisten die Geschichte als einen Kampfplatz zwischen mächtigen Kapitalisten und unterdrückten Arbeitern sehen, erkennen junge Anhänger der Identitätspolitik einen Kampf zwischen privilegierten Rassen und machtlosen Minderheiten. Beide Generationen projizieren auf Israel alles, was sie verabscheuen.

Es ist bezeichnend, dass die Menschen, die am meisten gegen die einzige Demokratie im Nahen Osten wettern, Sympathien für die Autokratien Russlands, des Irans und das mörderische Regime in Damaskus hegen, die alle unvergleichlich mehr Tod und Zerstörung über die Welt gebracht haben. Corbyn wurde wiederholt als »nützlicher Idiot« Putins bezeichnet, weil er eine nachgiebige Haltung gegenüber russischen Attentatsversuchen einnahm, sich gegen die Nato[35] aussprach und auf einer russischen Propagandaveranstaltung in New York auftrat, während Putins Truppen die Ukraine angriffen.[36] Er nahm an Feierlichkeiten anlässlich der brutalen iranischen Revolution teil, beklagte die »Dämonisierung« des theokratischen Regimes und trat immer wieder im iranischen Staatsfernsehen auf.[37]

In Syrien kamen im Bürgerkrieg 2011 bis zu 600.000 Menschen ums Leben,[38] davon waren 307.000 Zivilisten, wie aus Zahlen hervorgeht;[39] die von den USA angeführte Invasion des Irak verursachte allein zwischen 2003 und 2006 601.000 gewaltsame Todesfälle. Im Vergleich dazu zeigten Statistiken aus dem Jahr 2021, dass in den gesamten 75 Jahren der Geschichte Israels die Gesamtzahl der in Konflikten getöteten Araber bei etwa 86.000 lag.[40] Dennoch richtete sich die Empörung von Corbyn und seinen Mitstreitern in den Vereinigten Staaten und im Westen weitgehend gegen den jüdischen Staat. Es ist sogar üblich geworden, die einzige Demokratie im Nahen Osten mit Hitlers Drittem Reich zu vergleichen.

Dies ist nicht nur eine der zahlreichen ungeheuerlichen linken Verleumdungen des jüdischen Staates, es ist auch offenkundig falsch. Die Geschichte Israels birgt viel Ungerechtigkeit und Konflikte, aber die palästinensische Bevölkerung ist von weniger als einer Million im Jahr 1948 auf heute mehr als fünf Millionen angewachsen. Ein ziemlich inkompetenter Versuch eines Völkermordes. Denen, die das behaupten, ist seltsamerweise nicht bewusst, dass sie damit die Opfer von Ruanda, Darfur, Bosnien, Kambodscha und natürlich des Holocausts diffamieren. Juden zu beschuldigen, die Verbrechen begangen zu haben, die sie selbst erlitten haben, ist eine der besonders ekelhaften Angewohnheiten der Israelphobiker. Aber der strategische Wert dieses Vergleichs liegt auf der Hand. Dass der Nationalsozialismus ein Übel war, ist eines der letzten Dinge, über die sich fast alle im Westen einig sind, und der Holocaust ist eines der wenigen Verbrechen, die aus allen politischen Richtungen verurteilt werden. Israel mit dem Dritten Reich in einen Topf zu werfen, bedeutet nicht nur, dass die beiden Regime das gleiche Schicksal verdienen, sondern es bietet auch einen Hauch poetischer Gerechtigkeit, denn schließlich werden dadurch Juden mit ihren früheren Unterdrückern gleichgesetzt. Es gibt viele Karikaturen, in denen Israelis genüsslich als Nazis dargestellt werden. Einige Israelhasser, die von ihrer eigenen Rhetorik berauscht sind, schaffen es sogar, den Holocaust herunterzuspielen oder zu leugnen, während sie die Juden beschuldigen, ihn an den Arabern zu verüben.

Antisemitische Behauptungen können sogar noch irrer werden als das. In Sendungen des BBC erklärten Gäste, der jüdische Staat habe keine eigene Kultur, abgesehen von dem, was er »von den ursprünglichen Völkern übernimmt«.[41] Der Mossad wurde beschuldigt, einen Hai ins Rote Meer eingeschleust zu haben, der kurz darauf eine deutsche Großmutter tötete.[42] Während des Gedenktages für die verstorbene Queen hisste ein Gemeinderat in Nelson in der Grafschaft Lancashire – einer alten Textilstadt mit 29.000 Einwohnern, mehr als 3000 Meilen von Jerusalem entfernt – die palästinensische Flagge anstelle des Union Jack.[43] Es gibt keine Demokratie, die auf solche Weise angegriffen wird. Und auch keine Diktatur.

Trotz alledem behaupten Israels linke Gegner oft, der Vorwurf des Antisemitismus werde nur benutzt, um propalästinensischen Dissens zum Schweigen zu bringen. Einige behaupten, dass Corbyn (der ein begeistertes Vorwort für ein Buch schrieb, in dem man lesen konnte, das europäische Finanzwesen werde von »Männern einer einzigen und besonderen Rasse«[44] kontrolliert) Opfer einer Verleumdungskampagne geworden sei, weil er es gewagt habe, sich für die Unterdrückten einzusetzen. Darauf erwiderte der Schriftsteller Howard Jacobson: »Die sagen, dass wir Antizionismus und Antisemitismus nicht in einen Topf werfen sollten, sollten aufhören, die Sprache des mittelalterlichen Judenhasses zu verwenden, um Israel zu dämonisieren.«[45]

Ein kolossales Scheitern

Im Jahr 2022 erschien »Elf Tage im Mai«, ein Film über den Gaza-Konflikt des Vorjahres. Der Film, mit der Erzählstimme von Kate Winslet, stellt den Tod von sechzig palästinensischen Jugendlichen auf sehr emotionale Weise dar, während er die Bedrohung Israels ausblendet. Schon bald fielen den Zuschauern Ungereimtheiten auf. Im Drehbuch behauptete Winslet, Israel habe »seine Kampfjets mit Bomben und Raketen beladen«, nachdem »Plastikflaschen« auf Jerusalemer Sicherheitskräfte geworfen und nur sieben Raketen aus dem Gazastreifen abgeschossen worden waren. In Wahrheit hatte Israel militärische Maßnahmen gegen Ziele der Hamas ergriffen, nachdem 76 Raketen wahllos auf die Zivilbevölkerung abgefeuert worden waren. Der Dokumentarfilm erwähnte weder die 4360 Raketen, die während des anschließenden Konflikts auf Israel abgefeuert wurden, noch die dreizehn getöteten Israelis. Darüber hinaus waren sieben der im Film gezeigten toten palästinensischen Jugendlichen ums Leben gekommen, als die Raketen der Hamas versehentlich im Gazastreifen einschlugen. Mehrere andere Minderjährige hatten an Angriffen erwachsener Kämpfer teilgenommen, als sie getötet wurden. Die ganze Sache wirkte wie ein abgekartetes Spiel.[46] Wie konnte das geschehen? Es gab einige Anhaltspunkte. Der renommierte britische Regisseur Michael Winterbottom war nicht in die Region gereist, um den Film zu drehen. Stattdessen hatte er sich auf Mohammed Sawwaf, einen Bewohner des Gazastreifens, verlassen, um Material vom Ort des Geschehens zu erhalten. In den sozialen Medien hatte Sawwaf – der als Co-Regisseur fungierte – den Abschuss von Raketen auf zivile Ziele gefeiert und erklärt, Palästina solle sich »vom Meer bis zum Fluss« erstrecken, ein Code für die Vernichtung Israels. Noch schlimmer: Es stellte sich heraus, dass die Hamas ihm einen Preis für die »Widerlegung des zionistischen Narrativs« verliehen hatte. War es da ein Wunder, dass der Film nicht unparteiisch war?

Was uns zu einer anderen Frage bringt. Wie konnten Winslet und Winterbottom zu Gehilfen dieses offensichtlichen Propagandaprojekts werden? Als die Kontroverse losging, beteuerte die Schauspielerin ihre Unwissenheit: »Dass meine Teilnahme als Stellungnahme zu Recht und Unrecht eines der tragischsten und unlösbarsten Konflikte der Welt interpretiert werden könnte, kam mir nie in den Sinn.« Krieg ist eine Tragödie für beide Seiten. »Kinder haben in Konflikten keine Stimme. Ich wollte ihnen einfach meine leihen.«[47] Es gibt keinen Grund, an den Absichten der Schauspielerin oder gar an ihrer Naivität zu zweifeln. Vermutlich hat der einseitige Film in ihrem Kopf keine Alarmglocken läuten lassen, selbst als sie die offensichtlichen Lügen in einem Aufnahmestudio einsprach. Vermutlich fühlte es sich für sie nicht falsch an. Es ist sogar wahrscheinlich, dass es sich richtig anfühlte.

Winslet ist bei weitem nicht die einzige Progressive, die unwissentlich von der Hamas-Agenda instrumentalisiert wurde. Auf dem Höhepunkt des Konflikts im Jahr 2021 veröffentlichte die *New York Times*, Amerikas wichtigste linke Zeitung, eine erschütternde Titelseite, auf der sie 64 junge palästinensische Opfer betrauerte. (Den vielen zivilen Opfern des hinterhältigen türkischen Angriffs auf die Kurden oder der »großen Luftoffensive« der Royal Air Force im Irak hatte sie diese Aufmerksamkeit zur gleichen Zeit verweigert.)

Die Überschrift des Artikels erinnerte uns daran, dass »sie noch Kinder waren«, und die Seite selbst dominierte eine bewegende Sammlung junger Gesichter. In dem Artikel informierte die »Gray Lady«, wie die Zeitung respektvoll genannt wird, die Leser darüber, dass »sie Ärzte, Künstler und Führer werden wollten«. Doch wieder einmal hatten sich Ungereimtheiten eingeschlichen. Bald stellte sich heraus, dass, wie im Fall des Winslet-Films, mindestens zehn der von der *New York Times* genannten Opfer durch fehlerhafte Raketen der Hamas getötet worden waren, während mindestens zwei an Kämpfen teilgenommen hatten. Als wäre das nicht genug, hatte die Zeitung sogar ein sechs Jahre zuvor entstandenes Foto eines unidentifizierten, in eine Kufiya gehüllten Mädchens beigefügt, das sie fälschlicherweise als eine der Toten darstellte.[48] Ihre Begeisterung für die israelfeindliche Erzählung veranlasste die angesehensten Redakteure der USA offenbar, sich von ihren grundlegenden journalistischen Standards zu verabschieden.

Es gab noch viele andere Fälle dieser Art, wobei das Jahr 2002 eine besonders hohe Anzahl an Beispielen lieferte. Nachdem dreißig jüdische Zivilisten bei einem Selbstmordattentat auf ein Hotel in Netanya während des Peschfestes ermordet worden waren, nahmen israelische Streitkräfte Terroristen in der Stadt Dschenin im Westjordanland ins Visier. Es kam zu einer blutigen Schlacht. Die britische Presse überschlug sich vor Empörung. »Ein monströses Kriegsverbrechen, das Israel vierzehn Tage lang zu vertuschen versucht hat, ist endlich aufgedeckt worden«, heulte der *Independent*. Sein Korrespondent Phil Reeves stützte sich in seinem Bericht auf die Aussage eines einzigen Augenzeugen, Kamal Anis, der berichtete, israelische Soldaten hätten »dreißig Leichen neben einem halb zerstörten Haus aufgeschichtet. Als der Haufen vollständig war, machten sie das Gebäude mit Bulldozern platt und warfen die Trümmer auf die Leichen. Dann planierten sie die Gegend mit einem Panzer«. Der *Daily Telegraph* brachte die gleiche Geschichte, und der *Guardian* veröffentlichte einen emotionalen Leitartikel, der die Operation in Dschenin mit den Gräueltaten vom 11. September, bei denen fast 3000 Menschen getötet wurden, verglich. Insgesamt kamen 53 Palästinenser und 23 Israelis ums Leben kamen. Die Korrespondentin der Londoner *Times*, Janine di Giovanni, äußerte sich ebenso empört. »In mehr als einem Jahrzehnt der Kriegsberichterstattung habe ich selten eine solche vorsätzliche Zerstörung, eine solche Missachtung des menschlichen Lebens gesehen«, schrieb sie. Aber weder sie noch irgendjemand sonst kann diese »vorsätzliche Zerstörung« gesehen haben, denn sie hat nie stattgefunden. Eine angemessene Entschuldigung steht bis heute aus.[49]

Die Hamas in den Medien

Im Zeitalter der sozialen Medien verbreiten sich Fake News in alle Richtungen. Auf einer italienischen Facebookseite wurde ein virales Bild eines Kleinkindes, das an einer seltenen und schmerzhaften Hautkrankheit (dem Sturge-Weber-Syndrom) litt, fälschlicherweise als Beweis für israelische Brutalität herangezogen,[50] während Twitter-Filmmaterial von Palästinensern, die künstliches Blut und

Make-up für ein medizinisches Trainingsprogramm auftragen, fälschlicherweise als Beweis für einen ausgeklügelten Versuch, die Medien zu täuschen, ausgegeben wurde.[51] Aber Facebook und Twitter sind nicht die *New York Times*, die Londoner *Times* oder der *Daily Telegraph,* und anonyme Accounts sind nicht Kate Winslet.

Es sind nicht nur die weltweit führenden liberalen Zeitungen und eine der bekanntesten Schauspielerinnen der Welt, die als Waffe eingesetzt werden. Das Model Bella Hadid behauptete, Israel sei »in ein palästinensisches Flüchtlingslager eingedrungen« und habe dort »neun Menschen, darunter eine ältere Frau, massakriert«, obwohl es sich in Wahrheit um eine Anti-Terror-Operation handelte und sieben der Toten Terroristen der Hamas und des Islamischen Dschihad waren.[52] Und wer kann folgende BBC-Schlagzeile vergessen? »Palästinenser erschossen, nachdem zwei Menschen bei einem Anschlag in Jerusalem ums Leben kamen.« Ganz so, als bestünde der eigentliche Skandal darin, dass die israelische Polizei einen amoklaufenden Doppelmörder zur Strecke bringt.[53] Die Tatsache, dass israelphobe Propaganda so viel Einfluss hat, sogar auf die vermeintlich unparteiische BBC, spricht Bände über ihre Allgegenwärtigkeit. Sie kann mehr oder weniger subtil sein, aber sie gehört immer häufiger dazu. Nur wenige dieser Journalisten und Prominenten dürften absichtlich parteiisch sein. Doch wenn sie sich auf ihre persönlichen Vorannahmen verlassen, dann kippt ihre Unparteilichkeit immer in dieselbe Richtung.

Bei einer mit Israelphobie infizierten Person sind positive Nachrichten über das Land mit höchstem Misstrauen zu betrachten. Ein kurzer Blick auf die *Guardian*-Berichte über den jüdischen Staat zeigt, dass sie auf ganz besondere Art negativ sind. Israel kann nichts tun, ohne von Aktivisten des *Whitewashing* beschuldigt zu werden. Ein Radrennen zu veranstalten ist *Sportwashing*[54], die Förderung von Umweltschutz und gesunder Ernährung ist *Greenwashing*[55] oder *Veganwashing*[56], eine Pride-Kundgebung ist *Pinkwashing*[57], die Förderung von Frauenrechten ist *Purplewashing*[58], selbst die Herstellung von Wein gilt als *Winewashing*[59]. Wenn sie keine Sportereignisse veranstalten, Schwulen- und Frauenrechte unterstützen, sich um den Planeten kümmern, veganes Essen verzehren oder Wein herstellen können, was sollen Israelis dann mit ihrer Zeit anfangen? Wenn man die Liste der verschiedenen Arten des »Waschens« googelt, strahlt einem der Hass aus dem Bildschirm entgegen. In der israelphoben Vorstellung darf das Land nur als unterdrückerische Apartheid-Autokratie existieren, nicht aber als realer und komplexer Ort mit eigener Geschichte und Kultur, eigenem Sport und eigener Küche, eigener Moral, mit Licht und Schatten.

Die Israelphobie ist altmodischer Antisemitismus in einem neuen Gewand. Die Abscheu gegenüber Juden, die einfach nur ihr Leben leben, ist seit Jahrhunderten alltäglich. »Der Jude, sagt der Antisemit, ist ganz und gar schlecht, voll und ganz Jude«, schrieb Jean-Paul Sartre 1948.

> »Seine Tugenden, wenn er denn welche hat, verwandeln sich in Laster, weil es die seinen sind. Die Arbeit, die er mit seinen Händen verrichtet, trägt notwendigerweise sein Stigma. Wenn er eine Brücke baut, ist diese Brücke, da sie jüdisch ist, vom ersten bis zum letzten Bogen schlecht. Dieselbe Handlung, die von einem Juden und einem Christen ausgeführt wird, hat in beiden Fällen nicht dieselbe Bedeutung, denn der Jude verunreinigt alles, was er berührt, mit einer schwer zu bestimmenden

schändlichen Eigenschaft ... Streng genommen verunreinigt der Jude sogar die Luft, die er atmet.«[60]

Terroristische Gruppen versuchen Liberale zur Unterstützung ihrer Sache zu verführen, indem sie die Sprache und die Themen der Bewegung für soziale Gerechtigkeit als trojanisches Pferd benutzen. Im Januar musste sich die Deutsche Welle, Deutschlands staatlich finanzierter Mitte-Links-Sender, entschuldigen, nachdem sie ein Interview mit Hazem Qassem, einem Sprecher der Hamas, ausgestrahlt hatte, als sei er ein seriöser Kommentator.[61] Zur gleichen Zeit hatte der israelische Regierungschef Benjamin Netanjahu gerade eine Koalitionsregierung gebildet, der mehrere religiöse Chauvinisten und rechtsextreme Ideologen angehörten, was sowohl in Israel als auch in den jüdischen Gemeinden weltweit Besorgnis hervorrief. Der Hamas-Sprecher stürzte sich sogleich darauf. Israels neue Regierung sei, so sagte er vor Millionen von deutschen Zuschauern, »terroristisch, faschistisch und rassistisch wie nie zuvor«. Jetzt kümmert sich die Hamas also um Terrorismus, Faschismus und Rassismus?

Die Ironie war atemberaubend. Dass ein Vertreter eines repressiven islamistischen Regimes liberale Schlagworte zur Verleumdung einer Demokratie gebraucht, ist der Inbegriff von Chuzpe. Noch verblüffender war es zu sehen, wie der Sprecher der Terroristen vom deutschen Staatssender ernst genommen wurde. Hier zeigte sich die gegenseitige Befruchtung zwischen westlichen Liberalen und islamistischen Fanatikern in Echtzeit. Das unerträgliche Spektakel, dass sich westliche Progressive mit den fanatischsten, rassistischsten islamistischen Gruppen der Welt verbünden, ist zu einem Merkmal der harten Linken geworden. Man braucht nicht weiter zu schauen als Corbyn, der an einer Kranzniederlegung für tote Terroristen teilnahm. Unter anderen Umständen würden Regime, die die Scharia durchsetzen und Selbstmordattentate verüben, Homosexuelle hinrichten und ihre eigenen Bürger inhaftieren und foltern, von der Linken rundheraus verurteilt werden. Aber nicht, wenn sie sich gegen Juden stellen.

Ganz in weiß

Die Geschichte zeigt, dass Israel nicht der Vorstellung des von progressiven Aktivisten gehassten weißen imperialistischen Unterdrückers entspricht. Es stimmt, dass die Gründerväter zu einer Zeit lebten, in der der Kolonialismus noch als akzeptabel galt, und viele von ihnen teilten bestimmte paternalistische Ansichten mit den britischen und europäischen Imperialisten, doch allzu viele weitere Ähnlichkeiten gab es nicht. Großbritannien hatte zum Beispiel keinen angestammten Anspruch auf Indien. Die Briten waren kein verfolgtes Diaspora-Volk, das zusammengetrieben, durch Arbeit vernichtet, erschossen, vergast und pseudomedizinischen Experimenten unterworfen worden war – der schlimmste Völkermord, den die Welt je gesehen hatte. Die Briten hatten nicht zweitausend Jahre lang in fremden Ländern geschmachtet, ihre Kultur bewahrt und sich nach einer Rückkehr in ihr Heimatland gesehnt. Die Erbauer des britischen Imperiums hatten nicht die Absicht, das Land mit den anderen Bewohnern zu teilen, wie es die Zionisten taten, sondern es zu beherrschen. Und die kolonialen Verbrechen der Briten, was sowohl das Ausmaß als auch die Rachsucht betrifft, stellten selbst das schlimmste Verhalten der jüdischen Pioniere in den Schatten. Tatsächlich sahen sich die jüdischen Untergrundgruppen, die in

Palästina gegen die britischen Mandatstruppen kämpften, als ein einheimisches Volk im Kampf gegen die kolonialen Besatzer. Nicht nur die Juden sahen das so. Als 1946 ein Mitglied des jüdischen Untergrunds von der britischen Armee ausgepeitscht wurde – eine in Kolonien übliche erniedrigende Strafe –, entführten seine Kameraden zwei britische Offiziere und unterzogen sie der gleichen Tortur. Weltweit sahen Menschen, die unter dem Joch des britischen Empires leben mussten, darin ein Zeichen moralischer Ermutigung. »Wir erhielten Glückwünsche von Iren, Amerikanern, Kanadiern, Russen und Franzosen«, schrieb der israelische Premierminister Menachem Begin in einem Bericht über seine Zeit als Anführer einer Untergrundgruppe. »Unsere jüdischen Brüder in der ganzen Welt begannen aufrecht zu gehen. Nachdem Generationen durch Peitschenhiebe gedemütigt worden waren, hatten sie etwas erlebt, das ihre Würde und Selbstachtung wiederherstellte. Auch die farbigen Afrikaner und die chinesischen Kulis, die schon lange mit der Peitsche vertraut waren, hoben ihre Köpfe in freudiger Anerkennung.«[62] Eine französische Zeitung druckte die Karikatur eines nervösen britischen Soldaten, der seinen Helm über sein Gesäß hält.

Für den progressiven Aktivisten unserer Zeit, der auf der Suche nach einer gerechten Sache ist, ist die Auswahl eher beschränkt. Die westlichen Imperien sind zusammengebrochen, homosexuelle Beziehungen werden im Westen weitgehend akzeptiert, die wichtigsten Kämpfe um sexuelle und ethnische Gleichberechtigung wurden gewonnen. Wer sich heute gegen Mikroaggressionen, für die Verwendung bestimmter Pronomen oder die Benutzung von Toiletten einsetzt, wird nicht zu Rosa Parks, Mahatma Gandhi oder Emmeline Pankhurst. Aber wenn man Israel als Hort weißer Vorherrschaft und Apartheid-Kolonialmacht verteufelt, dazu noch uralte Vorurteile über jüdische Finanziers und die zionistische Lobby wiedergibt, dann hat man eine Sache, für die es sich zu kämpfen lohnt.

Der kodierte Antisemitismus war lockte immer schon Linke, die vorgeben, unterdrückerische Machtstrukturen umstürzen zu wollen. In der Welt der Identitätspolitik lassen sich Juden jedoch nicht einfach in das Pantheon von Rasse und Opferrolle einordnen. Das Judentum, das in den Familien weitergegeben wird, ist eine starke Komponente, aber es ist durchlässig, da jeder durch religiöse Konversion beitreten kann. Sind Juden weiß? Mindestens 20 Prozent von ihnen, und etwa die Hälfte der Juden in Israel stammen aus dem Nahen Osten oder aus Nordafrika,[63] und selbst diejenigen, die ein europäisches Aussehen haben, wurden von den Nazis als das Gegenteil von arisch angesehen. Sind Juden privilegiert? Einerseits erlitten sie einen der schlimmsten Völkermorde der Welt, vor allem die europäischen Juden, die als Weiße durchgehen konnten. Die Gründung Israels führte zu mehr jüdischen als palästinensischen Flüchtlingen und selbst im modernen Großbritannien zeigen Zahlen des Innenministeriums, dass Juden fünfmal häufiger Opfer von Hassverbrechen werden als jede andere Gruppe.[64] Andererseits gehören Juden in der Diaspora – wie die chinesische und die indische Gemeinschaft – oft zur Mittelschicht, haben stabile Familienverhältnisse und legen Wert auf Bildung. Dies führt zu einem relativ hohen Wohlstandsniveau. Darüber hinaus hat das antisemitische Klischee, dass reiche, mächtige Juden die internationalen Angelegenheiten kontrollieren, neuen Auftrieb erhalten, als Israel vom Außenseiter zur regionalen Supermacht aufstieg.

All dies stellt Rasse-Aktivisten vor ein Problem, da sie Juden weder als weiß noch als nicht-weiß, weder als privilegiert noch als unterdrückt einstufen können. Also entscheiden sie sich, es nicht so genau wissen zu wollen, und stecken Juden in die Gruppe der Weißen und Privilegierten. Heutzutage, wo Weißsein mit negativen Assoziationen verbunden ist, werden Juden oft als noch weißer als Weiße dargestellt, und als solche fallen sie erneut in eine Sonderkategorie. Im Jahr 2018 meinte Mark Winston Griffith, Geschäftsführer des Black Movement Center, einer gemeinnützigen schwarzen Gemeindegruppe im New Yorker Stadtteil Crown Heights, Jüdischsein sei »beinahe eine Form von fast Hyper-Weißsein«.[65] In Anlehnung an den zweistufigen Mechanismus, bei dem Dämonisierung die Vernichtung rechtfertigt, sagte Griffiths, dass Hyper-Weißsein mehr noch als Antisemitismus erkläre, warum Juden auf den Straßen von Brooklyn angegriffen würden.

Während der Proteste von Black Lives Matter (BLM) versuchte man, Juden durch die Verbreitung des Twitter-Hashtags #Jewishprivilege in eine Reihe mit den Kräften weißer Unterdrückung zu stellen. Um dem entgegenzuwirken, teilten Juden die Verfolgungsgeschichte ihrer Familien. Das hielt jedoch Teilnehmer von BLM-Kundgebungen nicht davon ab, sich in zügelloser Israelphobie und Judenhass zu ergehen. Bereits 2014, während der Unruhen nach der Erschießung eines Schwarzen in Ferguson im US-Bundesstaat Missouri, skandierten Demonstranten »von Ferguson nach Palästina, Besatzung ist ein Verbrechen«[66] und hielten Plakate mit der Aufschrift »Ferguson ist Palästina« hoch.[67] Im Jahr 2020 wurden nach der Ermordung von George Floyd jüdische Geschäfte zerstört, Synagogen mit »Free Palestine«- und »Fuck Israel«-Graffiti besprüht, die Statue eines schwedischen Diplomaten, der ungarische Juden vor den Nazis gerettet hatte, mit antisemitischen Parolen verunstaltet[68] und düstere Verschwörungstheorien über die Ausbildung der rassistischen amerikanischen Polizei durch Israelis in Umlauf gebracht. In Frankreich erklangen auf einer BLM-Kundgebung »dreckige Juden«-Rufe, die an die antisemitischen Sprechchöre erinnerten, die während der Dreyfus-Affäre ein Jahrhundert zuvor durch dieselben Straßen geschallt waren.[69] Ob Juden als nicht-weiß, weiß oder hyper-weiß, privilegiert oder unterdrückt, Kolonisatoren oder Einheimische gelten, ist zu einem Fall von Schrödingers Jude geworden: Das Label folgt der Absicht.[70] So besteht die Absicht der Bewegung für soziale Gerechtigkeit in der Regel in einer feindlichen Haltung zum jüdischen Nationalstaat.

Die Sowjets stellten den traditionellen Antisemitismus einst unter Strafe, während sie dem Hass in Form des »Antizionismus« freien Lauf ließen. In ähnlicher Weise besteht der letzte Trick der Bewegung für soziale Gerechtigkeit darin, dass sie Hass in eine politische Rechtfertigung verpackt, die es den Aktivisten ermöglicht, sich vom Antisemitismus zu distanzieren, während sie gleichzeitig von ihm erfüllt sind. Die Auslöschung der Juden zu fordern, stellt ein Tabu dar, weshalb man lieber die sich in eine Aura der Tugend hüllende, palästinensische Forderung eines Staates »from the river to the sea« unterstützt. Sprache ist wichtig. In seinem 1945 erschienenen Essay »Antisemitismus in Großbritannien« erinnert sich Orwell an die Bemerkung eines »jungen Intellektuellen, Kommunisten oder Beinahe-Kommunisten«: »Nein, ich mag keine Juden. Daraus habe ich nie ein Hehl gemacht. Ich kann sie nicht ausstehen. Wohlgemerkt, ich bin kein Antisemit.«[71] Fast achtzig Jahre danach sehen wir, wie wenig sich geändert hat.

Gib mir Deckung

Was sich jedoch geändert hat, ist das Ausmaß, in dem Juden an den politischen Rändern instrumentalisiert werden, um Israelphobie zu schüren. In der Vergangenheit, als der Antisemitismus vor allem rassistisch konnotiert war, war das schwieriger. Es ist nicht leicht, ein Antisemit zu sein, wenn man selbst das Ziel des Vorurteils ist. Da der alte Hass heute jedoch als Weltpolitik auftritt, haben Juden die Möglichkeit, sich aus der Todeszone zu entfernen, indem sie Israel anprangern. Natürlich muss das scheitern; schließlich geht es nicht um die Notlage der Palästinenser, sondern um das Jüdischsein des jüdischen Staates. Wie Jabotinsky es ausdrückte: »Wir werden nicht gehasst, weil wir für alles verantwortlich gemacht werden, sondern wir werden für alles verantwortlich gemacht, weil wir nicht geliebt werden.«[72] Für bestimmte jüdische Progressive muss die Israelisierung des Antisemitismus jedoch eine Erleichterung sein. Sie haben nun die Möglichkeit, sich durch Selbstauskunft Zugang zu ihrem politischen Milieu zu sichern, indem sie stolz den notwendigen Grundsatz der radikalen Linken übernehmen. In der Tat können sie noch stolzer auftreten als ihre nicht-jüdischen Genossen, weil sie für die Bewegung so wertvoll sind.

Das zeigte sich deutlich in den Corbyn-Jahren, als sich radikale jüdische Kampagnengruppen dem Banner des alten Sozialisten anschlossen. Der bekannte Menschenrechtsaktivist Kenneth Roth – dessen jüdischer Vater vor den Nazis geflüchtet war – gehörte zu denjenigen, die ihn verteidigten. Roth kritisierte den jüdischen Staat in besonders scharfen Worten und setzte sich für dessen Boykott ein. In einem umstrittenen Brief an die *New York Sun* schrieb er: »Auge um Auge – oder in diesem Fall besser gesagt, zwanzig Augen um ein Auge – mag die Moral einer primitiveren Zeit gewesen sein. Aber es ist nicht die Moral des humanitären Völkerrechts.« Die Zeitung bezeichnete die Aussage als »eine Verunglimpfung der jüdischen Religion selbst, die in ihrer Ignoranz atemberaubend ist«. Sie fügte hinzu: »Die Behauptung, das Judentum sei eine »primitive« Religion, die mit der heutigen Moral unvereinbar ist, ist ... die Grundlage für einen Großteil des Antisemitismus.«[73]

Vor der Gründung Israels wurde behauptet, das zionistische Projekt sei schlecht durchdacht gewesen. Jede Seite des Arguments hatte ihre Fraktionen. Jetzt jedoch, da der Staat Realität ist, impliziert die antizionistische Position die Zerstörung einer bestehenden Nation. Wohin sollen die neun Millionen Israelis gehen? Ins Meer?

Mit dem Antizionismus verwandt ist der Nicht-Zionismus, eine Position, die von vielen Juden in der gemäßigten Linken vertreten wird. Für Juden, die sich nach Anerkennung sehnen, kann Israelphobie eine gewisse Attraktivität besitzen. Es fängt damit an, dass sie sagen: »Israel ist nicht mein Problem«, was bedeutet: »Ich will nicht, dass Israel mir Probleme bereitet.« Und am Ende verurteilen sie ihr Land wie ein bedrängter Schuljunge, der sich selbst verspottet, bevor es andere tun.

Wenn dies der Preis ist, den man zu entrichten hat, um in einer hasserfüllten Welt Anerkennung zu finden, dann ist es deprimierend, wie viele bereit sind, ihn zu zahlen. In einem Interview über Antisemitismus sagte der jüdische Schauspieler Stephen Fry kürzlich: »Ich bin kein Bürger Israels. Muss ich Ihnen erklären, dass mich die schreckliche Behandlung der Palästinenser bestürzt? Und wie sehr ich die Siedlungen im Westjordanland verabscheue? Ich erwarte von meinen nichtjüdischen britischen Mitbürgern auch nicht, dass sie sich für Putin entschuldigen, weil er ein Weißer ist.«[74]

Frys Äußerungen beschwören einen jüdischen Staat herauf, der die Palästinenser unterdrückt, ihr Land stiehlt und mit Putins Russland vergleichbar ist. Natürlich ist es völlig vernünftig, die »Siedlungen im Westjordanland« zu missbilligen, aber wenn das eigene Land zu Unrecht verleumdet und angegriffen wird, wäre es dann nicht auch angebracht, es zu verteidigen? Indem Fry stattdessen darauf beharrt, nicht die Schuld für Israels abscheuliche Untaten tragen, bestätigt er sie nur. Damit begibt er sich in eine verkehrte Welt: Anstatt sich in einem Interview über Antisemitismus gegen Israelphobie zu stellen – die ja die weltweit wichtigste Form des Antisemitismus ist –, bietet er sich selbst als Alibi an. Und obendrein gibt es noch einen Putin-Vergleich.

Das Interview führte David Baddiel 2022. Man kann dem Autor des Bestsellers »Und die Juden?« kaum vorwerfen, er gehe Auseinandersetzungen aus dem Weg. Wenn es jedoch um Israel geht, betont er, um die Hasser zu verwirren, seine mangelnde Verbindung mit dem Land. »Es ist mir nicht wichtiger als andere Länder, und mir das zu unterstellen, ist rassistisch«, schreibt er in dem Buch. »Ich bestreite nicht, dass der Staat Israel viele Dinge getan hat, für die man sich schämen sollte. Aber die Sache ist die: Ich bin für diese Taten nicht verantwortlich, und zu erwarten, dass ich eine Mitschuld eingestehen soll, ist rassistisch.«[75]

Wie Fry unternimmt auch Baddiel keinen Versuch, die bewundernswerten Seiten des Landes zu verteidigen. Aber in seinem Fall tut er dies aus taktischen Gründen. Angriffe von Feinden Israels kontert er mit einer einfachen Antwort: »Ich gebe einen Scheiß auf das dumme Israel. Aber was mir sehr wohl etwas bedeutet, ist Antisemitismus.«[76] In seinem Buch geht er sogar noch einen Schritt weiter: »Irgendwie denke ich: Scheiß auf Israel.«[77] Das rief bei Teilen der jüdischen Gemeinschaft eine heftige Reaktion hervor. Für Baddiel ist es ein Mittel, Israelhassern eine Zielscheibe zu nehmen. Es soll, so erklärte er mir, die typische Anschuldigung »Du beschwerst dich über Antisemitismus? Das liegt daran, dass du ein Handlanger Israels bist« zu untermauern. »Das war meine Hauptwaffe, die es mir ermöglichte, über Antisemitismus in einer Weise zu sprechen, die manchen anderen Juden nicht vergönnt ist.«

Israel berührt Baddiels Herz nicht so tief wie das der meisten Juden. Stattdessen konzentriert sich sein Jüdischsein auf die Erfahrung der Diaspora. In seinem Buch heißt es: »Ich bin ein Brite – ein Jude, ja, aber meine jüdische Identität hat mit Groucho Marx und Larry David und Sarah Silverman und Philip Roth und Seinfeld und Saul Bellow und eingelegten Heringen und Pessachfesten in Cricklewood 1973 zu tun. Und damit, dass meine Mutter vor den Nazis fliehen musste und ich in meiner jüdischen Grundschule eine Kippa trug. Nichts davon hat etwas mit einem Land im Nahen Osten zu tun, das 3000 Meilen entfernt liegt.«[78] Die israelische Kultur interessiert ihn nicht. »Meinem Verständnis des Judentums nach, sind Israelis nicht sonderlich jüdisch«, sagt er. »Sie sind zu machohaft, muskulös, aggressiv und selbstbewusst … Juden ohne Ängste, ohne Schuldgefühle. Also gar keine richtigen Juden.«[79]

Wenn man das liest, hat man den Eindruck, Baddiel habe Israel – das, wie er betont, »dreitausend Meilen entfert liegt« – durch ein alternatives Gelobtes Land ersetzt, das 4000 Meilen entfernt ist. Seine Identitätscollage mag zwar einige britische Momente enthalten, aber seine Vorbilder sind alle Amerikaner. Vielleicht suchte der in den Vereinigten Staaten geborene Baddiel seine Helden unter den jüdischen Komikern und Intellektuellen, von denen es in Großbritannien nur wenige gibt. Aber mir scheint das ein zu schwacher Haken zu sein, um die eigene jüdische Identität daran zu aufzuhängen.

Die ersten Juden erreichten Amerika vor rund 350 Jahren, doch Israel war bereits tausend Jahren vor Christus ein jüdisches Heimatland. Der älteste jemals entdeckte hebräische Text stammt aus dem Jahr 11 v. Chr. und wurde an der antiken Festung Elah in der Nähe von Bet Schemesch, etwa dreizehn Meilen von Jerusalem entfernt, ausgegraben. Kann man die Bedeutung dieses Textes so einfach beiseiteschieben? Was ist mit der Westmauer? Oder mit den blauen Synagogen von Safed? Den Ruinen vom Palast des Herodes in Masada, wo Hunderte von Juden lieber Selbstmord begingen, als vor den Römern zu kapitulieren? Oder die aufregende, facettenreiche, farbenfrohe jüdische Zivilisation, die sich pulsierend über das moderne Israel ausbreitet?

Niemand muss sich von jedem Kapitel der Geschichte des eigenen Volkes ergriffen fühlen. Es mag Italiener geben, denen das Kolosseum nichts bedeutet (obwohl ich mir nicht vorstellen kann, dass die sehr zahlreich sind). Aber es trifft nun mal zu, dass Juden eine uralte Bindung an den jüdischen Staat haben, ob sie israelische Staatsbürger sind oder nicht, und ob sie es so empfinden oder nicht. Identität ist mehr als eine subjektive Erfahrung. Dies abzulehnen, bedeutet, mehr als drei Jahrtausende der eigenen Kultur zu verraten.

Die arabischen Führer haben das erkannt und führen seit langem einen Propagandakrieg gegen die Geschichte Israels. Die Archäologie ist zu einer stark politisierten Angelegenheit geworden. Im Jahr 2000, während der Friedensgespräche von Camp David, hielt der Palästinenserführer Jassir Arafat vor Präsident Clinton einen geschichtsrevisionistischen Vortrag, in dem er behauptete, auf dem Tempelberg in Jerusalem hätte es nie einen jüdischen Tempel gegeben. »Nichts gab es dort«, behauptete er. »Der Tempel Salomos stand nicht in Jerusalem, sondern in Nablus.«[80] Sein Nachfolger Mahmoud Abbas, der ebenfalls versucht, den jüdischen Anspruch auf Israel zu untergraben, hat diese Lüge noch weiter getrieben. Erst im Mai 2023 sagte er vor der UN: »Sie haben unter der al-Aqsa gegraben … sie haben überall gegraben und konnten nichts finden.« Diese Lüge hat sich in der gesamten arabischen Welt verbreitet. Man findet sie in der saudi-arabischen Zeitung *al-Jazirah* und auf internationalen Konferenzen in den Emiraten. Sie wird sogar an den Universitäten des Nahen Ostens gelehrt, insbesondere an den islamistisch geprägten.

Es gibt diese Lüge in verschiedenen Variationen. An der Islamischen Universität Imam Mohammad Ibn Saud in Saudi-Arabien veröffentlichte ein Geschichtsdozent eine Abhandlung, in der er behauptete, der Tempel von König Salomo sei in Wirklichkeit eine Moschee gewesen, obwohl Salomo 1.500 Jahre vor Mohammeds Geburt lebte.[81] Ähnliche Falschbehauptungen haben es auch in die westliche Presse geschafft. Im Jahr 2003 erklärte das *Time Magazine*, der Tempelberg sei der Ort, »von dem die Juden *glauben*«, hier hätten »Salomon den Ersten und Herodes den Zweiten Tempel erbaut«.[82] Der Politikwissenschaftler und *New York Times*-Bestsellerautor Dore Gold erinnerte sich: »Innerhalb von drei Jahren hatte Arafats Kampagne eine führende US-Wochenzeitung davon überzeugt, die Existenz der biblischen Tempel in Jerusalem als eine diskutable Angelegenheit des religiösen Glaubens und nicht als historische Tatsache darzustellen. Arafat hatte die Grenzlinien der historischen Wahrheit verschoben.«[83] Von dieser Idee angetrieben, behaupteten palästinensische Funktionäre, dass Jesus ein Palästinenser und Moses ein Muslim und das Ödland Palästinas schon grün gewesen sei, bevor jüdische Einwanderer die Wüste zum Blühen brachten. Solche Geschichten haben großen Einfluss auf westliche Progressive und internationale Gremien. Im Jahr 2016 brach Israel seine Beziehungen zur UNESCO ab, nachdem diese eine Resolution verabschiedet hatte, in der für die jüdischen heiligen Stätten in Jerusalem ausschließlich islamische Bezeichnungen verwendet wurden. Auf diese Weise kehrte die Organisation die jüdische Geschichte einfach unter den Tisch.[84]

Es gibt keinen Grund, warum Juden nicht »machohaft, muskulös, aggressiv und selbstbewusst« sein sollten. Das Klischee, Juden seien körperlich schwach und kopflastig, hat sich erst vor relativ kurzer Zeit in der Diaspora entwickelt. Mit seinen Nörgeleien, seiner Ironie und seinen Neurosen hat Woody Allen wenig Ähnlichkeit mit den todesmutigen biblischen Hebräern in ihrem vorchristlichen Reich. König David, der Goliath tötete, hätte sich bestimmt mehr mit Zionisten wie Jabotinsky verwandt gefühlt. »Es ist höchste Zeit, auf alle heutigen und zukünftigen Anschuldigungen, Vorwürfe, Verdächtigungen, Verleumdungen und Denunziationen zu reagieren, indem wir die Arme verschränken und laut, deutlich und ruhig sagen: ›Fahr zur Hölle!‹« schrieb Jabotinsky im Jahr 1911. »Warum sollten wir uns bei ihnen entschuldigen? Warum sollten sie das Recht haben, uns zu verhören? Was soll dieser Scheinprozess gegen ein ganzes Volk, bei dem das Urteil im voraus feststeht?«[85] Man kann sich gut vorstellen, wie König David bei diesen Sätzen seine Schleuder streichelt und zustimmt. Baddiel hat sich angesichts seiner Heldentaten im Kampf gegen den Antisemitismus zumindest eher wie ein echter Israeli statt wie ein typischer amerikanischer Intellektueller verhalten.

Vielleicht gibt es etwas an der zionistischen Weltanschauung, das den von ihm geschätzten Witz zunichte macht. Als die Architekten des modernen Israels eine neue Version der jüdischen Kultur aufbauten, angefangen vom modernen Hebräisch bis zum derben israelischen Charakter, gab es auch eine Bewegung, die versuchte, den jüdischen Witz zu reformieren. Herzl schrieb: »Die schlechte und törichte Art, mit der wir uns gegenseitig verspotten, ist ein Überbleibsel sklavischer Gewohnheiten, die wir uns in Jahrhunderten der Unterdrückung angeeignet haben. Ein freier Mensch erkennt in sich nichts, worüber er lachen könnte, und erlaubt niemandem, über ihn zu lachen.«[86] Über sich selbst zu lachen, ist eine der Haupteigenschaften des jüdischen Humors in der Diaspora. Könnte dies der Grund für Baddiels versteinertes Herz für Israel sein? Oder ist ihm die Kultur der Israelis einfach zu fremd?

Sich denen in den Weg zu stellen, die Juden hassen, ist ehrenwert. Der Nachteil seiner Taktik besteht jedoch darin, dass er das wichtigste Schlachtfeld aufgegeben hat. »Und die Juden?« hat dem Antisemitismus einen harten Schlag versetzt, aber stellen Sie sich vor, Baddiel hätte es auch mit der Israelphobie aufgenommen.

Achten Sie auf Ihre Sprache

Worte sind mächtig. Die Sprache der sozialen Gerechtigkeit ist ein trojanisches Pferd, das den alten Hass namens Antisemitismus im Mainstream salonfähig macht. Menschen, denen es nicht mehr möglich ist, Juden direkt zu verleumden, sprechen heute lieber von Zionisten. Da sie nicht mehr über jüdische Macht reden können, verspotten sie den zionistischen Kolonialismus. Sie sprechen nicht mehr von jüdischer Grausamkeit, sondern von ethnischer Säuberung, nicht von der Blutschuld und der Ermordung christlicher Kinder, sondern davon, dass israelische Truppen »gerne Kinder töten«, wie die BBC es ausdrückte,[87] nicht von jüdischer Überlegenheit, sondern von weißer Vorherrschaft und Apartheid, nicht von jüdischen Marionettenspielern, sondern von der Israel-Lobby. Jacobson bemerkt dazu: »Die marodierenden, kindermordenden Kolonialisten der antizionistischen Propaganda sind dieselben verhassten Juden wie vor 2.000 Jahren: Separatisten, Diebe und Blutsauger, lange bevor ein israelischer Soldat im Westjordanland patrouillierte. Es sind dieselben Verleumdungen und Karikaturen, die heute verbreitet werden, nur dass dieses Mal das Z-Wort für das J-Wort steht.«[88]

Wie Hannah Arendt feststellte,[89] war in den Dokumenten des Dritten Reichs selten von Deportation, Ausrottung, Erschießungen oder Tötung die Rede. Stattdessen benutzte man Begriffe wie »Endlösung«, »Sonderbehandlung«, »Aussiedlung«, »Umsiedlung« oder »Arbeitseinsatz im Osten«. Die SS-Truppen, die für die Liquidierung der jüdischen Männer, Frauen und Kinder verantwortlich waren, unterlagen einer strengen Sprachregelung. Die benutzten Euphemismen erleichterten es normalen Menschen, die abscheulichsten Verbrechen im Namen eines vermeintlich höheren Gutes zu rechtfertigen.

Damit soll kein Vergleich mit der Bewegung für soziale Gerechtigkeit und den Nazis hergestellt werden. Aber der Versuch, Begriffe zu einer Waffe zu machen, hat zahlreiche mächtige Anhänger, von religiösen Führern über Meinungsmacher bis hin zu Unternehmensberatern. In den Händen der bösartigsten Menschen wurden Begriffe auch zur Rechtfertigung von Repression und Mord gebraucht. Deshalb erklärte der Journalist Andrew Neil: »Warum die Obsession mit der Sprache und die Forderung nach Änderungen des Sprachgebrauchs, die man für trivial, irrelevant oder albern halten könnte? Weil derjenige, der die Sprache kontrolliert, die Debatte im neuen Zeitalter der Identitätspolitik beherrscht.«[90]

Eine der aktuellen Phrasen, die mich am meisten beunruhigen, lautet: »Oh, das darf ich aber nicht sagen«. Sie impliziert, dass eine völlig vernünftige und aufrichtig vertretene Position, sei es in Bezug auf Geschlecht, Rassenpolitik oder den Nahen Osten, in einer Gesellschaft, die sich selbst für frei hält, verboten ist. Man hört diese selbstzensierende Haltung immer häufiger, am Arbeitsplatz und in Bars, in Cafés, Bahnhöfen und Wohnzimmern. Manchmal hört man ihren noch schlimmeren Cousin: »das darfst du nicht sagen«, oder ihren leicht subversiven Verwandten: »das dürfen wir nicht sagen«. Die darauf bestehen, dass die von ihnen geäußerten tabuisierten Ansichten eigentlich harmlos sind und von der Mehrheit vertreten werden, sind mit den üblichen Reaktionen vertraut: ein gequältes Zusammenzucken, gefolgt von einem Blick über die Schulter, einer bedeutungsschwangeren Pause, einem Herunterziehen der Augenbrauen und einem offenen Ausdruck der Solidarität. Im Jahr 2021 fand eine YouGov-Studie heraus, dass fast sechs von zehn Briten ihre eigenen politischen oder sozialen Ansichten aus »Angst vor Verurteilung oder negativen Reaktionen anderer« nicht mehr äußern.[91] Die Versuchung ist groß, wie John Milton 1644 zu protestieren: »Über alle Freiheiten gebt mir die Freiheit, zu wissen, zu sprechen und frei nach meinem Gewissen zu sprechen.«[92] Die Anhänger des jüdischen Staates kennen das.

Die wahren Anhänger dieser neuen sprachlichen Orthodoxie, zu der natürlich auch die Israelphobie gehört, mögen relativ wenige sein, aber ihr Einfluss ist groß. Diese radikalen »progressiven Aktivisten«, wie sie genannt werden – auch wenn sich ihr Aktivismus eher in Vorstandsetagen, in Führungsgremien und im Internet als auf der Straße abspielt –, machen höchstens 13 Prozent der Bevölkerung Großbritanniens aus,[93] aber sie besitzen eine unverhältnismäßig große Macht. Ein ähnliches Bild ergibt sich im gesamten Westen. Progressive Aktivisten sind in der Regel wohlhabend, hochgebildet und leben in Haupt- oder Universitätsstädten, wo sie die einflussreichsten Positionen in der Gesellschaft einnehmen. Ihre Ansichten sind sehr radikal – oder im amerikanischen Sinne »hyper-liberal«, wie es der Philosoph John Gray ausdrückt[94] – und sie sind besonders dogmatisch und missionarisch. Sie geben sich große Mühe, ihre Ansichten in der Gesellschaft zu verbreiten, und zwar über alle verfügbaren Einflusskanäle, von den Organisationen, die sie leiten, bis zu den Aktivitäten, die sie unterstützen. Untersuchungen des Kings College London haben gezeigt, dass progressive Aktivisten sechsmal häufiger bereit sind, ihre politischen Überzeugungen mittels sozialer Medien durchzusetzen, als andere Gruppen.[95] Auf diese Weise werden sie zu selbsternannten kulturellen Türstehern. Sie setzen sich besonders leidenschaftlich für die Rechte von Minderheiten ein, unterstützen mit überwältigender Mehrheit Gruppen wie Black Lives Matter und neigen zu einer negativen Haltung gegenüber der Geschichte und Kultur des Westens.

Der Einfluss dieser progressiven Meinungsmacher reicht sehr weit. Ihr von Antonio Gramsci inspirierter langer Marsch durch die Institutionen gibt den Ton unserer Kultur an und bestimmt, was die Bürgerinnen und Bürger denken dürfen. Von allen gesellschaftlichen Gruppen sind sie am häufigsten der Ansicht, das Land sei strukturell rassistisch. Aufgrund der herausragenden Stellung der Israelphobien in dieser Bewegung wissen wir, dass zur »Dekolonisierung« von Lehrplänen, zur »Säuberung« von Referenten oder zum ergänzten Pronomen auf Namensschildern häufig auch Vorurteile gegen Juden und Israel gehören.

Im Jahr 2017 wurde bei einer Lesbendemonstration in Chicago eine Jüdin ausgeschlossen, weil sie eine Regenbogenflagge mit dem Davidstern schwenkte.[96] Die Organisatorinnen, die ironischerweise »Inklusivität und Vielfalt« propagieren, sagten, manche Menschen fühlten sich wegen des Symbols »unsicher«. Auf der Facebook-Seite wurde daraufhin beklagt, man hätte es mit einem Antisemitismus zu tun, der sich als »liberaler Wert« ausgibt. Das war nur der Anfang. Intoleranz befördert weitere Intoleranz: Bei späteren Lesbendemonstrationen in San Francisco[97] und Vancouver[98] wurden feministische Lesben im Namen der »Inklusivität« eingeschüchtert und vertrieben. Wie die jüdische Journalistin Hadley Freeman nach ihrem Ausscheiden aus der liberalen Zeitung *Guardian* feststellte, geht das Mobbing von Feministinnen mit der Israelphobie der radikalen Linken oft Hand in Hand.[99]

Die »Apartheid«-Verleumdung

Die Denunzierung Israels findet alltäglich statt. Man könnte sie schon fast als obligatorisch bezeichnen. Deshalb wird die Behauptung, das Land habe sich der schlimmsten Verbrechen schuldig gemacht hat, übernommen, ohne dass es einer Debatte bedarf. Gruppen wie Amnesty International setzen jede Menge Ressourcen ein, um solche Behauptungen zu verbreiten. Ihre Kampagne zur Verknüpfung des Wortes »Apartheid« mit Israel umfasste Massenmailings, Straßenaktionen, offizielle Berichte und eine Blitzaktion in den sozialen Medien.[100] All das entspricht der einfachen Logik der Öffentlichkeitsarbeit.

Der »Apartheid«-Vorwurf ist eine der Hauptwaffen, die gegen Israel eingesetzt werden. Es lohnt sich, ihn genauer zu untersuchen. Am deutlichsten ausgeprägt war dieses System natürlich in Südafrika, wo drakonische Rassendiskriminierung gesetzlich festgeschrieben waren. Es begann 1949 mit dem Verbot von Eheschließungen zwischen Schwarzen und Weißen und gipfelte in Gesetzen, die die besten Schulen, Stadtviertel, Schwimmbäder, Strände, Toiletten und Verkehrsmittel für Weiße reservierten, während Schwarze in verarmten Townships, die oft in verschmutzten Industriegebieten lagen, hausen, von Hungerlöhnen leben und ihre Kinder in überfüllte und unterfinanzierte Schulen schicken mussten. Verhaftungen, Schläge und Folter waren an der Tagesordnung.

Betroffene mussten alle möglichen Schikanen erdulden, von offener Gewalt bis hin zu alltäglicher Demütigung. Im Jahr 1960 erschoss die Polizei kaltblütig 69 Schwarze bei einem Protest gegen menschenverachtende Gesetze, die ihre Bewegungsfreiheit einschränkten. Schwarze Kindermädchen, die sich um weiße Kinder kümmerten, durften nicht mit ihnen in der Kirche sitzen. In seinen Memoiren über das Aufwachsen als »gemischtrassiger« Junge in einem Johannesburger Township schreibt der Komiker Trevor Noah, dass »ich mit meinem (weißen) Vater nur im Haus zusammen sein konnte«, doch »wenn wir das Haus verließen, musste er auf die andere Straßenseite gehen«. Wegen seiner hellen Hautfarbe war es für ihn auch gefährlich, mit seiner schwarzen Mutter gesehen zu werden. »Sie hielt meine Hand oder trug mich auf dem Arm, aber wenn die Polizei auftauchte, musste sie mich herunterlassen und so tun, als wäre ich nicht ihr Kind.« Als sich die schwarze Bevölkerung gegen die Apartheid auflehnte, befand sich sein Township »in einem ständigen Zustand des Aufruhrs. Überfall fanden Demonstrationen und Proteste statt, die niedergeschlagen wurden. Wenn ich im Haus meiner Großmutter spielte, hörte ich Schüsse, Schreie und Tränengas, das in die Menschenmenge geschossen wurde.«[101]

Ein ähnliches Beispiel sind die Jim-Crow-Gesetze in den Vereinigten Staaten, die in vielen Bundesstaaten bis in die 1960er Jahre hinein die Rassentrennung regelten. Schwarze Amerikaner mussten die Benachteiligung in Zügen, Schulen, öffentlichen Diensten und sogar an Trinkbrunnen ertragen. Auch die arabischen Länder des Nahen Ostens, die ihre gesamte jüdische Bevölkerung vertrieben haben und von einem entsetzlichen Rassismus durchdrungen sind, lassen sich aufgrund ihrer diskriminierenden Gesetze als Apartheid-Systeme beschreiben. In der Region gibt es mehrere Beispiele dafür, dass eine Minderheit die Mehrheit unterdrückt, etwa die Alewiten in Syrien oder die Sunniten in Bahrain.

In Israel hat es so etwas nie gegeben. Es ist zwar nicht perfekt – das Nationalstaatsgesetz von 2018, das den jüdischen Charakter des Landes festschreibt, ist umstritten –, aber es ist absurd zu behaupten, in den Gesetzbüchern des Landes fände sich etwas wie eine Apartheid. Trotz rassistischer Randerscheinungen genießen Minderheiten rechtliche Gleichstellung und sind in einige der höchsten Positionen des Landes aufgestiegen. Sechs Araber wurden mit Israels höchster militärischer Auszeichnung, der Medaille für besondere Verdienste, geehrt, darunter der legendäre Amos Yarkoni, der 1959 bei einem Gefecht eine Hand verlor und anschließend das Elitebataillon Shaked kommandierte. Im Mai 2022 ernannte der Oberste Gerichtshof Israels seinen ersten arabisch-muslimischen Richter, Khaled Kabub (zuvor hatten den »arabisch-israelischen Sitz« des Gerichts Christen innegehabt).[102] In Israels Fußballnationalmannschaft sind mehr Araber als Juden;[103] im März 2023 hoben die Spieler Bibras Natcho, ihren tscherkessischen muslimischen Kapitän, auf ihre Schultern, um sein letztes Spiel zu feiern.[104] Araber haben als Diplomaten gedient: Ismail Khaldi, der bis zu seinem achten Lebensjahr in einem traditionellen Zelt lebte und als Schafhirte aufwuchs, wurde 2020 Israels erster Beduinen-Botschafter. Der israelische Araber Yoseph Haddad kämpfte 2006 als Infanterist im Libanonkrieg und verlor bei einem Raketenangriff der Hisbollah fast ein Bein; er erholte sich und wurde später Redner und Aktivist, der israelfeindliche Mythen in den sozialen Medien entlarvt.

Im Westjordanland ist die Situation komplizierter. Der erste wichtige Unterschied besteht darin, dass die Araber in diesem Gebiet Bürger der Palästinensischen Autonomiebehörde sind und nach palästinensischem Recht leben (einschließlich des Verbots, Land an einen Israeli zu verkaufen, was mit »lebenslanger Haft und Zwangsarbeit« bestraft wird).[105] Allerdings sind sie dem israelischen Militärapparat ausgesetzt, einschließlich der Kontrollpunkte, und die Grenze zu Israel ist durch eine Sperranlage gesichert. Es kann vorkommen, dass der Alltag gestört wird, etwa wenn eine große Versammlung aufgrund befürchteter Unruhen untersgat wird.

Aus israelischer Sicht ist der Grund für diese Maßnahmen nicht »institutionalisierter Rassismus«, sondern berechtigte Sicherheitsbedenken. Die Terrorgefahr, die von dem Gebiet ausgeht, ist sehr hoch. Zwischen Oktober 2000 und Juli 2003, als der erste Abschnitt der Sperranlage im Bau war, gab es 35 Selbstmordattentate, die von Terroristen aus dem nördlichen Westjordanland verübt wurden und bei denen 156 israelische Zivilisten ums Leben kamen. Nach der Fertigstellung des ersten Abschnitts der Sperranlage sank diese Zahl im folgenden Jahr auf drei.[106] Seit der Fertigstellung der Anlage, gab es praktisch keine Selbstmordattentate mehr.

Check deine Checkpoints

Wir dürfen die Demütigung durch strenge Sicherheitsmaßnahmen nicht herunterspielen. Das schlimmste Beispiel ist die Stadt Hebron im Westjordanland, wo eine palästinensische Hauptstraße zum Schutz der jüdischen Gemeinde von der Armee dauerhaft gesperrt wurde und wo 1994 der Ex-tremist Baruch Goldstein 29 Muslime massakrierte. Ich habe die chauvinistischen hebräischen Graffiti an den verschlossenen Geschäften ebenso gesehen wie die Netze, die auf dem arabischen Markt aufgespannt sind, um die Einwohner vor dem Müll zu schützen, den israelische Radikale herabwerfen. Die Stadt, in der sich die Gräber von Abraham, Isaak und Jakob und ihrer Frauen Sarah, Rebecca und Lea befinden, hat eine Geschichte von Unruhen, die älter als der Staat Israel ist. Im Jahr 1929 wurden fast 70 Juden von Arabern massakriert, die durch Gerüchte über jüdische Verschwörungen zur Gewalt angestiftet worden waren. Daraufhin wurde die jüdische Gemeinde evakuiert, so dass die Stadt bis 1967 »judenrein« blieb. Heute sind intensive Sicherheitsmaßnahmen erforderlich, damit Juden dort in relativem Frieden leben können. Ich möchte die »Siedler« nicht verteidigen, und ich schließe mich der vorherrschenden Meinung an, die den Landraub und die Schikanierung der Palästinenser ablehnt. Doch gleichzeitig müssen wir anerkennen, dass die Ablehnung jeder jüdischen Präsenz im Westjordanland, das eine alte und reiche jüdischen Geschichte hat, durchaus etwas von Apartheid hat.

Auf Grundlage des ursprünglichen UN-Teilungsvorschlags von 1947 sollte es möglich sein, dass einige Juden in einem palästinensischen Staat leben und einige Araber Staatsbürger Israels werden können. Doch die moderne palästinensische Regierung verbietet Juden, sich dort niederzulassen, und verhängt harte Strafen für jeden Araber, der Land an Juden verkauft. In allen Ländern des Westens unterstützen moderne Liberalen diese rassistische Politik. Sie würden sich kaum für Gesetze aussprechen, die beispielsweise Hindus aus Pakistan, Muslime aus Großbritannien oder Mexikaner aus den Vereinigten Staaten verbannt. Wie lässt sich ein solches Verbot für Juden in palästinensischen Gebieten rechtfertigen, vor allem, wenn man bedenkt, dass ihre Vorfahren mit diesem Gebiet verbunden sind? Die Situation ist weitaus weniger schwarz-weiß, als viele Menschen zugeben. Trotz der Kontrollpunkte und der Soldaten habe ich mit eigenen Augen gesehen, wie sich in einigen Teilen des Westjordanlandes gewöhnliche jüdische »Siedler« in Supermärkten unter palästinensische

Freunde und Bekannte mischen. Als Rabbi Leo Dee, ein in Großbritannien geborener Bewohner der »Siedlung« Efrat, im April 2023 seine Frau und seine beiden Töchter bei einem Terroranschlag verlor, wurde die Niere seiner verstorbenen Frau einem Palästinenser gespendet, der den trauernden Rabbi für ein gemeinsames Foto umarmte. Selbst in Hebron, im Schatten von Terror und Fanatismus, habe ich Soldaten gesehen, die mit palästinensischen Jugendlichen plauderten und spielten.

Viele Menschen setzten sich für einen Abbau der Sicherheitsinfrastruktur ein. Der israelische Intellektuelle Micah Goodman spricht in dem Zusammenhang von einer »Schrumpfung des Konflikts«.[107] Da hier Menschenleben auf dem Spiel stehen, kann diese Entscheidung nicht leichtherzig getroffen werden. So oder so ist klar, dass Palästinenser aufgrund ihrer Nationalität und der Sicherheitsbedrohung anders behandelt werden als Israelis, nicht wegen ihrer »Rasse«. Mobbing durch jüdische Extremisten, manchmal unter Mitwirkung von Soldaten, ist ein ernstes Problem, das von der gesamten israelischen Öffentlichkeit verurteilt wird und von den Gerichten geahndet werden muss. Im Jahr 2023 kam es nach palästinensischen Terroranschlägen zu immer mehr Rachefeldzügen von jüdischen Hardlinern, was die jüdische Mehrheitsgesellschaft mit Abscheu erfüllte. Doch so hässlich und frustrierend die Situation auch ist, sie kommt nicht an die Apartheid in Südafrika oder die Rassentrennung in den Vereinigten Staaten heran.

Das Meme der »israelischen Apartheid« lässt sich am besten durch den Hinweis darauf entlarven, dass die Anschuldigung älter ist als der Gegenstand. Die Behauptung war schon einige Jahre vor 1967 im Umlauf, als es noch keinen einzigen Siedler im Westjordanland gab. Bereits

1963 veröffentlichte die Londoner Zeitschrift der Arabischen Liga, *Arab Outlook*, einen langen Aufsatz, in dem sie ihren Wirtschaftsboykott des jüdischen Staates mit dem Hinweis auf die »israelische Apartheid« rechtfertigte,[108] und in einer Broschüre mit dem Titel »Zionistischer Kolonialismus in Palästina«, die 1965 von der Palästinensischen Befreiungsorganisation (PLO) herausgegeben wurde, also volle zwei Jahre vor der »Besatzung«, behauptete der Autor, Fayez Sayegh: »Der zionistische Siedlerstaat hat alle Lektionen der verschiedenen diskriminierenden Regime weißer Siedlerstaaten in Asien und Afrika gelernt (...) Während die afrikanischen Apostel der Apartheid in Südafrika schamlos zu ihrer Sünde stehen, beteuern die zionistischen Praktiker der Apartheid in Palästina ihre Unschuld.«[109] Doch es gab keine Besatzung. Es war ein Urteil auf der Suche nach einem Verbrechen. Israels Angreifer hatten sich die Maske des Scharfrichters aufgesetzt, bevor ein Urteil gesprochen und bevor überhaupt ein Prozess geführt wurde. Wie wir im Kapitel über Verfälschung sehen werden, wurde diese Verleumdung von sowjetischen Propagandisten erfunden und in das Denken sowohl von Palästinensern als auch der westlichen Linken eingepflanzt. In den Worten Jean-Paul Sartres: »Wenn es den Juden nicht gäbe, der Antisemit müsste ihn erfinden.«[110]

Der südafrikanische ehemalige Richter Richard Goldstone – der von der UNO beauftragt wurde, mögliche Menschenrechtsverletzungen Israels und im Gazastreifen zu untersuchen – lehnte den Begriff »Apartheid« rundweg ab. In einer Kolumne für die *New York Times* schrieb er:

»Obwohl der Begriff ›Apartheid‹ eine breitere Bedeutung haben kann, soll seine Verwendung an die Situation in Südafrika vor 1994 erinnern. Es ist eine unfaire Verleumdung Israels, die darauf abzielt, die Friedensverhandlungen zu behindern, anstatt sie voranzutreiben. Ich weiß nur zu gut, wie grausam das abscheuliche Apartheidsystem in Südafrika war, in dem Menschen, die als schwarz bezeichnet wurden, nicht wählen, keine politischen Ämter bekleiden, keine ›weißen‹ Toiletten oder Strände benutzen, keine Weißen heiraten, nicht in Gebieten leben durften, die nur Weißen vorbehalten waren, und sich dort auch nicht ohne eine ›Erlaubnis‹ aufhalten durften. Schwarze, die bei Autounfällen schwer verletzt wurden, mussten verbluten, wenn es keinen ›schwarzen‹ Krankenwagen gab, der sie in ein ›schwarzes‹ Krankenhaus bringen konnte. ›Weiße‹ Krankenhäuser durften ihnen nicht das Leben retten ... Solange es keinen Zwei-Staaten-Frieden gibt, oder zumindest solange Israels Bürger von Angriffen aus dem Westjordanland und dem Gazastreifen bedroht sind, wird Israel Straßensperren und ähnliche Maßnahmen als notwendig für die Selbstverteidigung ansehen, selbst wenn sich die Palästinenser unterdrückt fühlen ... die tiefgreifenden Streitigkeiten und gegenseitigen Ansprüche werden durch die beleidigende Analogie der ›Apartheid‹ nur verschärft.«

Selbst hochrangige Angestellte von Amnesty International, die ein besonderes Gespür für »institutionellen Rassismus« haben, wiesen den umfangreichen Bericht »Apartheid Israel« zurück. Die geschäftsführende Direktorin von Amnesty International Israel, Molly Malekar, wandte sich gegen den Begriff und nannte ihn einen »Schlag in die Magengrube«.[111] Sie sagte: »Es gibt Diskriminierung gegen palästinensische Bürger in Israel, aber sie haben Rechte, zum Teil in Schlüsselpositionen, sie führen Kampagnen und nehmen Einfluss, und das sollte anerkannt, gewürdigt und gefördert werden.« Tal Gur-Arye, Leiter der Abteilung Ressourcenentwicklung von Amnesty, fügte auf Facebook hinzu: »Die Behauptung, dass dies auf Apartheid hinausläuft, hat keine solide Grundlage im internationalen Recht, in der Wissenschaft und in der Zivilgesellschaft, ganz zu schweigen von der gleichen Behauptung über Palästinenser in anderen Ländern. Meine Abteilung war weder an der Ausarbeitung dieses Berichts noch an seinen Schlussfolgerungen und Empfehlungen beteiligt«.[112]

Die Apartheid ist, wie der Holocaust, eines der letzten Dinge, die jeder verurteilen kann, unabhängig von seiner politischen Einstellung. Deshalb ist es eine strategisch wirksame Anschuldigung gegen den jüdischen Staat. Die Aktivisten von heute investieren viel Energie, um Israel das Etikett »Apartheid« anzuheften, weil es ihren Vorgängern gelungen war, Südafrika zu stürzen. Deshalb ist der Begriff so zentral. Aktivisten der sechziger Jahre »verkauften die Anti-Apartheid als eine Menschenrechtsfrage und ein moralisches Anliegen, dem sich jeder durch den Kauf der richtigen Orangen im Supermarkt anschließen konnte«, schreibt der britische Antisemitismusforscher Dave Rich. »Sie hatte in der Linken einen mythologischen Status, der jedem Beteiligten sofort moralische Autorität verlieh. Die pro-palästinensische Bewegung hat nie eine ähnliche Unterstützung, einen ähnlichen Einfluss oder ein ähnliches moralisches Gewicht genossen, aber als eine neue Anti-Apartheid-Bewegung könnte es ihr gelingen, diesen Status zu erreichen.«[113]

Die Taktik der Aktivisten ist eindeutig. Die Unmengen an »Apartheid-Israel«-Propaganda im Internet ist eine

Folge der Unmengen an Öffentlichkeitsarbeit, die eingesetzt werden, um unbequeme Fakten zu unterstützen. Im trojanischen Pferd des Antirassismus sind die niedersten Instinkte am Werk. Die Betrachtung des verbreiteten Materials ruft eine groteske Ironie in Erinnerung: Jahrhundertelang wurden Juden tatsächlich im Stil der Apartheid diskriminiert. Aktivisten wenden die Geschichte des antijüdischen Rassismus gegen die Juden selbst.

Welche Besatzung?

Der plumpe Begriff »Besatzung« dient dazu, eine komplexe und nuancenreiche Geschichte zu vereinfachen. Wer sich mit ihr befasst, was die Allerwenigsten tun, wird das schnell erkennen. Während des Krieges, der unmittelbar auf die Gründung Israels 1948 folgte, eroberte und annektierte Jordanien – das zwei Jahre zuvor selbst seine Unabhängigkeit von Großbritannien erlangt hatte – das Westjordanland, das 400 Jahre lang zum Osmanischen Reiches gehört hattee. Jordanien behielt das Gebiet bis zum Sechstagekrieg von 1967, als Israel sich gegen die arabische Invasion verteidigte und es schließlich eroberte. Daraufhin entstanden jüdische Gemeinden, vor allem in der Nähe biblischer Stätten. Die zweitausend Quadratkilometer Land glichen einem Flickenteppich aus israelischen und palästinensischen Siedlungen inmitten eines Ödlandes. Die für das Gebiet geltenden Planungsgesetze sind eine Mischung aus alten Vorschriften aus osmanischer Zeit und solchen, die unter dem britischen Mandat zwischen 1920 und 1948 erlassen wurden. Jüdische Gemeinden fallen unter israelisches Recht. 1988 verzichtete Jordanien auf seinen Anspruch auf das Westjordanland und schloss 1994 als zweiter arabischer Staat nach Ägypten ein Abkommen mit Israel, das man als »kalten Frieden« bezeichnen könnte.

Im selben Jahr wurde das Gebiet im Rahmen des Osloer Abkommens in drei Zonen aufgeteilt, die als Zonen A, B und C bezeichnet werden. Während die Zone C von Israel verwaltet wird, stehen die beiden anderen unter der Kontrolle der Palästinensischen Autonomiebehörde, die als provisorische Institution eines palästinensischen Staates gegründet wurde. In diesen Gebieten leben die meisten Palästinenser. Israel ist nicht an der Verwaltung beteiligt, und Israelis werden davor gewarnt, die Gebiete zu betreten, da sie sonst gelyncht werden könnten. In den Gebieten A und B haben die Palästinenser ihre eigenen Sicherheitsbehörden und ihre eigene Polizei, ihre eigenen Institutionen und ihre eigenen Gesetze. Sie betreiben eine eigene Diplomatie und haben eine eigene Nationalhymne (*Fida'i*). Die arabische Sprache und Kultur blühen dort auf. Kurzum, obwohl Palästina bis zum Abschluss eines Friedensabkommens mit Israel noch nicht als Staat anerkannt ist, regelt es seine Angelegenheiten im Allgemeinen selbst. Es lässt sich nicht leugnen, dass es in dem staatenlosen Gebiet chaotisch zugeht, doch der Begriff »Besatzung« beschreibt die Situation nicht richtig.

Wenn wir uns Tibet anschauen, das seit 1951 durch China auf brutale Weise unterdrückt wird, erkennen wir, was eine echte Besatzung ist. Das Land wird heute direkt von der kommunistischen Regierung in Peking regiert, die die volle Kontrolle über die Bevölkerung hat und jeden Aspekt des täglichen Lebens verwaltet, von der Steuererhebung bis hin zu Reisegenehmigungen. Die Provinz wird nach autoritären Grundsätzen geführt, wobei Überwachung, Folter und Inhaftierung ohne Gerichtsverfahren zum Alltag gehören. Wer des »Separatismus« beschuldigt wird, dem droht die Todesstrafe. Die tibetische Sprache und Kultur sind verboten, und jeder Versuch, die nationale Identität zum Ausdruck zu bringen, wird unterdrückt. Selbst Geburtstagswünsche an den Dalai Lama oder der Besitz seines Fotos auf dem Handy werden als Straftat verfolgt. Hymne und Flagge sind verboten, und statt Tibetisch muss Chinesisch gesprochen werden. Das Land wurde mit chinesischen Einwanderern geflutet, wodurch die Tibeter zu einer Minderheit in ihrem eigenen Staat geworden sind. In einer besonders erschreckenden Aktion, die Putins Entführung ukrainischer Kinder vorwegnahm, wurden bis zu 900.000 tibetische Kinder von den Chinesen von ihren Familien getrennt und in kolonialen Internaten einer Indoktrination unterzogen.

Israelphobie hat dazu geführt, dass viele Menschen glauben, die Situation im Westjordanland ähnele der in Tibet, anstatt die komplizierte Realität wahrzunehmen. Die Frage, ob der Begriff »Besatzung« überhaupt angemessen ist, ist nicht leicht zu beantworten. Ich möchte mich nicht auf juristische Formalitäten einlassen, sondern mich auf die öffentliche Wahrnehmung und die Vorurteile konzentrieren. Wie der Begriff »Apartheid« hat der der »Besatzung« strategische Vorteile: Man kann dadurch die Ermordung der dämonisierten Juden als eine Form des »Widerstands« darstellen. Sprache ist mächtig. Wenn es um Israel geht, werden Nuancen weggefegt und unser Wortschatz wird zu einer Waffe, um es zu zerstören.

Die Führer von morgen

Die progressive Ideologie ist heute im gesamten Westen fest etabliert. Sie beherrscht alle von den Eliten geführten Institutionen, von den Medien bis zu den Hochschulen. Sie hat einen starken Einfluss auf die Labour Party im Vereinigten Königreich und ist bei den Demokraten in Washington verbreitet. Es entbehrt nicht einer gewissen Ironie, dass die Bewegung für soziale Gerechtigkeit, obwohl sie sich antirassistisch nennt, ganz eigene Vorurteile hegt.

Im Januar ergab eine Untersuchung über die National Union of Students (NSU) im Vereinigten Königreich[114], dass Juden auf dem Campus routinemäßig schikaniert und eingeschüchtert werden. Sie werden als zionistische Agenten verleumdet, vom Studium ausgeschlossen, weil sie Kippot tragen, mit »Free Palestine«-Rufen verspottet, angestarrt und sind böswilligem Geflüster und Kommentaren ausgesetzt. Dass in den NUS-Ausweisformularen durchweg die Option »Judentum« fehlte, während alle anderen Glaubensrichtungen aufgeführt waren, sei kein Versehen gewesen, heißt es in dem Bericht. All diese Schikanen standen im Zusammenhang mit Israel, wobei die Aktivisten propalästinensische Juden als Deckmantel benutzten. Rassebezogene Identitätspolitik als Waffe.

»Die gewählten NUS-Funktionäre verfolgten eine politische Agenda. Sie zeigten ihre Unterstützung für die ›Dekolonisierungskampagne‹, indem sie propalästinensische Aktivisten in Räume schickten, in denen jüdische Organisationen eigene Kampagnen durchführten«, kann man in dem Bericht nachlesen. In einer offiziellen Erklärung der NUS wurde der Anstieg des Antisemitismus an den Universitäten »israelischen Kräften« angelastet. Wenn man den Bericht liest, sieht man, dass die NUS von einer antisemitischen Paranoia befallen ist, die sich hinter einer angeblichen Kritik an Israel verbirgt.

Ein besonders aufschlussreiches Beispiel: Schwarze Studenten hatten sich gegen Schulungen ausgesprochen, mit denen die Union of Jewish Students für Antisemitismus sensibilisieren wollte. »Mehrere schwarze Funktionärinnen ließen ihre Kollegen informell wissen, dass sie sich äußerst unwohl dabei fühlten, dass fast alle genannten Beispiele von Antisemitismus in der Studentenbewegung farbige Frauen betrafen«, heißt es in dem Bericht. Daraus folgerte man, die Antisemitismus-Schulungen würden von weißen, jüdischen Studenten genutzt, um schwarze Frauen einzuschüchtern und ihre Kritik an Israel zu unterdrücken. Nach einer genauen Überprüfung stellte die Kommission jedoch fest, dass nur ein einziges Beispiel eine farbige Frau betraf. Die Anschuldigung war also vollkommen substanzlos.

Wir wissen nicht, ob der Vorwurf böswillig erhoben wurde oder ob es sich um ein Versehen handelte. Es ist jedoch aufschlussreich, dass die Emotionen so schnell hochkochten. Der Bericht kam zu dem Schluss: »Dass die Beschwerden schwarzer Funktionäre ohne jegliche Untersuchung oder Überprüfung akzeptiert wurden, deutet darauf hin, dass Beschwerden über Antisemitismus – ob es dabei um Israel/Palästina geht oder nicht – von Anfang an als bösartig wahrgenommen wurden.« Mit anderen Worten: Wenn es um Israel geht, wird die Wirklichkeit verzerrt wahrgenommen.

Die Schüler von heute sind die Führungskräfte von morgen. Und sie stellen nur ein Bataillon unter vielen in den Reihen der Bewegung für soziale Gerechtigkeit dar. Ausgestattet mit einem Abschluss einer angesehenen Universität und der Überzeugung, ihre Weltanschauung sei die einzig richtige, erlangen sie Plätze in den wichtigsten Institutionen der Gesellschaft, wo sie eine radikale Identitätspolitik betreiben. Die Israelphobie ist Teil der neuen Orthodoxie, die sie über ihre Netzwerke verbreiten. Da die meisten Menschen nicht über das nötige Fachwissen über die Geschichte und Geopolitik des Nahen Ostens verfügen, um ihre Propaganda zu durchschauen, ist eine negative Sicht auf den jüdischen Staat leicht übertragbar. Auf diese Weise gelangt Antisemitismus über Schulen, Universitäten, linke Medien, Museen, Galerien, Verlage, Personalabteilungen, Werbeagenturen, Theater und soziale Medien in die Mitte der Gesellschaft. Gewöhnliche Menschen werden unter Androhung von Kündigung dazu gedrängt, beschränkte Ansichten über Geschlecht, Sexualität, Rasse, Sklaverei, Kolonialismus und Palästina zu übernehmen. Die Verlierer in dieser Gleichung sind immer dieselben: Leute mit unzeitgemäßen Ansichten und Juden.

Niemand behauptet, Israel sei frei von Sünde. Aber nennen Sie mir ein Land, bei dem das anders wäre. Bei meinen Recherchen stieß ich auf Fotos von Mitgliedern der 40 Commando Royal Marines in voller Uniform, die während des Malaiischen Notstands 1952 triumphierend abgeschlagene menschliche Köpfe hochhielten (die Bilder wurden damals zensiert). Etwa 12.000 Menschen wurden bei diesen Kämpfen getötet. Es war nur eine von zahlreichen blutigen britischen Feldzügen jener Zeit, die die Gewalt bei der Gründung des jüdischen Staates leicht in den Schatten stellen. Vier Jahre zuvor hatte der arabisch-israelische Krieg zwischen 13.000 und 20.000 Menschenleben gefordert, doch während Großbritanniens koloniales Scharmützel in Südostasien weitgehend in Vergessenheit geraten ist, gibt Israels Gründungskonflikt von 1948 bis heute Anlass zu jährlichen Gedenkfeiern, wütenden Demonstrationen und aggressiven politischen Forderungen. Dafür gibt es natürlich viele gute Gründe, doch ein wichtiger ist der Hass, der sich nicht mehr nur gegen das jüdische Volk, sondern gegen dessen Heimat richtet.

Es stimmt, dass Israel mit vielen Herausforderungen zu kämpfen hat, die aus religiösem Konservatismus und Extremismus resultieren – sowohl von jüdischer als auch von muslimischer Seite. Im Jahr 2023 fanden mehrere Chauvinisten den Weg in die Regierung, wo sie für Kontroversen sorgten und Betroffenheit auslösten. In den kommenden Jahrzehnten könnten demografische Verschiebungen die unruhige Koalition der Communitys unter Druck setzen und den Charakter des Staates in einer Weise verändern, die schwer zu antizipieren ist. Aber alle Länder haben ihre Probleme und Stärken. Es sollte unnötig sein, darauf hinzuweisen, dass Israel trotz all seiner Fehler nicht Nazideutschland, Apartheid-Südafrika, der Iran oder Putins Russland ist. Nach jedem vernünftigen Maßstab ist der jüdische Staat den freien Ländern des Westens viel näher als den Autokratien. Es hat nur eine turbulentere jüngere Geschichte und eine andere kulturelle Mischung. Außerdem hat es erklärte Feinde vor seiner Haustür.

5

VERFÄLSCHUNG
DAS DRITTE MERKMAL DER ISRAELPHOBIE

Nachplappern von Nazi- und Sowjetpropagandalügen

Das Auge Saurons

Die dem jüdischen Staat feindlich gegenüberstehen, haben zumeist keine Ahnung, dass sie Propaganda nachplappern. Was daran liegt, dass die Lügen, mit denen sie hausieren gehen – Zionismus sei »Rassismus«, die Israelis seien »Siedlerkolonialisten« und hielten sich für überlegene »Weiße«, die Juden seien so böse geworden wie die Nazis, Zionisten seien darauf aus, den Nahen Osten zu erobern, Israel betreibe »ethnische Säuberungen« und verübe einen »Völkermord« – von staatlich geförderten Desinformationsmaschinerien mit gewaltigen Mitteln und großer Hingabe geschaffen wurden. Diese Kampagnen waren so erfolgreich, dass Menschen deren Botschaften auch heute bereitwillig aufnehmen und wiederholen, ohne zu wissen, dass es sich um Fälschungen handelt. Hervorgebracht wurde diese Propaganda von den beiden repressivsten Regimen, die die Welt je gesehen hat.

Es begann mit Nazideutschland. Die Fälschungen, die den Hass auf Israel bis heute begleiten, nahmen ihren Anfang in den 1940er Jahren in der arabischen Welt, geleitet vom Geist des Führers. In den Vorkriegsjahren, als der bald über Europa hereinbrechende Sturm schon zu spüren war, flüchteten bedrängte Juden nach Palästina. Die Lage war äußerst angespannt. 1936 führte das Erstarken eines militanten arabischen Nationalismus zu einem blutigen Aufstand, der die Grundfesten der Kolonialherrschaft erschütterte und London zwang, Hilfe aus Transjordanien, Irak, Saudi-Arabien und Ägypten anzunehmen, bis der Aufstand niedergeschlagen war. Im Jahr 1939 lebten etwa eine halbe Million Juden und doppelt so viele Araber unter dem Mandat des britischen Empire. Die Stimmung war aufgeheizt. In nur fünfzehn Monaten gab es in dem Dreieck der Gewalt zwischen britischen Streitkräften, arabischen Untergrundkämpfern und jüdischen Milizen tausend Morde, zweitausend Scharfschützenangriffe, fast fünfhundert Bombenanschläge und mehr als dreihundert Entführungen zu verzeichnen.[1] Angesichts des nahenden Krieges war London besorgt, die Wut der Araber könne weiter um sich greifen.

Um dies zu verhindern, versuchte Chamberlains Regierung, die arabische Seite mit einem Weißbuch zu beschwichtigen, in dem sie erklärte, ihre Unterstützung des Zionismus einzuschränken. Dazu wurden drei Maßnahmen ergriffen: strenge Beschränkung der jüdischen Einwanderung, Begrenzung des Landverkaufs an Juden und Vorbereitungen zur Gründung eines einzigen binationalen Staates unter der Herrschaft einer arabischen Mehrheit. Für die jüdischen Palästinenser, wie sie damals genannt wurden, war das eine Katastrophe. Der Holocaust führte der Welt bald vor Augen, dass das Ziel des Zionismus wohlbegründet war, nämlich ein jüdisches Heimatland zu schaffen, in dem Juden in der Lage waren, sich selbst zu verteidigen; ein Leben unter den Arabern würde lediglich die Erfahrung der Diaspora fortsetzen, die den Juden über Jahrhunderte schon viel Leid zugefügt hatte. Dann brach der Krieg aus.

In der Vorstellung der Nazis waren die Juden das dunkle Herz des alliierten Feindes. Jahrelang hatten die Berliner Propagandisten ihr heimisches Publikum davon überzeugt, dass jüdische Strippenzieher für den Krieg verantwortlich seien, die sie beschuldigten, Großbritannien, die USA und Russland in einen Konflikt mit dem wackeren deutschen Volk zu treiben. 1941, als die Wehrmacht von Nordafrika aus in Richtung Naher Osten vorrückte, begannen die Strategen in Berlin, den Nutzen des Islam zu erwägen. Wenn die Araber sich ebenso manipulieren ließen wie die Europäer, dann könne man den antibritischen Nationalismus und den Antisemitismus in der Region weiter anheizen und einer Niederlage der Alliierten den Weg ebnen. Obwohl in Palästina jüdische Untergrundmilizen wie Irgun und Lechi gegen die britischen Streitkräfte kämpften, glaubten die Nazis, dort eine ähnliche Geschichte über die Juden, die in Großbritannien die Fäden zögen, in die Welt setzen zu können. Das war weit hergeholt, aber es hatte schon einmal funktioniert. Was sie damit im Schilde führten, war klar: Wenn sich die Araber in Palästina gegen die britischen Truppen wandten und die Juden massakrierten, würde Rommels Armee beim Einmarsch in den Nahen Osten als Befreier begrüßt werden.

Zu diesem Zweck arbeiteten Hitlers Propagandisten daran, den Einfluss Londons auf Palästina von innen heraus zu brechen. Wie der Historiker David Motadel herausgefunden hat, forderte der deutsche Diplomat Eberhard von

Stohrer ein »umfassendes Islam-Programm«, in dem die »allgemeine Haltung des Dritten Reiches zum Islam« dargelegt werden sollte. Die wesentlichen Zutaten waren bereits vorhanden. In einem Vermerk von Stohrers aus dem Jahr 1941 heißt es: »Im Islam nimmt der Führer wegen seines Kampfes gegen das Judentum bereits eine herausragende Stellung ein.«[2] Mit anderen Worten: Die schon bestehenden arabischen Ressentiments gegen die Juden und ihre britischen Oberherren, gepaart mit einem unterirdischen Vorrat antijüdischer Vorurteile, warteten nur darauf, dass man sie sich endlich zunutze mache. So wie in der christlichen Tradition Europas ein reichhaltiges Reservoir an religiösem Antisemitismus zu finden war, so war auch im Koran ein uralter Judenhass vorhanden, der zur Botschaft der Nazis bestens passte. Der in der islamischen Welt in den folgenden Jahren aufflammende Hass, eine Synthese aus einheimischen kulturellen, religiösen und politischen Traditionen und dem uralten Antisemitismus der christlichen Zivilisationen, wurde unter der Ägide der Nazis rassifiziert und modernisiert.

Vor dem Zweiten Weltkrieg hatten Juden seit Jahrtausenden in arabischen Ländern gelebt. Zwar hat es in der islamischen Gesellschaft stets unterschwellige Vorurteile gegen Juden gegeben, die oftmals gezwungen waren, als *Dhimmis*, als Bürger zweiter Klasse zu leben. Doch diese Vorurteile schwanden allmählich, und im Laufe der Generationen entwickelten sich überall in der islamischen Welt blühende jüdische Gemeinden, die schließlich fast eine Million Menschen umfassten. Wie in Europa versuchten einige, sich bald zu sehr zu assimilieren. Es war der jüdische Journalist und Karikaturist Yaqub Sanu, der im britisch besetzten Ägypten des späten 19. Jahrhunderts den nationalistischen Slogan »Ägypten den Ägyptern« prägte;

die jüdische Gemeinde in Kairo versuchte sogar, Überlebenden des Holocaust eine Heimat in Ägypten anzubieten, damit sie nicht nach Palästina auswandern mussten.

Obwohl sich viele Juden eher mit den europäischen Kolonialmächten als mit lokalen nationalistischen Bewegungen identifizierten, spielten sich ähnliche Geschichten in der gesamten Region ab. Libysche Juden machten Benghazi zu einem wichtigen Handelszentrum; irakisch-jüdische Intellektuelle gehörten zu den bedeutendsten Schriftstellern des Nahen Ostens; jüdische Familien in Aleppo zündeten in Anerkennung der Gastfreundschaft, die sie in Syrien erfuhren, eine zusätzliche Chanukka-Kerze an; Marokko war einst mit Synagogen gespickt, von Tafilalt in der Berberwüste bis zu den Schluchten des Atlasgebirges, von Oujda an der algerischen Grenze bis Essaouira an der Atlantikküste. Selbst das mächtige Osmanische Reich war nicht für seinen Antisemitismus bekannt, der damals eher von den Christen ausging.

Als Brennpunkt religiöser Leidenschaft war Palästina seit Jahrtausenden von Gewalt zwischen verschiedenen Gruppierungen geprägt. Vierhundert Jahre lang war es in verschiedene osmanische *Vilâyets* (Verwaltungsbezirke) aufgeteilt, die zumeist von türkischen Kriegsherren und Paschas, die die lokale Bevölkerung unterdrückten, und selten nur von Arabern oder Juden selbst regiert wurden. Trotz des häufigen Blutvergießens aber gab es in der Region keine grundsätzliche Feindschaft zwischen Muslimen, Juden und Christen. In Jerusalem lebten, unbeschadet der fortwährenden Streitereien, alle drei abrahamitischen Religionen zeitweise in Harmonie nebeneinander, man nahm sogar an den religiösen Feiern der anderen teil. In Europa hingegen führte die jahrhundertelange brutale Verfolgung von Polen bis Russland, von Litauen bis Rumänien gegen Ende des 19. Jahrhunderts zu einer jüdischen Bewegung, die ein Heimatland anstrebte, in dem die Juden frei und in Würde leben, ihren eigenen Nationalstolz entwickeln und sich gegen Angriffe verteidigen könnten.

Seit den 1890er Jahren gab es in Jerusalem eine jüdische Mehrheit. Zu Beginn des Zweiten Weltkriegs hatte der Zustrom unterdrückter Juden, die von einem eigenen Land träumten, ebenso wie die Anwesenheit britischer Truppen bereits zu einer gefährlich aufgeheizten Stimmung beigetragen. Es war zu blutigen Zusammenstößen wie dem Massaker von Hebron gekommen, dem 1929 fast siebzig Juden zum Opfer fielen, und zum arabischen Generalstreik von 1936, der in das allgemeine Gemetzel des arabischen Aufstands mündete. Die Gewalt war vulkanisch; allerdings wurden damals mehr Araber von Arabern getötet als von jüdischen und britischen Truppen zusammen.[3] Als das Dritte Reich sein Auge Saurons auf Palästina richtete und dieses fiebrige Treiben sah, bot sich eine Gelegenheit.

Der Limonaden-Gipfel

Die Macht der Nazifälschungen beruhte auf ihrem Einfallsreichtum. Berlin wusste, dass es nicht ausreichen würde, das vorhandene Material einfach in den Nahen Osten zu pumpen. Sie ahnten, dass selbst einflussreiche antisemitische Pamphlete wie die »Protokolle der Weisen von Zion«, die bereits ins Arabische übersetzt worden waren, noch zu sehr auf die Kultur und die Gefühlswelt Europas zugeschnitten waren (auch wenn »Mein Kampf« teilweise in arabischen Zeitungen abgedruckt wurde).[4] Hitlers Planer wussten, dass die Araber sich die Ideologie des Dritten Reichs nur dann zu eigen machen würden, wenn man sie in einem Zusammenhang präsentierte, der ihnen authentisch vorkam. Zu diesem Zweck wurde eine Gruppe prominenter Islamisten rekrutiert, die mit Nazipropagandisten zusammenarbeiten sollten. Ihr Anführer war der pfauenhafte palästinensische Großmufti von Jerusalem, Hadsch Amin al-Husseini, ein bekannter Extremist, der einen Bandenkrieg gegen gemäßigte Palästinenser führte. Husseini, der als »Gründungsvater der palästinensisch-arabischen Nationalbewegung« gilt,[5] war so etwas wie ein Prototyp Jassir Arafats. Seine Familie, die angeblich vom Propheten Mohammed abstammte, war jahrhundertelang einer der angesehensten lokalen Clans gewesen und der Mufti inzwischen selbst zum mächtigsten Araber in Britisch-Palästina aufgestiegen, der ein beträchtliches Budget und ein Netzwerk von Mäzenen kontrollierte, das Moscheen, islamische Gerichte, Schulen und Stiftungen (*waqf*) umfasste.

Seit 1936 war Husseini – inzwischen Führer seiner eigenen politischen Bewegung, der Arabischen Partei Palästinas – Leiter des Arabischen Hohen Komitees, eines zehn-

köpfigen Klüngels, dem Führer aller palästinensischen Gruppierungen angehörten.[6] Obendrein war er überzeugter Antisemit. Im September 1937 verfasste er eine »Proklamation des Großmufti an die islamische Welt«, die später als eines der Gründungsdokumente des modernen islamischen Extremismus galt.[7] »Der Kampf der Juden gegen die Araber ist nichts Neues«, schrieb er. »Die Juden hassen Mohammed und den Islam … Ruht nicht, bis euer Land von den Juden befreit ist.«[8]

Husseinis Verbindungsmann war der deutsche Diplomat Erwin Ettel. Als Hitlers Botschafter im Iran von 1939 bis zur britisch-sowjetischen Invasion Persiens 1941 hatte er es bereits verstanden, sich den muslimischen Antisemitismus als ein Mittel zur Eindämmung des britischen Einflusses im Nahen Osten zunutze zu machen. Eine Möglichkeit, die antibritische Stimmung zu fördern, schrieb er, bestehe darin, »eine klare Verbindung zwischen dem Kampf Mohammeds gegen die Juden in ferner Vergangenheit und dem des Führers in jüngster Zeit herzustellen. Wenn man außerdem die Briten mit den Juden Verbindung bringt, wird das große Auswirkungen haben.« Er und Husseini arbeiteten in Berlin eng zusammen und tauschten Memoranden aus. In einem davon, datiert auf den 26. Juni 1942, versicherte der Mufti seinem Partner, dass sich die arabischen und deutschen Ziele »völlig decken«, und betonte, dass »die Araber sich in diesem Kampf gegen das Weltjudentum den Deutschen eng verbunden fühlen.« Ein Sieg der Alliierten würde das Ende der nationalistischen Bestrebungen der Araber bedeuten, schrieb er, ein Triumph der Achsenmächte hingegen die arabische Freiheit und Unabhängigkeit sicherstellen.[9]

Am 28. November 1941 wurde dem Mufti eine Audienz bei Hitler persönlich gewährt. Der palästinensische Demagoge ist überrascht von der Ehrerbietung, mit der man ihn empfängt. »Ich hatte nicht erwartet, dass mein Empfang in der berühmten Reichskanzlei ein offizieller sein würde, sondern ein privates Treffen mit dem Führer«, schreibt er in seinen Memoiren. »Ich war gerade auf dem großen Platz vor der Reichskanzlei angekommen und stieg vor dem Eingang des großen Gebäudes aus dem Auto, als ich durch den Klang einer Militärkapelle und einer Ehrengarde von etwa zweihundert deutschen Soldaten, die sich auf dem Platz versammelt hatten, aufgeschreckt wurde.«[10]

Die prunkvolle Veranstaltung spiegelte die Wertschätzung wider, die Hitler dem Islam entgegenbrachte. In seinen Tischgesprächen verglich er die muslimische Religion immer wieder mit dem Christentum – zu dessen Ungunsten. »Im Gegensatz zum Islam, den er als einen starken und praktischen Glauben lobte, bezeichnete er das Christentum als eine verweichlichte, gekünstelte, schwache Religion des Leidens«, schreibt Motadel. »Während der Islam eine Religion des Hier und Jetzt sei, so Hitler zu seinen Gefolgsleuten, sei das Christentum eine Religion eines künftigen Reiches – das jedoch im Vergleich zu dem vom Islam versprochenen Paradies äußerst unattraktiv sei.«[11] Doch der Führer war nicht in ausgelassener Stimmung; der Vormarsch der Wehrmacht war gerade durch die Rote Armee vor Moskau zum Stillstand gekommen.

Trotz des pompösen Empfangs fing das Treffen nicht gut an, und das lag am Kaffee. Denn der arabischen Tradition gemäß bestand der Dolmetscher des Mufti darauf, zur Begrüßung Kaffee zu servieren, worauf Hitler entgegnete, in seiner Gegenwart dürfe nicht einmal sein Oberkommando Kaffee trinken. Schließlich verließ der Führer den Raum und kam mit einem SS-Offizier zurück, der Limonade mitbrachte. Ein bekanntes Foto und eine Wochenschau-Aufnahme des Treffens zeigen die beiden Männer ins Gespräch vertieft: Der Mufti sitzt gelassen in Gewand und Turban da, während der Führer gestikulierend auf seinem Stuhl umherrutscht.

Mit übergroßem Ehrgeiz versuchte Husseini Hitler davon zu überzeugen, ihn zum Herrscher eines Reiches zu ernennen, das Palästina, Syrien und den Irak umfassen sollte, und ihm eine eigene arabische Legion zu geben, die an der Seite der Wehrmacht kämpfen würde. (Er war nicht der erste, der so hochtrabende Pläne hegte. Während des Ersten Weltkriegs hatte der Haschemitenführer Hussein bin Ali, der König von Hedschas im Westen Saudi-Arabiens, den britischen Truppen angeboten, einen arabischen Aufstand gegen die Osmanen anzuzetteln, um im Gegenzug ein eigenes Reich zu erhalten, das sich über Palästina, Arabien, Syrien und den Irak erstrecken sollte). Hitler beachtete die Bitte des Muftis zunächst nicht weiter. Stattdessen erkannte er ihre gemeinsamen Feinde an – die »beiden Zitadellen jüdischer Macht«, Großbritannien und die Sowjetunion – und schwor, es werde keinen jüdischen Staat geben.

Dann kam er auf die Endlösung zu sprechen. »Deutschland hat sich entschlossen, Schritt für Schritt eine europäische Nation nach der anderen aufzufordern, das jüdische Problem zu lösen«, sagte er. »Das Ziel Deutschlands wäre dann nur noch die Vernichtung des jüdischen Elements im arabischen Raum.« Schließlich kam er auf die Bitte des Muftis zurück, ein eigenes arabisches Reich zu gründen. Dies könne nach der Niederlage Russlands und Großbritanniens in Betracht gezogen werden, meinte er, ehe er die hellen Augen und das rötliche Haar des Arabers bewunderte, die wohl nichts anderes bedeuten könnten, als dass er arischen Blutes sei.[12]

Erstklassige Erfinder von Lügen

Obwohl Hitler ein Ersuchen um ein weiteres Treffen 1943 ablehnte,[13] stand Husseini fest an seiner Seite. In seinen viele Jahre später geschriebenen Memoiren rühmte sich der Mufti, die Nazis unterstützt zu haben, »weil ich überzeugt war und immer noch bin, dass, wenn Deutschland den Sieg davongetragen hätte, von den Zionisten in Palästina keine Spur geblieben wäre.«[14] Er verließ das Treffen mit dem Führer ohne den geringsten Zweifel an den Absichten des Naziregimes, was das Schicksal der Juden betrifft. Von jenem Tag an zeigte er keinerlei Bedenken gegen den Völkermord und erinnerte sich später sogar mit Freude daran, dass Heinrich Himmler ihm 1943 gesagt habe, die Nazis hätten »bereits mehr als drei Millionen Juden vernichtet«.[15] Eine palästinensische Delegation besuchte im Juli 1942 das berüchtigte Lager Sachsenhausen;[16] im Jahr 2017 erst entdeckte Fotos zeigen Husseini selbst bei einem offiziellen Besuch eines Konzentrationslagers in Trebbin.[17] Ein deutscher Beamter bemerkte: »Der Mufti war ein eingeschworener Feind der Juden und machte kein Hehl daraus, dass es ihm am liebsten wäre, wenn sie alle umgebracht würden.«[18] Oder wie Gilbert Achcar es ausdrückt: Husseini »teilte die verbrecherischen Wahnvorstellungen der Nazis über ›die Juden‹, die sich zum größten aller Verbrechen gegen die Menschheit auswuchsen«.[19]

Himmler unterhielt bald eine enge Beziehung zum Führer der Palästinenser. In einem Telegramm von 1943 schrieb er dem Mufti: »Die nationalsozialistische Bewegung Großdeutschlands hat von Anfang an erkannt, wie aussichtslos ihr Kampf gegen das Weltjudentum bleiben würde. Deshalb verfolgt sie den Kampf der freiheitsliebenden Araber – vor allem in Palästina – gegen die jüdischen Eindringlinge mit großer Aufmerksamkeit. Die Erkenntnis des gemeinsamen Feindes und der gemeinsame Kampf gegen ihn bilden das solide Fundament zwischen Deutschland und den freiheitsliebenden Muslimen in der ganzen Welt.«[20] Der Mufti pflichtete ihm bei; die Araber seien »natürliche Freunde Deutschlands, weil beide den Kampf gegen ihre drei gemeinsamen Feinde führen: die Engländer, die Juden und den Bolschewismus«.[21] Und er bot den Nazis an, sie durch die Weitergabe von Informationen und Sabotageakte in Nordafrika zu unterstützen. In Mitteilungen wie diesen, in denen die Juden als »Eindringlinge« und die Araber als »freiheitsliebend« dargestellt wurden, zeigt sich, wie der nationalsozialistische Antisemitismus erstmals in Israelphobie übergeht.

Bald war das Projekt in vollem Gange. Husseini erhielt von Himmler die Zusage, dass nach der Vertreibung der Briten aus Palästina ein Beamter aus Eichmanns Abteilung für jüdische Angelegenheiten mit ihm nach Jerusalem reisen werde, um die Endlösung auf jenes Gebiet auszudehnen.[22] In der Zwischenzeit verteilten die Truppen der Achsenmächte, Diplomaten, Spione und Kollaborateure Millionen von Flugblättern. Aufgrund der hohen Analphabetenrate in der arabischen Welt bediente man sich dabei insbesondere des Rundfunks. Die Aufgabe, Propaganda in den Nahen Osten und nach Nordafrika zu senden, übernahm Radio Berlin. Der Sender befand sich in Zeesen, wenige Kilometer südöstlich der Hauptstadt.

Husseini wurde auf die Gehaltsliste der Nazis gesetzt

und erhielt 900 Mark im Monat. Er beteiligte sich nicht nur an antijüdischer Propaganda, sondern half auch beim Aufbau einer deutsch-arabischen Legion und einer muslimischen SS-Division in Jugoslawien, wie Klaus Gensicke 1988 herausfand.[23] Mit seinem Talent zur Volksverhetzung und seiner strikten Weigerung, Religion und Politik zu trennen, war der Mufti zum Radiomoderator bestens geeignet, und er machte selbst eine Reihe von Sendungen. Zum irakischen Lord Haw-Haw aber wurde der Chefansager der arabischen Sendungen von Radio Berlin: Yunus Bahri.

Trotz der beschränkten Reichweite von Kurzwellenempfängern während des Krieges erlangte Bahri in der arabischen Welt große Berühmtheit, wiewohl er, wie es in einem Bericht des britischen Geheimdienstes heißt, für nichts so berühmt war »wie für seine schmutzigen Reden und Intrigen. Er war berühmt als erstklassiger Erfinder von Lügen und Unheilstifter, der sich von jedem anheuern ließ, der einen guten Preis zahlte.«[24]

Seinen Hetzreden verlieh er mit nahöstlichen Aphorismen und Koranzitaten etwas anheimelnd Authentisches. Dass die Juden Mohammeds Botschaft 1300 Jahre zuvor zurückgewiesen hatten, führte er als Beleg dafür an, dass sie schon immer Feinde des Islams gewesen seien; und das jüdische Streben nach Selbstbestimmung in Palästina sollte beweisen, dass sie auch heute noch ebenso verlogen seien. Eine Sendung aus dem Jahr 1944, die der amerikanische Historiker Jeffrey Herf, ein führender Experte auf diesem Gebiet, hervorgeholt hat, zeigt die typische Mischung aus Rassismus und religiösem Fanatismus. »Während die Araber freigebig und großzügig sind, sind die Juden geizig«, sagte der Sprecher. »Während die Araber mutig und kriegerisch sind, sind die Juden feige und ängstlich. Die Unterschiede zwischen den beiden Rassen sind der Grund für die anhaltende Feindschaft, die seit jeher zwischen ihnen besteht. Wir glauben daher, dass diese Feindschaft und der Streit zwischen Arabern und Juden immer bestehen bleiben werden, bis eine der beiden Rassen vernichtet ist.«

»Die Juden«, so fuhr er fort, »erkannten im Islam eine Gefahr für ihren Glauben. Sie versuchten sogar, den Propheten anzugreifen.« Dann las er Sure 5, Vers 82, aus dem Koran vor, in der die Juden als die glühendsten Feinde der Muslime beschrieben werden, und behauptete, sie hätten den Ersten Weltkrieg begonnen, um ihren Traum von einem jüdischen Staat »im muslimischen Palästina« zu verwirklichen.[25]

Dieser Botschaft lag die uralte Dämonisierung der Juden zugrunde. So wie den Deutschen jahrelang eingehämmert worden war, die Juden steckten hinter all ihrem Unglück, wurde den Arabern nun erzählt, sie seien in einen existenziellen Kampf gegen einen hinterhältigen und widerwärtigen Feind verwickelt. 1942 hielt Husseini bei der Eröffnungsfeier des Islamischen Instituts in Berlin eine Rede, in der er noch einmal nachdrücklich feststellte, dass die Juden seit koranischen Zeiten Feinde des Islam seien, sie kontrollierten sowohl die Vereinigten Staaten als auch die gottlose Sowjetunion.[26]

Im selben Jahr wurde den Zuhörern im Nahen Osten eine aufrührerisches Bild Palästinas geboten. Die Araber »leben in einer Atmosphäre der Schande und des Elends« und »schwimmen in einer Blutlache«, hieß es, und zwar »unter einer Schreckensherrschaft der brutalen Briten und schmutzigen Juden«. Heilige Stätten seien geschändet worden, und es würden Pläne für die Deportation der Araber ausgearbeitet – eine Erfindung, die über ihren nationalsozialistischen Ursprung hinwegtäuscht. Großbritanniens Kriegsziel sei es, »die Araber vollständig zu vernichten, und um dieses Ziel zu erreichen, wird eine große Anzahl von Juden in eine Palästina-Armee eingezogen«, verkündete der Sender (in Wirklichkeit griffen die Juden natürlich zu den Waffen, um Hitler zu bekämpfen). Und setzte noch eins drauf: »Wenn die Amerikaner das britische Weltreich übernehmen, wollen sie Palästina ihren Herren, den Juden, übergeben.«[27]

Interplanetarisches Judentum

Dass nichts davon der Wahrheit entsprach, spielte keine Rolle, da es bestehenden Vorurteilen entgegenkam. Britischen Konsulatsberichten aus Ägypten zufolge schwankte die Haltung der Araber zu Nazideutschland im Laufe des Krieges, diese Fälschungen aber hinterließen einen unauslöschlichen Eindruck. Sie spiegeln sich heute in israelfeindlichen Erzählungen wider, die Israel als kolonialistisches Unternehmen darstellen, obwohl das Land seit Tausenden von Jahren eine jüdische Geschichte hat, die den Gazastreifen als israelisches Konzentrationslager und nicht als ein von der Hamas regiertes Gebiet beschreiben, die zu Unrecht behaupten, Israel schränke den Zugang der Muslime zu den heiligen Stätten in Jerusalem ein, die Israel beschuldigen, einen »Völkermord« im Stil der Nazis zu begehen, und von einer mächtigen »zionistischen Lobby« raunen, die das Weltgeschehen manipuliere. Israelis, die an Rettungseinsätzen in Erdbebengebieten teilnehmen, wird in einer modernen Version der mittelalterlichen Ritualmordlegende nachgesagt, sie entnähmen die Organe der Opfer. All das mögen Leute glaubwürdig finden, weil es nur ein neuer Ausdruck des ältesten Hasses ist, der durch die Nazis noch an Vitalität gewonnen hat.

Als ihre Fälschungen auf ein begeistertes Publikum stießen, stellten Husseini und seine Kollegen immer haarsträubendere Behauptungen auf. Am 25. April 1941 strahlte ein arabischer Nazi-Radiosender im besetzten Athen eine Sendung mit dem Titel »Juden in Amerika« aus: Amerikanische Juden besäßen 98 Prozent der Banken des Landes, 87 Prozent der Industrie, 97 Prozent der Zeitungen, 90 Prozent der Radiosender und alle Kinos und Theater.[28]

Dies wurde nur noch von der Übertreibung einer weiteren am selben Tag ausgestrahlten Sendung übertroffen, in der es hieß, dass, wenn »ein einflussreicher Jude ausreicht, um ein ganzes Land zu demoralisieren, [die sieben Millionen amerikanischen Juden] auch die ganze Welt und den Rest der Planeten demoralisieren können.«[29] So lächerlich dieser außerirdische Antisemitismus auch sein mag, er gehört noch lange nicht der Vergangenheit an. Im Jahr 2021 behauptete Marjorie Taylor Greene, eine amerikanische Konservative, die mit QAnon und Verschwörungsmythen über den 11. September liebäugelt, dass die kalifornischen Waldbrände den Rothschilds zugute kämen und von jüdisch kontrollierten »Lasern oder blauen Lichtstrahlen« aus dem Weltraum entzündet worden seien.[30]

Ihre völkermörderischen Ziele aber verlor die Propaganda nie aus den Augen. Im Juli 1942, als die ersten Juden in Sobibor und Auschwitz ankamen, hieß es in einer Rede »Tötet die Juden, bevor sie euch töten«.

> »Tötet die Juden, die sich euren Reichtum angeeignet und gegen eure Sicherheit verschworen haben. Araber in Syrien, Irak und Palästina, worauf wartet ihr noch? Die

> Juden planen, eure Frauen zu vergewaltigen, eure Kinder zu töten und euch zu vernichten. Ihre Religion macht den Muslimen die Verteidigung ihres Lebens zu einer Pflicht, die nur durch die Vernichtung der Juden erfüllt werden kann. Dies ist die beste Gelegenheit, euch dieser schmutzigen Rasse zu entledigen, die eure Rechte an sich gerissen und Unglück und Zerstörung über eure Länder gebracht hat. Tötet die Juden, verbrennt ihr Eigentum, zerstört ihre Geschäfte, vernichtet diese niederen Unterstützer des britischen Imperialismus. Eure einzige Hoffnung auf Rettung liegt darin, die Juden zu vernichten, bevor sie euch vernichten.«[31]

In Passagen wie diesen kann man fast hören, wie die deutsche Stimme in arabischer Landessprache spricht und aus Nationalsozialismus, arabischem Nationalismus und Islamismus ein Frankenstein'sches Monstrum des Judenhasses erschafft. Das war beängstigend effektiv. Die Bewunderung Hitlers im Nahen Osten erreichte 1942 einen Höhepunkt, da sie das Kriegsglück widerspiegelte; ein Führer, der auf eine Niederlage zusteuerte, war weniger attraktiv. Doch selbst die Araber, die ihn nicht mochten, waren von der Propaganda von Radio Berlin begeistert. In London konzentrierte man sich derweil weiterhin auf die Beschwichtigung der Araber. Den Grundsätzen des Weißbuchs von 1939 gemäß wiesen britische Truppen die maroden jüdischen Flüchtlingsschiffe ab, die aus dem verwüsteten Europa ankamen, und internierten die Überlebenden des Holocaust in Gefangenenlagern, von wo aus man sie in überseeische Gebiete deportierte. Dies ging bis zur Mitte des Krieges so weiter, als keine weiteren Schiffe mehr eintrafen. Gleichzeitig scheuten die alliierten Propagandisten davor zurück, in ihren Gegenreden die Juden oder den Zionismus auch nur zu erwähnen, um die arabische Bevölkerung nicht unnötig zu verstimmen.

1945, als das Ende des Dritten Reichs absehbar war, kursierte die Ideologie des Dritten Reichs in der islamischen Welt. In der Levante wurden Slogans wie *Allah hai, Allah hai, Hadsch Mohammed Hitler dschai* (Allah lebt, Allah lebt, Hadsch Muhammad Hitler kommt) skandiert. Der damalige US-Geheimdienst OSS (Office of Strategic Services), ein Vorläufer der CIA, stellte im Juni 1945 fest: »Sogar Straßenbanden in Palästina sollen den Refrain *Haj Amin, sayf al-Muslimin* (Hadsch Amin, Schwert der Muslime) anstimmen ... Fast jede öffentliche Kundgebung hat den Charakter einer Demonstration, bei der die Rückkehr des Mufti gefordert wird.«[32] Als das nächste Kapitel im Schicksal Palästinas und der Juden begann, war die ideologische Grundlage durch das Erbe des Dritten Reiches schon geschaffen.

Die Gleichgültigkeit des Westens gegenüber der nazistisch-islamistischen Propaganda setzte sich auch während des Kalten Krieges fort. Und die Tendenz, die Augen vor einem solchen Fanatismus im Nahen Osten zu verschließen, hält bis heute an. Die Wissenschaft, die das Erbe Hitlers in der modernen muslimischen Kultur aufdeckt, hat in der Öffentlichkeit kaum Beachtung gefunden. Der deutsche Politikwissenschaftler und Historiker Matthias Küntzel sagt: »Das Wissen um die vom Mufti verkörperte Verbindung zwischen der palästinensischen Nationalbewegung und dem Nationalsozialismus würde die Identifikation [der Linken] mit den Palästinensern erschweren.«[33] Mit anderen Worten: Die Linken finden es bequemer, die Beweise unter den Teppich zu kehren, als die Rolle der Araber in jenem Konflikt zu überdenken.

Nach dem Krieg wurde Husseini von den Alliierten gefangen genommen und in Paris festgehalten. Doch als ranghohe Nazis in Nürnberg vor Gericht gestellt wurden, blieb der Palästinenserführer unbehelligt, da er als zu unbedeutend galt, und die Versuche Jugoslawiens, ihn wegen seiner Rolle bei den SS-Massakern an Serben vor Gericht zu stellen, blieben erfolglos. In der islamischen Welt war »eine nazifreundliche Vergangenheit ein Grund, stolz zu sein, und keine Schande«, stellte der Historiker Bernard Lewis fest,[34] und was der Mufti während des Krieges getan hatte, tat seiner Popularität keinen Abbruch. Es gab Forderungen, ihn aus der Gefangenschaft zu befreien. Schließlich wurde Husseini nach Ägypten gebracht, wo er politisches Asyl erhielt. Im Jahr 1954 veröffentlichte er in einer ägyptischen Zeitung eine Reihe von Artikeln, die später in einem populären Buch zusammengefasst wurden. »Unser Kampf mit dem Weltjudentum«, schrieb er, »ist eine Frage von Leben oder Tod, ein Kampf zweier gegensätzlicher Glaubensrichtungen, deren jede nur auf den Trümmern der anderen existieren kann.«[35] Er starb 1974 in Beirut.

Mit Freunden wie diesen

Als »der Mufti«, wie er liebevoll genannt wurde, 1946 in Ägypten Asyl erhielt, verfasste einer seiner Verbündeten, Hassan al-Banna, ein Lobgedicht in Prosa. »Der Mufti ist Palästina und Palästina ist der Mufti«, schrieb er. »Oh Amin! Was für ein großartiger, hartnäckiger, sagenhafter, wunderbarer Mann du bist … der ein Imperium herausforderte und den Zionismus bekämpfte, mit der Hilfe Hitlers und Deutschlands. Deutschland und Hitler gibt es nicht mehr, doch Amin Al-Husseini wird den Kampf fortsetzen.«[36] 1928 hatte der fanatische Al-Banna – ebenfalls ein Bewunderer des Führers – die Muslimbruderschaft gegründet, jene islamistische Hardliner-Organisation, aus der die Hamas hervorging und von der al-Qaida und der Islamische Staat inspiriert wurden. Der Mufti war ein aktives Mitglied der Bruderschaft,[37] sogar in Abwesenheit zum Führer der Gruppe ernannt worden.[38] Diese Organisation, die Wurzel des modernen Dschihadismus, sollte Husseinis giftiges Erbe weitertragen.

Im Jahr 1949 wurde al-Banna von der ägyptischen Geheimpolizei ermordet. Sein Nachfolger, der Heißsporn Sayyid Qutb, gewann allerdings noch größeren Einfluss und wurde bald als Vater des salafistischen Dschihadismus bekannt. In 24 Büchern und mehr als 500 Artikeln übertrug dieser enorm wichtige extremistische Intellektuelle die Ideologie seines Vorgängers auf den Westen und behauptete, dieser werde von *jāhiliyyah*, von antiislamischer Dekadenz beherrscht.

Qutbs umfangreiche Schriften zum Islam, voll religiösen Fanatismus gegenüber Juden, den USA, Israel und dem Liberalismus im Allgemeinen, waren von der Nazipropaganda des Mufti stark beeinflusst, wie Paul Berman gezeigt hat.[39] Seiner islamistischen Weltanschauung lag die Überzeugung zugrunde, die Juden und die von ihnen angeblich kontrollierten Gesellschaften seien Feinde der Muslime, wobei er sich auf die üblichen Verschwörungstheorien des Dritten Reichs stützte. So wurde Hitlers Erbe ins 21. Jahrhundert getragen und Qutubs Doktrin zur Grundlage sowohl von al-Qaida als auch des Islamischen Staates.

Sie war außerdem die Grundlage der berüchtigten Hamas-Charta von 1988. Dieses erstaunliche Dokument beschreibt in 36 Artikeln den gesamten Dschihad. Ebenfalls stark an die Propaganda der Nazis angelehnt, wie Matthias Küntzel nachgewiesen hat,[40] gibt es den Zionisten die Schuld an beiden Weltkriegen und käut alte Verschwörungsmythen über Juden, Reichtum und Kontrolle wieder. Auch ohne Küntzels wissenschaftliche Exegese ist vieles völlig offensichtlich. In Artikel 22 der Hamas-Charta heißt es zum Beispiel:

> »Die Feinde schmieden schon seit langem Pläne … und haben gewaltige materielle Reichtümer angehäuft. Mit ihrem Vermögen brachten sie die Medien weltweit unter ihre Kontrolle … Mit ihrem Geld zettelten sie in verschiedensten Teilen der Welt Revolutionen an … Sie stecken hinter der Französischen Revolution, der Kommunistischen Revolution sowie den meisten Revolutionen …
>
> Mit ihrem Geld gründeten sie Geheimorganisationen wie die Freimaurer, die Rotary Clubs und die Lions, die sich auf der ganzen Welt ausbreiten, um Gesellschaften zu zerstören und zionistische Interessen durchzusetzen. Sie standen hinter dem Ersten Weltkrieg und gründeten danach den Völkerbund, durch den sie die Welt beherrschen konnten. Sie steckten hinter dem Zweiten Weltkrieg, durch den sie enorme finanzielle Gewinne erzielten … Es gibt keinen Krieg mehr, bei dem sie nicht ihre Finger im Spiel haben.«

Als ob es noch eines weiteren Beweises bedurft hätte, bekräftigt Artikel 32 – der die Zionisten beschuldigt, das mehrere tausend Quadratkilometer große Gebiet zwischen dem Nil in Ägypten und dem Euphrat im Irak erobern zu wollen: »Ihr Plan ist in den ›Protokollen der Weisen von

Zion‹ niedergelegt«.[41] Das *ist* Nazipropaganda. Dass die bösartige Ideologie des Dritten Reichs, die im Westen heute tabu ist, im Zentrum nicht nur al-Qaidas und des Islamischen Staates, sondern auch der Hamas steht, wirft ernsthafte Fragen an jene Progressiven auf, die die Terrorgruppe als ihre Freunde betrachten.

Hitlers Geist

Dieselbe Ideologie hat Tausenden von Menschen im Westen das Leben gekostet. Im Jahr 2006 in Hamburg, während des Prozesses gegen Mounir el-Motassadeq, ein überlebendes Mitglied der für die Anschläge vom 11. September 2001 verantwortlichen Terrorzelle, sagte ein Koranstudent aus, Motassadeq habe an eine »jüdische Weltverschwörung« geglaubt und sei davon überzeugt gewesen, dass »der Zweite Weltkrieg von den Juden angezettelt wurde, damit sie Israel errichten konnten«. New York habe es den Attentätern des World Trade Center besonders angetan, da sie es als »das Zentrum des Weltjudentums« ansahen.[42] Motassadeqs Mitbewohner sagten aus, er habe mit einer bevorstehenden »großen Aktion« geprahlt und geschwärmt: »Die Juden werden brennen und wir am Ende auf ihren Gräbern tanzen.«[43] Die Aussagen der Zeugen machten offensichtlich, dass die Hintermänner des furchtbarsten Terrorangriffs auf die USA von Nazipropaganda eingenommen waren, die Husseini in den Nahen Osten gebracht und die Muslimbruderschaft in den folgenden Jahrzehnten weiterverbreitet hatte.

Herf kommt zu dem Schluss: »Die Attentäter vom 11. September waren keine linken Antiimperialisten. Ihre Ideologie verdanken sie vielmehr, zumindest zum Teil, dem anhaltenden Nachbeben des Nationalsozialismus im Nahen Osten. Während er mit der Niederlage 1945 als bedeutender politischer Faktor aus Europa verschwand, führte er in der Muslimbruderschaft und ihren Ablegern wie Hamas und al-Qaida ein robustes Nachleben, das am 11. September in einem zum großen Teil durch antisemitische Verschwörungstheorien motivierten Angriff auf den Westen gipfelte.«[44]

Der Einfluss der Nazis erklärt auch den völkermörderischen Krieg gegen Israel, der unmittelbar nach dessen Gründung begann. Auffällig ist zunächst, zumal wenn man berücksichtigt, dass die Aufteilung von Gebieten zwischen rivalisierenden ethnischen Gruppen im 20. Jahrhundert weit verbreitet war, die palästinensische Ablehnung des UN-Plans. Ein genauerer Blick klärt alles auf: Der Mann, der die Verhandlungen in ihrem Namen führte, war kein Geringerer als der fünfzigjährige Mufti Hadsch Amin al-Husseini.[45] Im Frühjahr 1947 beendete die UNO das britische Mandat und setzte ein Gremium ein, das über die Zukunft des Gebiets entscheiden sollte. Einige UN-Beamte versuchten, den Mufti wegen seiner Nazi-Vergangenheit von den Gesprächen auszuschließen, was jedoch nicht gelang. So wurde die Jewish Agency eingeladen, im Namen der Zionisten Stellung zu nehmen, während der blutrünstige Demagoge – der seine Vorkriegsposition als Präsident des Arabischen Hohen Komitees[46] wieder eingenommen hatte und dessen Bruder Jamal als stellvertretender Präsident fungierte – die Palästinenser vertreten durfte.

Das Arabische Hohe Komitee wurde vom Husseini-Clan und seinen Verbündeten dominiert, die allesamt dem islamischen Extremismus verfallen waren. Die gemäßigten Palästinenser, angeführt vom Nashashibi-Clan, ließ die Arabische Liga »außen vor«, wie der Historiker Benny

Morris sagt.[47] Infolgedessen war die palästinensische Seite von Anfang an unnachgiebig, boykottierte die UNO mit der Begründung, sie werde von »imperialistischen Interessen« beherrscht, und weigerte sich, Gesandte zu Gesprächen über die Teilung in Kairo zu treffen. Der Historiker Nicholas Bethell schreibt: »Hadsch Amin gab sich zwar liberaler, wenn er mit britischen Abgesandten sprach, machte jedoch den arabischen Führern unmissverständlich klar, dass die Araber, sobald die britischen Truppen abgezogen seien, einmütig über die Juden herfallen und sie vernichten sollten.«[48]

Als die UNO einen palästinensischen Staat neben einem jüdischen anbot – die ursprüngliche Zweistaatenlösung –, sah der Mufti darin nur eine Gelegenheit, Hitlers Ziel der »Vernichtung des jüdischen Elements im arabischen Raum« zu verfolgen, über das der Führer ihn sechs Jahre zuvor bei einem privaten Treffen unterrichtet hatte. In einem Interview mit einer Zeitung aus Jaffa hätte Husseini nicht deutlicher werden können. Die Araber, sagte er, würden so lange kämpfen, bis die Zionisten vernichtet seien und ganz Palästina ein rein arabischer Staat werde.[49] Zu diesem Zweck setzte er alles in Bewegung. Noch bevor der Teilungsplan von jüdischer Seite akzeptiert worden war, hatte Husseinis ägyptischer Verbündeter, der Führer der Muslimbruderschaft al-Banna, der seit 1940 paramilitärische Spezialeinheiten aus der ägyptischen Armee rekrutiert hatte, den Dschihad ausgerufen und ein Bataillon nach Palästina entsandt.

Hinter verschlossenen Türen äußerten Abdullah I., Emir von Jordanien, der ägyptische Premierminister Ismail Sidky, der irakische Premierminister Muzahim al-Pachachi und sogar Abd al-Rahman Azzam, der Generalsekretär der Arabischen Liga, Bedenken, den UN-Plan abzulehnen. Doch der Geist des panarabischen Nationalismus brachte die regionalen Führer dazu, die palästinensische Sache als Totem zu betrachten. Der Mufti forderte Solidarität, und die arabischen Länder, die er jahrelang mit seiner Propaganda vergiftet hatte, befanden sich in fieberhafter Stimmung. »Zeitgleich kam es in Ägypten zur größten Palästina-Demonstration in der Geschichte des Landes«, berichtet Küntzel. »Über 100.000 marschierten durch die Straßen und applaudierten Rednern, die ihrer Hoffnung Ausdruck verliehen, Palästina möge durch Blut befreit werden. Jüdische und europäische Institutionen wurden angegriffen und zum Teil zerstört.«[50]

All dies war das Resultat der deutschen Agitation während des Krieges. Die Rufe des Mufti bei Ausbruch der Krieges – »Ermordet die Juden! Ermordet sie alle!«[51] – hätten direkt aus einer seiner Kriegssendungen stammen können. Der folgende Konflikt war, was Israel betrifft, »ein Selbstverteidigungskrieg gegen eine rücksichtslose, pronazistische und offen völkermordende palästinensische Führung, die sich bei den arabischen und palästinensischen Massen enormer Beliebtheit erfreute«, wie Spoerl feststellt.[52] Allerdings waren es nicht die Zionisten, die auf ethnische Säuberung und Massenmord aus waren, sondern die Araber. Die Bühne war bereitet. Der Unabhängigkeitskrieg tobte, und der Sechstagekrieg, der Jom-Kippur-Krieg, der arabisch-israelische Konflikt insgesamt und die Geißel des Dschihadismus standen noch bevor. »Die Ablehnung der Zweistaatenlösung seitens der Hamas, der Islamischen Republik Iran, al-Qaidas, der Hisbollah, der PLO und anderer«, schreibt Herf, »ist zum Teil eine Nachwirkung der verhängnisvollen Verschmelzung von Nationalsozialismus und Islamismus in den 1940er Jahren.«[53] Hitlers Geist hatte eine große Reichweite.

Bis zum Wahnsinn und darüber hinaus

Die kulturellen Auswirkungen der Nazifälschungen im Nahen Osten waren verheerend. Hitler mag es nicht geschafft haben, Palästina zu erobern, aber in wenigen Jahren war es ihm gelungen, den weitverbreiteten Hass der arabischen Länder auf Israel, die Juden und den Westen zu schüren, der bis heute anhält. Selbst nach der deutschen Niederlage setzten sich die engen Beziehungen zwischen Nazis und Arabern fort, indem ehemalige Beamte des Dritten Reichs in Regierungen des Nahen Ostens aufgenommen wurden. Nach der ungestümen Geburt Israels wurden ihre israelfeindlichen Verschwörungsmythen nur noch weiter verbreitet.

Die Lehren, die man in der islamischen Welt aus dem Krieg gezogen hatte, standen in krassem Gegensatz zu dem, was man im Westen annahm. Aus europäischer Sicht hatte die Niederlage Hitlers den Antisemitismus endgültig diskreditiert, Deutschland und andere Länder mit der Vergangenheit entschieden gebrochen. Im Nahen Osten war jedoch das Gegenteil der Fall. Vielen Muslime bestätigte die Gründung Israels drei Jahre nach dem Sieg der Alliierten, dass die Nazipropagandisten recht gehabt hatten; die Niederlage Hitlers hatte tatsächlich zu einem jüdischen Staat in Palästina geführt, der von den Briten unterstützt wurde. Und wenn sie damit recht gehabt hatten, so stimmte vielleicht auch, was sie über die Absicht der Juden behaupteten, den Rest der Region zu erobern und den Islam zu vernichten.

Fast 80 Jahre nach dem Zweiten Weltkrieg gibt es unter Muslimen noch immer eine gewisse Zuneigung zu Hitler. In der Zeitung *Al-Watan* kritisierte der saudische Kolumnist Iman Al-Quwaifli 2010 »die in der arabischen Welt vorhandene Sympathie für Adolf Hitler und den Nationalsozialismus«, welche »die Geschichte in unseren Köpfen in eine imaginäre Farce verwandelt, in der die Figuren Masken tragen, die der historischen Wahrheit widersprechen, in der die Guten die Masken des Bösen tragen.«[54] Auch die Leugnung des Holocaust ist in ihren verschiedenen Varianten alltäglich geworden. Nicht selten bekommt man arabische Stimmen zu hören, die einem in verblüffender begrifflicher Gymnastik erklären, dass sie das Vernichtungsprogramm der Nazis unterstützt hätten, wenn es existiert hätte. In einem Leitartikel der ägyptischen Staatszeitung *Al Akhbar* aus dem Jahr 2002 heißt es: »Französische Untersuchungen haben bewiesen, dass es sich nur um eine Erfindung handelt. Ich beschwere mich bei Hitler und sage ihm aus tiefstem Herzen: ›Wenn du es nur getan hättest, Bruder, wenn es nur wirklich geschehen wäre, damit die Welt ohne ihr Übel und ihre Sünde erleichtert aufseufzen könnte.‹«[55] Im selben Jahr strahlten das ägyptische Staatsfernsehen und andere arabische Sender eine 30teilige Dramatisierung der »Protokolle der Weisen von Zion« aus, die ein Millionenpublikum erreichte.[56]

Einige arabische Medien gehen dabei an die Grenze der Absurdität. Im Dezember 2022 wurde in der offiziellen Zeitung der Palästinensischen Autonomiebehörde *Al-Hayat Al-Jadida* behauptet, israelische Kühe seien in Wirklichkeit »rekrutierte und ausgebildete« Spione, die »Abhör- und Aufnahmegeräte« bei sich trügen.[57] Ganz ähnlich sagte Imad Hamato, Professor für Koranstudien in Gaza, 2016 im Fernsehen der Palästinensischen Autonomiebehörde: »Die Juden … kontrollieren die Medien, das Geld, die Presse, die Ressourcen, die Pläne.« Später ging er sogar noch einen Schritt weiter: »Wenn ein Fisch im Meer mit einem anderen Fisch kämpft, bin ich sicher, dass die Juden dahinterstecken.«[58] Eine in hundert Ländern durchgeführte Studie der Anti-Defamation League aus dem Jahr 2014 ergab, dass 74 Prozent der Muslime im Nahen Osten und in Nordafrika, d.h. etwa 200 Millionen Menschen, den Aussagen zustimmten: »Die Menschen hassen die Juden, weil diese sich schlecht verhalten« und »Die Juden sind für die meisten Kriege auf der Welt verantwortlich.«[59] Das Bild hat sich seither aufgrund einiger arabisch-israelischer Friedensabkommen ein wenig gebessert, aber solche tiefsitzenden Neigungen lassen sich nicht so leicht umkehren. Als im Februar 2023 ein arabischer Israeli aus Ostjerusalem mit seinem Auto an einer Bushaltestelle in eine jüdische Familie hineinfuhr und zwei orthodoxe Jungen im Alter von sechs und acht Jahren tötete, war der Jubel groß. Eine besonders widerwärtige Karikatur, die nach der Gräueltat veröffentlicht wurde, zeigte eine palästinensische Familie – Eltern, Großeltern und Kinder –, die genüsslich den Kopf des Vaters der toten Jungen verspeist.[60]

Natürlich war die islamische Welt nicht nur ein Treuhänder der Nazifälschungen. Der spektakuläre Anstieg der Israelphobie in der Region ist auch auf den koranischen und kulturell überlieferten Antisemitismus, die Ablehnung des westlichen Kolonialismus, die militärische Demütigung in den Kriegen gegen Israel und die territorialen Streitigkeiten im Westjordanland und im Gazastreifen zurückzuführen. Der panarabische Nationalismus hatte die Führer in der gesamten Region dazu gebracht, die palästinensische Sache als Heiligtum zu betrachten. Aber es waren die Nazipropagandisten und ihre arabischen Verbündeten, die es verstanden, ihre israelfeindlichen Botschaften so geschickt auf die Ohren der Zuhörer abzustimmen. Sie erschufen die Ausdrücke und Bilder, die bis heute das Lexikon der Israelphobie bilden, und fachten die Flammen an, bis sie zu einem Lauffeuer wurden.

Die Friedensvereinbarungen des Abraham-Abkommens im Jahr 2020 waren ein Meilenstein der Weltpolitik. Am Tag nach ihrer Unterzeichnung veröffentlichte der emiratische Islamwissenschaftler Waseem Yousef einen bombastischen Beitrag auf Youtube. »Leute, lasst uns offen sein«, sagte er. »Es war nicht Israel, das Moscheen in die Luft gesprengt hat. Es war nicht Israel, das die Schiiten gegen die Sunniten aufhetzte und die Kirchen unserer koptisch-arabischen Brüder in Ägypten bombardierte. Es war nicht Israel, das den Islamischen Staat ins Leben gerufen hat. Wir haben diese Organisationen ins Leben gerufen. Wir, die Araber.« In einem feurigen Schlusswort appellierte er an seine Zuschauer:

> »Schaut euch erst einmal selbst an, bevor ihr euch mit Israel beschäftigt. Schaut euch selbst an, bevor ihr den Frieden verleumdet. Schaut euch selbst an, während ihr euch gegenseitig mit Waffen bedroht. Ihr habt Syrien verbrannt, den Irak in die Luft gejagt und Libyen zerrissen. Ihr habt den Libanon in Gruppen geteilt, die sich gegenseitig bekämpfen. In Syrien fallen Fassbomben auf die Köpfe von Kindern … Ihr solltet besser einfach die Klappe halten. Wir haben die Nase voll von euren leeren Slogans.«[61]

Doch so wichtig solche Interventionen auch sind: Israelphobie ist im Nahen Osten nicht die Ausnahme, sondern die Regel.

Auf lange Sicht mag es Grund zur Hoffnung geben. Eine im Jahr 2022 im Auftrag der Tony-Blair-Stiftung durchgeführte Untersuchung ergab, dass die arabische Welt offener ist, als viele Außenstehende vermuten, und dass die Menschen dort im Allgemeinen ähnliche Prioritäten setzen wie die Menschen im Westen, z.B. sichere Arbeitsplätze, bessere Bildungsmöglichkeiten und eine zuverlässigere Gesundheitsversorgung. 75 Prozent der Befragten im Irak, im Libanon, in Saudi-Arabien, Tunesien und Ägypten waren der Meinung, dass Frauen auf allen Ebenen der Wirtschaft und der Regierung die gleichen Rechte wie Männer haben sollten.[62] Wenn sich die traditionellen Einstellungen in einigen Bereichen ändern können, dann vielleicht auch in Bezug auf Israel.

In der gesamten Region, von Teheran bis Algier, benutzen politische Führer den Hass auf die Juden und ihre nationale Heimat jedoch seit langem als Mittel der Kontrolle zu ihrem eigenen Vorteil. Mehr noch, die »giftige Mischung aus Islamismus, Judenhass und der Verweigerung jedweden Kompromisses in Palästina, die al-Banna und Husseini eingepflanzt haben«, wurde auch in den Westen getragen, wo sie die linke Kulturszene und die von ihr dominierten Institutionen wohlwollend aufgenommen haben. Am deutlichsten machen sich ihre Auswirkungen in den Bastionen der Progressiven bemerkbar, etwa an Universitäten. Die von den Nazis inspirierten Kampagnen der Muslimbruderschaft, schreibt Herf, »haben einen anhaltenden Einfluss auf westliche Universitäten, wo sie die ideologische Grundlage des akademischen Antizionismus und der daraus resultierenden BDS-Kampagnen der letzten Jahrzehnte bilden, die die westliche Linke mit dem Nachleben von Hitlers Nazipartei und deren größeren Plänen für den Nahen Osten verbinden.«[63] Doch wurden die Bestrebungen des Führers von nachfolgenden Ereignissen überschattet.

Hassgrüße aus Moskau

Als Israel noch in den Kinderschuhen steckte, war der Staat der Liebling der Linken in aller Welt. Noch vor dem Zweiten Weltkrieg setzte sich der Herausgeber des *Guardian* und progressive Politiker C. P. Scott bei der britischen Regierung für den Zionismus ein: »Ich war von seinem Nutzen überzeugt, nicht nur für das jüdische Volk, sondern auch für andere Nationen«, erinnert er sich.[64] Seine Ansicht teilte auch die Labour Party, die 1917 in einem Memorandum zu den Kriegszielen erklärte, Palästina solle ein Land werden, »in das die Angehörigen des jüdischen Volkes, die das wünschen, zurückkehren und Erlösung finden können, frei von der Einmischung fremder Völker oder Religionen.«[65] Springen wir jedoch in die Gegenwart: Nun ist der Antizionismus, wie die amerikanische Kulturtheoretikerin Susie Linfield es ausdrückte, »zur fast unverhandelbaren Eintrittskarte des linken Diskurses geworden.«[66] Was hat die Liebesaffäre der Progressiven mit Israel abgewürgt? Die Antwort liegt im Kreml.

Russland, das pulsierende Herz aller linken Kräfte, hatte lange eine dunkle und komplizierte Beziehung zu den Juden. In der Zarenzeit hatte es im ganzen Reich eine Epidemie antisemitischer Verfolgung gegeben, dazu gehörten Pogrome, die Zwangsrekrutierung zwölfjähriger jüdischer Jungen und die Einsperrung der Juden in einem für sie vorgesehenen Ansiedlungsrayon (sofern sie nicht zur russischen Orthodoxie konvertierten). Die »Protokolle der Weisen von Zion« wurden von einem zaristischen Agenten verfasst und von russischen Ultranationalisten verbreitet. Nach der Revolution von 1917 erteilten die Bolschewiki dem zaristischen Chauvinismus eine Absage und sprachen sich gegen Pogrome aus. Es wurden Gesetze erlassen, die die Aufwiegelung gegen Minderheiten verboten, und die Führung posaunte ihren Widerstand gegen Antisemitismus offen heraus; die Sowjets aber lehnten jede Religion ab, was es der traditionellen Bigotterie ermöglichte, sich in neuem Gewand wieder einzuschleichen, wie sie es im Laufe der Geschichte schon so oft getan hatte.

Russland hatte seit langem starke Interessen im Nahen Osten, vom byzantinischen Erbe über die Romanow-Zaren hin zu Katharina der Großen und Nikolaus I. Dies setzte sich bis in die Sowjetzeit fort. Josef Stalin schwankte zeit seines Lebens zwischen einer Unterstützung der Juden und übelstem Antisemitismus und setzte Massensäuberungen gegen sie ins Werk. Ab 1944 sah er die sozialistischen Zionisten als mögliche Verbündete und unterstützte ihre Bewegung. Zu dieser Zeit war die Linke ein fester Bestandteil jüdischen Lebens in Palästina.

Einige der frühen israelischen politischen Parteien ebenso wie die Kibbuzim schlossen sich der sowjetischen Politik offen an, und es war nicht ungewöhnlich, Menschen mit Gewehren in der Hand und Exemplaren von Hemingways »Wem die Stunde schlägt« in der Tasche herumlaufen zu sehen. Nach der Gründung Israels im Jahr 1948 erkannte Stalin das Land als erster de jure an. Entscheidend war, dass er Israel erlaubte, Waffen aus dem sowjetischen Machtbereich zu beschaffen, um sich gegen den arabischen Ansturm zu verteidigen.

Nach seiner turbulenten Gründung wurde Israel zu einem Ort der Träume, des Kollektivismus und Idealismus und zog fortschrittliche Freiwillige aus der ganzen Welt an. Jedoch verhärtete sich Stalins Haltung gegenüber den Juden. Im eigenen Land befahl er die Beschlagnahmung von Synagogen, Zwangsassimilation und Säuberungen der jiddischsprachigen Intelligenz. Der alte Hass trat immer unverfrorener aus dem Schatten hervor, und es wurde für Juden immer schwieriger, sich auf die richtige Seite des Sozialismus zu stellen. Das Gerede von einer »jüdischen Weltverschwörung« war bald wieder allenthalben zu vernehmen. Sie seien »wurzellose Kosmopoliten«, die den »amerikanischen Imperialismus« unterstützten. Stalin fühlte sich durch die wachsende Begeisterung der sowjetischen Juden für den neuen Staat Israel zusehends bedroht, da er befürchtete, dass dieser neue Staat die Herzen des jüdischen Proletariats auch in der Sowjetunion gewinnen könnte. 1951 inszenierte der russische Diktator eine »Ärzteverschwörung«, der eine neue Säuberungswelle folgte. Jüdische Ärzte wurden entlassen, verhaftet und gefoltert und in den Medien antisemitisches und israelfeindliches Material präsentiert. Die Maßnahmen wurden erst nach Stalins Tod im März 1953 eingestellt, ebenso die mutmaßlichen Pläne zur Massendeportation von Juden nach Sibirien.

Unter der Führung seines Nachfolgers Nikita Chruschtschow wechselte die UdSSR im Laufe des Kalten Krieges auf die Seite der Araber und baute besondere Beziehungen zu Ägypten, Libyen, Syrien und dem Irak auf, während Israel in den Orbit der Vereinigten Staaten gezogen wurde. Dann kam der spektakuläre israelische Sieg von 1967. In einer der kühnsten Episoden der Militärgeschichte vereitelte der jüdische Staat eine zweite völkermörderische Invasion der Araber mit einem Überraschungsschlag, der dazu führte, dass weitere Teile Palästinas in israelische Hände fielen, darunter die Golanhöhen, das Westjordanland und der Gazastreifen. Ein großer Teil davon, einschließlich der 23.000 Quadratmeilen der Sinai-Halbinsel, gab Israel – das selbst nur eine Fläche von etwa 8.500

Quadratmeilen umfasst – im Tausch gegen Frieden später zurück. Doch der Sechstagekrieg, wie er genannt wurde, löste Schockwellen aus, die nicht nur die Region, sondern die ganze Welt erfassten.

Der Kreml nahm die Nachricht mit Sorge auf. Als der Krieg begann, war die UdSSR bereits gegen Israel und subventionierte die arabischen Armeen. Der schockierende israelische Sieg, der die Zerstörung von russischem Militärgerät im Wert von Millionen von Dollar bedeutete, rief bitterste Feindschaft hervor.

In typischer Weise ergriff Moskau gewaltige »aktive Maßnahmen« gegen den jüdischen Staat. Dabei handelte es sich um ein Netzwerk sowjetischer Spionageagenturen, die sich der Manipulation des Weltgeschehens durch eine Kombination aus Propaganda und Spionage widmeten. Wie sich der pensionierte KGB-Generalmajor Oleg Kalugin erinnerte, waren solche Maßnahmen »Herz und Seele des sowjetischen Geheimdienstes«. In einem Interview mit CNN sagte er 1998: »Es ging nicht um Sammlung von Informationen, sondern um Subversion. Aktive Maßnahmen, um den Westen zu schwächen, um alle möglichen Keile in die westliche Gemeinschaft und ihre Bündnisse zu treiben, insbesondere in die NATO, um Zwietracht unter den Verbündeten zu säen, um die Vereinigten Staaten in den Augen der Menschen in Europa, Asien, Afrika und Lateinamerika zu schwächen und so den Boden zu bereiten für den Fall, dass der Krieg tatsächlich stattfindet.«[67] Ein bekanntes Beispiel war die »Operation Infektion«, die die Welt davon überzeugen sollte, die Amerikaner hätten HIV als biologische Waffe erfunden. Diese Fake News machte CBS 1987 bekannt.

Die erste israelfeindliche Salve aus dem Kreml kam im August 1967, weniger als zwei Monate nach Kriegsende.

Ein identischer Artikel erschien gleichzeitig in zahlreichen Publikationen unter der Überschrift »Was ist Zionismus?« Geschrieben von Juri Iwanow, einem der Väter der neuen Kampagne, stellte der Artikel Israel als Ausdruck eines märchenhaft finanzierten, internationalen jüdischen Komplotts dar, das Politik, Medien und Finanzmärkte in der ganzen Welt kontrolliere. Diese Geschichte stammte offensichtlich aus dem Repertoire der Nazis, ebenso gut erkennbar war der Einfluss der »Protokolle der Weisen von Zion« und älterer antisemitischer Schmähungen. Der Schneeball der Israelphobie war ins Rollen gebracht, und es war nur eine Frage der Zeit, bis Universitäten, Gender- und Umweltaktivisten, Gewerkschaften und das gesamte Gebäude der Linken weltweit von der Lawine erfasst werden würden.

Kennen Sie Zionologen?

Zwischen 1967 und etwa 1988 startete der KGB eine massive Desinformationskampagne mit dem Namen SIG, kurz für *Sionistskije Gosudarstwa* (Zionistische Staaten), die die Welt mit israelfeindlicher Paranoia überschwemmte, die diesmal auf die Weltanschauung der Sowjetunion und deren Ziele zugeschnitten war. Der KGB-Chef, der das Projekt vorantrieb, war Juri Andropow, der später bis zu seinem Tod 1984 noch für kurze Zeit die Führung des Landes übernehmen sollte. Unter der Oberfläche verbarg dieser taktvolle weltgewandte Intellektuelle eine steinharte Rücksichtslosigkeit, gepaart mit streng orthodoxen Ansichten und einer Begeisterung für die Unterdrückung abweichender Meinungen. Man kann ihn ohne Übertreibung als den Vater der modernen Israelphobie bezeichnen. Ironischerweise stellte sich nach seinem Tod heraus, dass er seine jüdische Herkunft sein ganzes Leben lang verheimlicht hatte.

SIG war eine verblüffend ausgeklügelte Operation. Einer der Verantwortlichen war Generalleutnant Ion Mihai Pacepa, ehemaliger Chef des rumänischen Geheimdienstes und der ranghöchste Spion, der jemals aus dem ehemaligen Sowjetblock übergelaufen ist. »Unsere Aufgabe war es, einen fanatischen, wahnsinnigen Hass auf den amerikanischen Zionismus zu verbreiten, indem wir die angestammte Abneigung der Menschen im Nahen Osten gegen Juden manipulierten«,[68] erinnert er sich. Trotz all dieser Bigotterie behaupteten die Sowjets – genau wie die Israelhasser heute –, dass sie nichts gegen Juden hätten, die ihren Idealen entsprächen, was bedeutet, dass sie nicht antisemitisch, sondern nur »antizionistisch« seien. (1979 nannte die *Washington Post* dies »eine Unterscheidung ohne Unterschied«).[69]

Die Gruppe rechter Ideologen, die Ideen für die neue Fälschungskampagne entwickelte, war unter dem seltsamen Namen »Zionologen« bekannt. Obwohl sie in der UdSSR lebten und für das kommunistische Regime arbeiteten, vertraten viele von ihnen ältere russisch-fremdenfeindliche und ultranationalistische Ansichten, die sie in marxistisch-leninistischen Begriffen auszudrücken lernten. Antisemitismus war in dem Land immer noch offiziell verboten, so dass die Botschaften sowjetischen Maßstäben angepasst wurden. Sie lehnten sich stark an die »Protokolle der Weisen von Zion« und Hitlers »Mein Kampf« an, um ihre Verlautbarungen mit dem neuen Evangelium in Einklang zu bringen. Wie der Zionologe Wladimir Bolschakow in seinen Memoiren schreibt, gelang es seinem einflussreichen Kollegen Iwanow, »mit Hilfe der Werke von Marx und Lenin eine solide theoretische Grundlage für eine offene Kritik des Zionismus zu schaffen, gegen die niemand etwas einzuwenden hatte.«[70]

Wie nahtlos rechtsextreme und linke Propaganda sich verbinden ließen, wurde 1973 deutlich, als ein Pariser Gericht Robert Legagneux, ein Mitglied der Französischen Kommunistischen Partei und Mitarbeiter der russischen Botschaft in Paris, wegen Anstiftung zum Rassenhass verurteilte. Sein Vergehen bestand in der Veröffentlichung antizionistischer Propaganda in einer linken französischen Zeitschrift, die der Botschaft unterstand. Sie enthielt typische Desinformationen: Israel wurde mit Nazideutschland gleichgesetzt und beschuldigt, Araber »in Ghettos, hinter den Stacheldraht von Konzentrationslagern« zu sperren; dem Judentum wurde vorgeworfen, die rassische Überlegenheit des »von Gott auserwählten Volkes«[71] zu predigen und israelischen Kindern eine Gehirnwäsche zu verpassen, damit sie Ungläubige töten. Während des Prozesses stellte sich peinlicherweise heraus, dass der vermeintlich linke Artikel ganze Passagen mit Tippfehlern aus einer rechtsextremen Broschüre von 1906 enthielt, verfasst von einem Mitglied der Schwarzen Hundertschaften, die für die Aufwiegelung zu Pogromen im zaristischen Russland verantwortlich waren. Das Wort »Jude« war einfach durch »Zionist« ersetzt worden.

Die Propagandabemühungen schlugen sich in Millionen von Zeitungsartikeln, Radiosendungen und Büchern nieder. Der Grundlagentext der sowjetischen Israelphobie, »Vorsicht: Zionismus!« von Juri Iwanow, wurde 1969 veröffentlicht und vielfach nachgedruckt. Das Buch verkaufte sich 800.000 Mal und wurde in mindestens 16 Sprachen verbreitet, von Englisch, Arabisch und Französisch bis hin zu Polnisch, Ukrainisch, Estnisch und Slowakisch. Es stellte das Judentum als eine bösartige und unmenschliche Religion dar, die den faschistischen Zionismus hervorgebracht habe: »In Israel und insbesondere in den besetzten Gebieten haben die Zionisten offenen Terror gegen die arabische Bevölkerung entfesselt«, heißt es darin. »Dieser Terror nimmt verschiedene Formen an, doch alle erinnern an die Methoden, die die Nazis während des Zweiten Weltkriegs angewandt haben.« Der Traum der Juden von Selbstbestimmung in ihrem alten Heimatland wurde als globale Bedrohung dargestellt: »Wo immer er kann, versucht der internationale Zionismus (der keineswegs immer unter israelischer Flagge agiert), das Ansehen der sozialistischen Länder zu untergraben und sowohl kleine Provokationen als auch große ideologische Umstürze gegen sie zu organisieren.«

Und am Ende der Tirade greift man schließlich doch auf den Antisemitismus alter Schule zurück: »Überall gibt es Menschen, die vor Besitzern prall gefüllter Geldbörsen und großer Hundezwinger nicht den Hut ziehen und die ihnen nicht erlauben werden, wieder im Schatten zu lauern, so wie die Nationen und die Geschichte ihnen nicht erlauben werden, der Vergeltung zu entgehen.«[72] Dies gab den Ton an für einen Tsunami sowjetischer Desinformation, der die Welt überrollen sollte.

Iwanow war der Anführer von etwa einem Dutzend emsiger Zionologen, die gemeinsam etliche Bücher vom Stapel ließen, die sich millionenfach verkauften. Ein typischer Titel war Jewgeni Jewsejews »Faschismus unter dem blauen Stern«. Wie geschickt die Sowjets es verstanden, ihre Botschaften den Gepflogenheiten ihres Publikums anzupassen, zeigt die englische Ausgabe, die in den 1980er Jahren unter dem angesagteren Titel »Rassismus unter dem blauen Stern« erschien. Sogar Kinder bildeten eine Zielgruppe. 1983 brachte der sowjetische Verlag Pedagogika ein Buch mit dem Titel »Das Gift des Zionismus« heraus, das sich an Jugendliche richtete[73] und mit antisemitischen Illustrationen versehen war. Dieses von Jelena Modrschinskaja, einer ehemaligen Geheimdienstoffizierin, verfasste Buch wurde allein in der ersten Auflage 200.000 Mal gedruckt. Jede israelfeindliche sowjetische Publikation wurde durch zahlreiche Rezensionen und Artikel ergänzt, die sich an bestimmte Zielgruppen wie Soldaten, Parteiapparatschiks, Gewerkschaften und Jugendgruppen richteten.

Fast all diese Desinformationen sind auch im 21. Jahrhundert noch aktuell. Das von »Mein Kampf« inspirierte Buch »Zionismus und Apartheid« zum Beispiel hat erstmals diese heute deprimierend alltägliche Verleumdung in die Welt gesetzt. Im Februar 2023, kurz nach dem Holocaust-Gedenktag, sah sich der linke Labour-Abgeordnete Kim Johnson zu einer Entschuldigung gezwungen, nachdem er im Unterhaus gefragt hatte: »Seit der Wahl der faschistischen israelischen Regierung im vergangenen Dezember haben die Menschenrechtsverletzungen gegen Palästinenser, darunter auch Kinder, zugenommen. Kann der Premierminister uns sagen, was er zu tun gedenkt gegen das, was Amnesty und andere Menschenrechtsorganisationen als Apartheidstaat bezeichnen?«[74]

Später stellte sich heraus, dass Faiza Shaheen, eine andere Kandidatin der Labour Party, in einem Interview gesagt hatte: »Wenn man nicht sagen kann, dass Israel ein Apartheidstaat ist, oder wenn Palästinenser in diesem Land nicht sagen können, dass es dort rassistisch zugeht, ohne von der Labour Party als antisemitisch abgestempelt zu werden, dann gibt es meiner Meinung nach ein Problem.«[75]

Erstaunlich, dass diese Desinformation aus der Sowjet-Ära im britischen Parlament nachgebetet wird, obwohl es keinen Faschismus gibt und zwei Millionen Araber frei in Israel leben – einer von ihnen, Samer Haj-Yehia, ist zufällig Vorsitzender der größten Bank des Landes – und es 400 Moscheen im Lande gibt. (Im Gegensatz dazu gibt es in den palästinensisch kontrollierten Gebieten keine Juden, weder Bankiers noch andere, und auch keine Synagogen). Wahrscheinlich haben Amnesty International, das diese israelfeindliche sowjetische Propaganda offiziell billigte, und Unterstützer wie Johnson und Shaheen keine Ahnung, dass sie alte Kreml-Fälschungen nachplappern.

Moskaus Bemühungen waren sogar noch erfolgreicher als die Bemühungen Berlins zwei Jahrzehnte zuvor. Izabella Tabarovsky, die weltweit führende Expertin auf diesem Gebiet, deren Forschungen das wahre Ausmaß der sowjetischen Israelphobie aufgedeckt haben, betonte, wie es der Kampagne gelang, »den Zionismus seiner Bedeutung als nationale Befreiungsbewegung des jüdischen Volkes zu berauben und ihn stattdessen mit Rassismus, Faschismus, Nazismus, Völkermord, Imperialismus, Kolonialismus, Militarismus und Apartheid in Verbindung zu bringen.«[76] Kurz gesagt, jeder einzelne der unzähligen Hebel, die dem Kreml zur Verfügung standen, wurde im Dienste der Israelphobie betätigt. In Verbindung mit den alten antisemitischen Einstellungen zu Juden, die es überall auf der Welt bereits gab, löste dies Schmetterlingseffekte aus, die die Debatte auch heute noch verzerren, selbst im Mutterhaus aller Parlamente.

Pistole und Olivenzweig

Die Entwicklung vom mittelalterlichen Antijudaismus zum Rassenantisemitismus der Nazis, zur sowjetischen Desinformation und zur modernen Israelphobie ist nur allzu offensichtlich. Jede neue Ideologie übernimmt bequemerweise die rhetorischen Figuren, Bilder und Grundsätze der Vorgänger, die von mächtigen Staaten gefördert wurden. Während die Nazis ein Netz des Bösen um die Juden woben, sprachen die Sowjets stattdessen von Zionisten. In die Maschinerie der *desinformazija* floss die mittelalterliche Abneigung gegen die Christusmörder ein, vermischt mit den Vorstellungen der Nazis vom »dreckigen Juden«, und heraus kam der Zionist als Feind der Linken. Hinein ging der Jude als Teufel, heraus kam der Zionist als Nazi.

Verschwörungsmythen bildeten den Kern der Bigotterie. Ultranationalistische Rhetorik ebenso wie die des Dritten Reichs wurden dem marxistisch-leninistischen Diskurs aufgepfropft, wobei die Darstellung der Juden als internationale Bankiers, die das Finanzwesen, die Politik und die Medien kontrollieren, nur eine hauchdünne sowjetische Verkleidung benötigte. Zionisten wurden beschuldigt, Antisemitismus zu schüren und sogar den Holocaust ins Werk gesetzt zu haben, um ihre Forderung nach einem jüdischen Staat zu bekräftigen – dann warf man ihnen vor, sie machten sich genau diese Verfolgung zunutze, um Kritik zu unterdrücken. Das Judentum wurde als bösartiger Kult dargestellt, der zu grausamen Handlungen anstifte. In den letzten beiden Jahrzehnten des Sowjetimperiums infizierten die kalkulierten Unwahrheiten des KGB die Progressiven in der ganzen Welt und wurden zu einem festen Bestandteil linken Denkens. Von dort aus breiteten sie sich in allerlei Institutionen aus, von den Studentenvereinigungen amerikanischer Colleges über die Korridore des britischen Parlaments bis hin zu den Nachrichtenredaktionen Europas. Der Einfluss der radikalen Eliten trug dazu bei, dass die Israelphobie im zweiten Jahrzehnt des 21. Jahrhunderts im Mainstream angekommen ist.

Wie die Nazis vor ihnen nahmen auch die Sowjets den Nahen Osten ins Visier ihrer Desinformationskampagne. In den 1970er Jahren überschwemmte der KGB die muslimischen Länder – die der Mufti und seine Nazihandlanger bereits weichgeklopft hatten – mit einer arabischen Übersetzung der »Protokolle der Weisen von Zion«. Russische Spione drehten Dokumentarfilme in arabischer Sprache, die beweisen sollten, dass Israel und die Vereinigten Staaten zionistische Organisationen seien, die sich der Schaffung einer jüdischen Kolonie in allen muslimischen Ländern verschrieben hätten,[77] was offensichtlich einmal mehr an die Ideen der Nazis erinnert. Spione infiltrierten die Region mit dem einzigen Ziel, israelfeindliche Propaganda zu verbreiten. Seine Agentur, erinnert sich Generalleutnant Pacepa, »hatte etwa fünfhundert solcher verdeckten Agenten in islamische Länder entsandt. Nach einer groben Schätzung Moskaus hatte der gesamte Geheimdienst des sowjetischen Blocks bis 1978 etwa viertausend Agenten in die islamische Welt entsandt, um Einfluss zu nehmen.« Als die UdSSR muslimische Länder durch den Bau von Krankenhäusern, Wohnungen und Infrastruktur unterstützte, wies sie ihre Ingenieure, Techniker und Ärzte an, eine Botschaft zu verbreiten: Die Vereinigten Staaten seien eine arrogante zionistische, imperialistische und kolonialistische Macht, die von jüdischem Geld finanziert und von jüdischen Politikern geführt werde und deren Ziel es sei, alle muslimischen Länder zu unterwerfen.[78]

Es wurden unzählige Karikaturen mit klassischen Nazibildern von Juden als Spinnen, Hunden, Kraken, Schlangen und Blutsaugern fabriziert. Um sie ultimativ zu verleumden, wurden sie auch als Nazis dargestellt. Diese Illustrationen wurden weltweit in vielen Sprachen verschickt und tauchen auch heute noch von Zeit zu Zeit in westlichen Medien auf; ein weiterer Beweis für den Einfluss der Propagandakampagne im Nahen Osten aber ist, dass sie auch in arabischen Karikaturen noch immer weit verbreitet sind.

In der arabischen Welt, die inzwischen einen tiefsitzenden, von den Nazis inspirierten Hass auf die Juden hegte, fielen die sowjetischen Mutationen auf fruchtbaren Boden. Seit ihrer Gründung im Jahr 1964 übernahm die Palästinensische Befreiungsorganisation (PLO) die Rolle des linken Revolutionärs, indem sie Israel als einen Vorposten des westlichen Imperialismus und nicht als Ausdruck jüdischer Selbstbestimmung darstellte. Der Palästinenserführer Mahmud Abbas promovierte an der Moskauer Patrice-Lumumba-Universität, die in Russland heute Universität der Völkerfreundschaft heißt. Ihr Rektor Jewgeni Primakow, einer der führenden Köpfe der »aktiven Maßnahmen«, war an der HIV-Desinformationskampagne »Operation Infektion« beteiligt.

In Abbas' Dissertation von 1982 über »Die Zusammenhänge zwischen Zionismus und Nazismus 1933–1945« tritt der Einfluss des KGB deutlich zutage. Es handelt sich um ein bizarres Werk der Geschichtsfälschung, in dem behauptet wird, die Zionisten hätten den Holocaust als Vorwand für die Gründung Israels in Palästina selbst arrangiert. An einer berüchtigten Stelle heißt es: »Die zionistische Bewegung führte eine breit angelegte Hetzkampagne gegen die unter der Naziherrschaft lebenden Juden, um den Hass der Regierung auf sie zu wecken, Rachegefühle gegen sie zu schüren und die Massenvernichtung voranzutreiben.«[79] Nicht mehr als eine Million Juden seien im Holocaust getötet worden, erklärte Abbas, die Zionisten aber hätten die Zahlen aufgebläht, um größeren Zuspruch für ihre Sache zu gewinnen. Besonders haarsträubend ist seine Behauptung, Israel habe Adolf Eichmann, den Architekten der Endlösung, nur deshalb verhaftet und vor Gericht gestellt, um zu verhindern, dass er die Rolle der Zionisten bei diesem Völkermord aufdeckt. Wie es der Zufall wollte, wurden ein Jahr später genau dieselben Behauptungen von sowjetischen Apparatschiks verbreitet.

In ähnlicher Weise wiederholte Jassir Arafat, der enge Beziehungen zur UdSSR unterhielt, deren israelfeindliche Desinformationen in Reden vor der UNO fast wortwörtlich. So wetterte er zum Beispiel in seiner berühmten »Pistole und Olivenzweig«-Rede vor der Generalversammlung

1974 gegen »Imperialismus, Kolonialismus, Neokolonialismus und Rassismus, dessen Hauptgestalt der Zionismus ist«. Der Tiefpunkt war 1975 erreicht, als die UNO nach fast einem Jahrzehnt arabischer und sowjetischer Lobbyarbeit die Resolution 3379 mit dem zentralen Agitprop-Motiv »Zionismus ist Rassismus« verabschiedete. Jahrelang hatte der Kreml versucht, die Welt davon zu überzeugen, dass der Zionismus ein Ausdruck rassischer Überlegenheit der Juden sei, eine moderne Ausprägung des Mythos vom »auserwählten Volk«. Die UN-Resolution war als Propagandaleistung noch beeindruckender als die CBS-Desinformation über AIDS. Der *Spectator*-Journalist Goronwy Rees stellte verzweifelt fest: »Wer Jude ist und stolz darauf ist, und wer entschlossen ist, das Recht, Jude zu sein, zu bewahren, gilt als ein Feind der menschlichen Gattung.«[80] Die Resolution, die britische Studentenvereinigungen zum Anlass nahmen, jüdische Verbände an den Universitäten zu verbieten, wurde erst 1991 aufgehoben.

Bis 1973, als amerikanische Waffenlieferungen Israel halfen, den Jom-Kippur-Krieg knapp zu überleben, hatte sich der Schauplatz zu einem Stellvertreterkonflikt der kriegführenden Supermächte entwickelt. Unter dem Eindruck der sowjetischen Propaganda wandten sich westliche Linke, deren Sympathien den Roten galten, vom israelischen Traum ab. Das zionistische Projekt betrachteten sie nicht mehr als Repatriierung eines dort seit jeher ansässigen Volkes, sondern als Eroberung durch westliche Kapitalisten. Umgekehrt wurden die Araber als Revolutionäre dargestellt, die gegen imperiale Herren kämpften. Mit dem Zusammenbruch des britischen Weltreichs wurde die Abscheu vor dem Kolonialismus zum Kennzeichen einer progressiven politischen Identität, und dies übertrug man auch auf den israelisch-arabischen Konflikt, egal wie schlecht es dazu passte. Das Wort »Palästinenser«, das zuvor sowohl die Araber als auch die Juden des Landes meinte, bezeichnete fortan nur noch die Araber und machte es umso leichter, die Geschichte zu erzählen, dort würde eine einheimische Bevölkerung von weißen Rassisten unterdrückt.

Moskau wird global

Während die nationalsozialistische Israelphobie sich auf den arabischen Raum beschränkte, sendete der Kreml seine Version um die ganze Welt. Deshalb vor allem ist sie im Westen bis heute so einflussreich. Tabarovsky hat das enorme Ausmaß der Propaganda aufgedeckt, die der breiten Öffentlichkeit kaum bekannt ist, am wenigsten denen, die sie weiterhin nachplappern. Koordiniert wurde die Kampagne von der sowjetischen Presseagentur Nowosti, die sich später »Russia Today« (RT) nennen sollte. Besetzt mit Journalisten und Propagandisten, von denen viele mit dem KGB in Verbindung standen, war sie in 110 Ländern aktiv.

Ergänzt wurde die stetig wachsende Bibliothek israelfeindlicher Bücher Jahr für Jahr um Dutzende Millionen Exemplare von Zeitungen und Zeitschriften in achtzig Sprachen, u.a. Englisch, Französisch, Spanisch, Deutsch, Arabisch und sogar Hindi. In der ganzen Welt wurden Broschüren im Taschenformat verteilt, die Titel trugen wie »Vom Zionismus betrogen«, »Zionismus setzt auf Terror« und »Das verbrecherische Bündnis von Zionismus und Nazismus«. Die Auslandssendungen von Radio Moskau strahlten jeden Monat ein Programm von mehreren tausend Stunden aus, auch auf Hebräisch. Nach dem Vorbild der Nazis passten sie ihre Botschaften den verschiedenen Kulturen an. An einem Tag im Jahr 1973 wurden afrikanische Hörer mit Nachrichten auf Französisch, Englisch und Portugiesisch bombardiert, in denen es hieß, der Zionismus sei »dem Rassismus in Südafrika ideologisch verwandt« – eine Fälschung, die israelfeindliche Aktivisten auch heute noch gern verbreiten. In Lateinamerika wurde der Zionismus mit dem US-Imperialismus, in Asien mit der Angst vor Japan nach dem Zweiten Weltkrieg in Verbindung gebracht.

Ganz in der Manier »aktiver Maßnahmen« wurden radikale linke Gruppen im Westen dazu benutzt, russische Interessen zu fördern, Anhänger zu mobilisieren und das Publikum im Ausland mit Israelphobie zu infizieren. Manchmal brachten die Sender es fertig, dass sowjetische Propaganda von lokalen Radiostationen gespielt oder in Zeitungen gedruckt wurde. Moskau pumpte riesige Geldsummen in Tarnorganisationen auf der ganzen Welt. Zwischen 1950 und 1990 erhielt die Kommunistische Partei Frankreichs 50 Millionen Dollar, außerdem Druckkosten für ihre Tageszeitung *L'Humanité* sowie Spesen für ihren Moskauer Korrespondenten. Der *Morning Star*, die Zeitung der Kommunistischen Partei Großbritanniens, für die Jeremy Corbyn als Kolumnist tätig war, wurde ebenfalls von der Sowjetunion finanziert. (Andrew Murray, der ihn als Vorsitzenden der Labour Party später politisch beraten sollte, schrieb sowohl für den *Morning Star* als auch direkt für Nowosti). Diese Beziehungen hatten sich über Jahrzehnte entwickelt. 1940 schrieb George Orwell, die englischen Intellektuellen bezögen »ihre Kochkünste aus Paris und ihre Meinungen aus Moskau«.[81] Während des Kalten Krieges wurden diese importierten sowjetischen Meinungen mit Israelphobie vergiftet.

Das Tempo der Veröffentlichungen war hoch. 1970 brachte die eigens auf Großbritannien zugeschnittene Propagandazeitung *Soviet Weekly* in vier aufeinanderfolgenden Ausgaben eine wirkmächtige israelfeindliche Geschichte. Der Zionismus, hieß es da, sei »nicht mehr die jüdisch-nationalistische Bewegung, die er einmal war, sondern ein organischer Teil der internationalen – vor allem amerikanischen – imperialistischen Maschinerie zur Durchsetzung neokolonialistischer Politik und ideologischer Subversion«.[82] Später erschien in derselben Zeitung ein Artikel mit der Überschrift »Warum wir den Zionismus verurteilen«, in dem die jüdische Nationalität als rassistische Doktrin gebrandmarkt und obendrein behauptet wurde, die Israelis seien »würdige Erben von Hitlers Nationalsozialismus«.[83] Die Hetze, die in solchen Publikationen getrieben wurde, war von der der antisemitischen extremen Rechten manchmal nicht zu unterscheiden. Im Jahr 1980 wurde die Zeitung der britischen Socialist Workers Party schamrot, weil ihr eine Verwechslung unterlaufen war: Sie hatte einen Brief eines Politikers der faschistischen National Front veröffentlicht, weil sie dessen israelfeindliche Tiraden für die eines Linken gehalten hatte.

Zu den sowjetischen Propagandapublikationen in Großbritannien gehörte einst auch die Zeitung *Straight Left*, deren Starkolumnist Andrew Rothstein ein aktiver sowjetischer Agent war (Chefredakteur der Zeitung war Seumas Milne, der später als Corbyns Berater bekannt wurde). Die Zeitung war von Israelphobie geradezu besessen. Der palästinensische Terror gegen Zivilisten wurde immer wieder gelobt und als revolutionärer Kampf dargestellt. »Die PLO hat große Unterstützung in der Dritten Welt und im sozialistischen Lager gefunden, mit der UdSSR an vorderster Front«, schwärmte sie. Die iranische Revolution von 1979, in Wirklichkeit ein Triumph der faschistischen Theokratie, wurde als »antiimperialistischer Kampf des Volkes für Unabhängigkeit, Freiheit und soziale Gerechtigkeit« bejubelt. Als die Iraner im selben Jahr 52 Amerikaner in Teheran als Geiseln nahmen, sah *Straight Left* darin einen »Vorwand, um eine weitere Welle des antiiranischen Hasses zu schüren«.[84]

Von der Kreml-Propaganda, die über Publikationen wie *Soviet Weekly* und *Straight Left* verbreitet wurde, führt eine direkte Linie zu dem Gegeifer, das hartgesottene Linke heute in den sozialen Medien von sich geben. Das wurde besonders deutlich, als Jeremy Corbyn Vorsitzender der Labour Party war. Unter dem Titel »Jeremy Corbyn führt uns zum Sieg« stellte damals ein ehemaliger Labour-Kandidat auf seiner Facebook-Seite eine mit einem Hakenkreuz verunstaltete israelische Flagge zur Schau – ein Klassiker der russischen Propaganda. Ein anderer Labour-Politiker veröffentlichte auf Facebook ein Bild von Journalisten der *New York Times*, deren Gesichter mit jüdischen Symbolen verdeckt waren, womit er andeuten wollte, dass sie einer zionistischen Agenda dienten. Und ein weiterer Politiker derselben Partei, der Hitler »den größten Mann der Geschichte« nannte, meinte: »Es ist ekelhaft, wie viel Macht die Juden haben«; dazu hieß es in einem Kommentar: »Es sind die superreichen Familien der zionistischen Lobby, die die Welt kontrollieren«. In einem anderen Kommentar wurden die sechs Millionen jüdischen Opfer der Nazis als »eine große Lüge« bezeichnet; diese Art Holocaust-Leugnung war ein Hauptmerkmal der sowjetischen Desinformationskampagne.[85] Die Propagandisten des Kalten Krieges erwiesen sich als erschreckend effektiv.

In den Vereinigten Staaten ergoss sich die sowjetische Israelphobie durch Kanäle wie die Kommunistische Partei der USA, die zwischen 1958 und 1980 insgesamt 28 Millionen Dollar aus Moskau erhielt. Ein besonderer Erfolg war 1971 zu verzeichnen, wie aus Memoranden des Kremls hervorgeht. Ein Nowosti-Artikel, der die »geistige Verwandtschaft von Zionismus und Faschismus« untersuchte und behauptete, jeder amerikanische Jude, der mit Israel in Verbindung stehe, sei ein »zionistischer Fanatiker« und gehöre zu einer »fünften Kolonne«, die einem Frieden zwischen den USA und der UdSSR im Weg stehe, schaffte es in die *New York Times*, der wichtigsten amerikanischen Zeitung. Unter der Überschrift »Eine sowjetische Sicht auf die Juden« erschien der Text als Teil einer Debatte, in der beide Seiten zu Wort kamen. Sein Ziel aber hatte der Artikel erreicht, nämlich die Verleumdung des Zionismus als Nazismus einer großen und einflussreichen Leserschaft schmackhaft zu machen.[86]

Aus jenen Memoranden geht auch hervor, dass Hyman Lumer, Chefredakteur von *Political Affairs*, einer Zeitschrift der Kommunistischen Partei der USA, Anfang der 1970er Jahre nach Moskau reiste, um »Material zur Entlarvung der antisowjetischen zionistischen Kampagne« für eine »weite Verbreitung in den USA« in Empfang zu nehmen.[87] In seinen späteren Arbeiten, darunter ein Buch mit dem Titel »Zionismus: Seine Rolle in der Weltpolitik« aus dem Jahr 1973, umging er geschickt alle antisemitischen Klischees, die Amerikaner hätten beleidigen können, und verlegte sich ganz auf fanatische Israelphobie. Diese Strategie verfolgt die Kommunistische Partei der USA bis heute. Auf ihrem Parteitag 2010 debattierten die Delegierten über den Antrag »Zionismus ist eine Form des Rassismus, und Rassismus hat keinen Platz in unserer Kommunistischen Partei!« In einem einleitenden Artikel hieß es unmissverständlich: »Zionismus ist Rassismus und Völkermord«. Und weiter: »Der Zionismus ist nicht nur eine der südafrikanischen Apartheid verwandte, besonders aggressive Form bürgerlichen Nationalismus. Nicht nur ein Ablenkungsmanöver, um die Arbeiterklasse im Nahen Osten irrezuführen. Der Zionismus verhindert auch die Einheit der Arbeiterklasse in unserem Land.« Amerikanische Kommunisten, so heißt es zum Schluss, müssten sich dafür einsetzen, »den Zionismus auf den Müllhaufen der Geschichte zu werfen.«[88]

Angesichts der gewaltigen Anstrengungen, die unternommen werden, um solche Mengen an Propaganda einem Publikum in aller Welt einzuflößen, ist es vielleicht keine Überraschung, dass die Israelphobie die internationale Linke und die von ihr beherrschten Institutionen heute so fest im Griff hat.

Sie wissen es nicht einmal

Für die »aktiven Maßnahmen« gegen Israel wurden auch deshalb so enorme Ressourcen aufgewendet, weil sie der UdSSR halfen, ihre außenpolitischen Ziele zu erreichen. Tabarovsky schreibt: »Der Antizionismus half Moskau, sich sowohl mit seinen arabischen Verbündeten als auch mit den Fraktionen der radikalen Linken im Westen ins Benehmen zu setzen. War der Zionismus erst einmal als Sündenbock für die größten Übel der Menschheit ausgemacht, konnte die sowjetische Propaganda punkten, indem sie ihn in afrikanischen Radiosendungen mit Rassismus und im Kiewer Fernsehen mit ukrainischem Nationalismus gleichsetzte.« Die diplomatischen Ziele der israelfeindlichen Desinformation waren daran zu erkennen, dass all die Zionologen von Iwan Milowanow beaufsichtigt wurden, dem Leiter der Nahost-Abteilung des Kremls, der alle Veröffentlichungen über den »internationalen Zionismus« persönlich absegnete.[89]

Diplomaten aus Entwicklungsländern wurden in Moskau wohlwollend empfangen und konnten auf Unterstützung rechnen, wenn sie sich der Verurteilung von »Imperialismus und Zionismus« anschlossen, während die sowjetischen Botschaften im Ausland ihre giftigen Desinformationen verdeckt verbreiteten. Anfang der 1970er Jahre richtete Anatoli Dobrynin, der sowjetische Botschafter in Washington, einen speziellen Propagandarat ein, der es u.a. darauf abgesehen hatte, dem jüdischen Staat die öffentliche Unterstützung zu entziehen, die Loyalität der »Zionisten« in Frage zu stellen, einen Keil zwischen die Regierungen der USA und Israels zu treiben und die amerikanische Öffentlichkeit dazu zu bringen, »das dreiste Gesicht der Führer der neu geschaffenen zionistischen ›Herrenrasse‹ aus Tel Aviv« zu verabscheuen. Unterdessen arbeitete der KGB daran, Zwietracht zwischen Juden und Schwarzen in Amerika zu säen und jüdische Gemeinden zu unterwandern.

Unterstützt wurden all diese Bemühungen von Sympathisanten der Sowjetunion weltweit. Ob aus Zynismus, aufrichtiger Anteilnahme oder einfach durch Osmose, als Ikone der Revolution trug auch Che Guevara – der 1959 den Gazastreifen besuchte – seinen Teil zur Verbreitung der Israelphobie bei. 1967 skizzierte er in einem Artikel für die britische Zeitschrift *New Left Review* den Kampf zwischen dem »Imperialismus« und den Sozialisten auf der ganzen Welt. Als er auf den Nahen Osten zu sprechen kam, erwähnte er beiläufig auch »Israel, das von den Imperialisten unterstützt wird, und die fortschrittlichen Länder in diesem Gebiet«. Dies sei »nur ein weiterer der Vulkane, die heute in der Welt auszubrechen drohen«,[90] schrieb er. In Wirklichkeit waren die Juden natürlich kein Werkzeug der imperialen Mächte, sondern ein aus genau jenem Gebiet einst vertriebenes Volk, das dort einen postkolonialen Staat zu gründen suchte. Wohingegen die arabischen Länder zu den am wenigsten »fortschrittlichen« der Welt gehörten. Aber wenn die Ideologie an erster Stelle steht, macht die Realität kaum einen Unterschied.

1990, kurz vor dem Zusammenbruch der UdSSR, veröffentlichte die *Prawda* eine Art verspätetes Mea culpa: »Einige Autoren, die zwar vorgaben, den Zionismus zu bekämpfen, aber tatsächlich viele Begriffe der antisemitischen Propaganda sowohl der Schwarzen Hundertschaften als auch faschistischen Ursprungs wiederaufleben ließen, haben erhebliche Schaden angerichtet«, gab sie zu. »Unter dem Deckmantel marxistischer Phraseologie wurden die jüdische Kultur, das Judentum und die Juden im Allgemeinen heftig attackiert.«[91] Doch es war zu spät. Das einmal in Umlauf gebrachte Virus pflanzte sich selbständig fort. Wie der Psychologe Jovan Byford, ein Experte für Verschwörungstheorien, feststellte, war es so weit gekommen, dass »die extreme Linke in Großbritannien und Europa die Politik des Nahen Ostens fast ausschließlich durch das Prisma des sowjetischen Antizionismus betrachtete.«[92]

Heute erscheint einem die Ähnlichkeit zwischen der Weltanschauung der modernen Linken und den sowjetischen Fälschungen aus jener Zeit atemberaubend. Es ist keine Übertreibung zu sagen, dass fast alle israelfeindlichen Klischees, die heute im Umlauf sind – dass Israel ein rassistischer Staat und Zionismus Kolonialismus sei, dass völkermordende Israelis nicht besser seien als die Nazis, in Israel Apartheid herrsche, der Holocaust übertrieben werde, Diaspora-Juden eine fünfte Kolonne im Dienste israelischer Interessen seien und so weiter – ursprünglich von sowjetischen Tatsachenverdrehern verbreitet wurden, die sich auf Werke des klassischen Antisemitismus wie die »Protokolle der Weisen von Zion« und Hitlers »Mein Kampf« stützten. Vor allem den Bemühungen der Sowjets ist es zu verdanken, dass viele ansonsten wohlmeinende Progressive nicht einsehen wollen, was falsch daran ist, Israel eines Holocausts an den Palästinensern zu beschuldigen, obwohl es im jüdischen Staat keine Gaskammern, keine Massengräber und auch keine Rassengesetze im Stile der Nazis gibt, ganz zu schweigen von der wachsenden palästinensischen Bevölkerung. Sie sehen kein Problem darin, den Begriff »Apartheid« zu verwenden, obwohl vor wenigen Jahren erst ein arabisch-muslimischer Richter einen jüdischen Ex-Premierminister wegen Korruption inhaftieren ließ. (Wenn Sie das Westjordanland besuchen, werden Sie vor arabischen Gebieten auf große rote Schilder stoßen, die Israelis zu ihrer eigenen Sicherheit warnen, sie zu betreten. Da lässt sich schwerlich behaupten, dass es in Israel Apartheid gebe – und nicht etwa nebenan).

Gern vergleichen sie den Zionismus mit dem imperialistischen Kolonialismus und ignorieren dabei die Tatsache, dass die jüdischen Pioniere keine Invasionsarmee waren, sondern ein zusammengewürfelter Haufen von Flüchtlingen, die davon träumten, in ihrer angestammten Heimat selbst zu regieren, nachdem sie jahrtausendelang der Gnade des Pöbels ausgeliefert waren. (Wie Herzl es ausdrückte, wollten sie einfach einen Ort, »an dem es für uns in Ordnung ist, Hakennasen, schwarze oder rote Bärte und krumme Beine zu haben, ohne dass wir allein dafür ver--achtet werden. Wo wir endlich unter uns als freie Menschen leben können.«[93] Das sind wohl kaum die Gefühle rassistischer weißer Imperialisten.) »Zionismus ist Rassismus«, das halten sie für selbstverständlich, ohne zu wissen, dass dieses Schlagwort, das keiner Realitätsprüfung standhält, im Moskau des Kalten Krieges erfunden wurde. Auch dass »Zionist« heute in bestimmten Kreisen zu einem Schimpfwort geworden ist, beweist das Geschick des sowjetischen Propagandaapparats und des KGB.

In den Köpfen von Millionen von Menschen auf der ganzen Welt gelang es der sowjetischen Propaganda, den Zionismus, der als eine Reaktion auf jahrtausendelange Verfolgung entstanden ist, in ein bürgerlich-imperialistisches Unterfangen zu verwandeln. So wurde der Antisemitismus reingewaschen, und die Progressiven konnten einem alten Hass frönen, indem sie sich einredeten, sie bezögen lediglich Position gegen Israel. Ebenso wie die Kommunisten des Kalten Krieges sagen die heutigen Israelhasser: Wir sind nicht antisemitisch, sondern nur antizionistisch. Aber ihre Bigotterie sitzt tief und ist uralt, sie beruht auf Desinformation und Paranoia. Auch bald sechs Jahrzehnte später hat die sowjetische Israelphobie die Linke weiterhin fest im Griff. Sie findet ein leichtes Ziel in all denjenigen, denen es an Wissen über Israel, den Zionismus und die Juden mangelt und die Impulse aus den vergangenen Jahrhunderten unwidersprochen übernommen haben.

Hier kommt Teheran

Man mag sich fragen, warum das iranische Regime so besessen vom jüdischen Staat ist. Die beiden Nationen haben nicht nur keine Grenze und keinen bilateralen Streit, sie sind auch einige tausend Kilometer voneinander entfernt.

Vor nicht allzu langer Zeit noch unterhielten sie sogar enge Beziehungen, und Juden leben schon seit 2.700 Jahren in Persien; weite Teile der iranischen Bevölkerung sind Israel nach wie vor wohlgesinnt. Nach der Machtergreifung und nach der Revolution 1979 erklärte Ajatollah Khomeini sein Regime jedoch zu einem Verfechter der palästinensischen Sache und brachte sunnitische Staaten dazu, sich hinter seine schiitische Führung zu stellen, den Einfluss Teherans auszuweiten und unfreundliche Staaten zu unterminieren. Zudem ist in der Prophezeiung über den kommenden Messias Mahdi, die für diese Richtung des Islam von zentraler Bedeutung ist, auch von einem apokalyptischen Gefecht gegen die Juden die Rede, und es erwies sich als nützlich, die Aufmerksamkeit der Bevölkerung auf den jüdischen Satan zu richten, um sie von dem schlechten Lebensstandard, der Korruption und der Unterdrückung abzulenken, unter der sie zu leiden hatte. Darum ergriff der Ajatollah die Gelegenheit, sich zum weltweit führenden Bannerträger der Israelphobie zu stilisieren.

Heute verbreitet das iranische Regime riesige Mengen ausgeklügelter israelfeindlicher Propaganda in mehreren Sprachen, vor allem über das Internet. Hunderte von Websites mit Sitz in Teheran und viele Tausende von Konten in sozialen Medien verbreiten diese Desinformation und säen Israelphobie und Zwietracht im Westen. Die Websites und Konten, die ich im Rahmen meiner journalistischen Tätigkeit bis zum Korps der Islamischen Revolutionsgarden zurückverfolgt habe, verbreiten routinemäßig Karikaturen blutrünstiger israelischer Soldaten, die mit Saudi-Arabien und den Vereinigten Staaten im Bunde stehen, und leugnen im großen Stil den Holocaust – der allenfalls als Grund für die Existenz Israels genannt wird.[94]

Nach einem inzwischen nur allzu bekannten Muster versucht auch die iranische Israelphobie, die britische Gesellschaft zu destabilisieren. Proxy-Accounts lobten die linken Heißsporne George Galloway und Rebecca Long-Bailey, griffen die BBC wegen ihrer Berichterstattung über den Tod Prinz Philips an und zeigten Karikaturen von britischen Raketen, die auf Kinder abgefeuert werden. (Galloway hat sogar für die vom iranischen Regime betriebene Website *American Herald Tribune* geschrieben, die 2020 vom US-Justizministerium verboten wurde). Wie die israelfeindliche Propaganda der Sowjetunion zuvor findet die iranische über die radikale Linke Eingang in den Westen und dringt von dort auch in liberale Kreise ein.

Dies ist nur die Spitze des Eisbergs. Propagandisten, die für die Hamas, die ihrerseits enge Beziehungen zum Iran unterhält, und andere terroristische Organisationen arbeiten, verbreiten regelmäßig ausgefeilte israelfeindliche Propaganda, die durch die Pforte sozialer Gerechtigkeit ihren Weg in den westlichen Mainstream findet. Routinemäßig nehmen Aktivisten Bilder von Gewalt in Syrien oder anderswo auf und stellen sie fälschlicherweise als Beweise israelischer Brutalität zur Schau, zusammen mit einer Lawine von Memes, Karikaturen und Videos, die falsche Tatsachen als Wahrheit behaupten. Wie Orwell schon sagte, ist »ein Merkmal des Antisemitismus die Fähigkeit, Geschichten zu glauben, die unmöglich wahr sein können.«[95] Da das israelfeindliche Virus bereits große Teile der liberalen Linken infiziert hat, findet diese unerbittliche Propaganda ein empfängliches Publikum, das sie in die Sprache des Antikolonialismus, Antirassismus und Antifaschismus verpackt. Es hat sich als äußerst effektiv erwiesen, wohlmeinende westliche Liberale zu vereinnahmen.

6

ACHT VERRÄTERISCHE ANZEICHEN UND FÜNF DRUCKPUNKTE

Dieses Buch konnte hoffentlich zeigen, dass Israelphobie kein neues Phänomen ist, sondern lediglich die jüngste Gestalt eines vielköpfigen alten Monsters. Ihre Wurzeln lassen sich über Tausende von Jahren zurückverfolgen. Der Antisemitismus, der nach dem Tod Christi vor 2000 Jahren entstand, herrschte viele Jahrhunderte lang, bis er in einer größeren Rassenideologie aufging, die die Nazis zur Weltanschuung ihres Reiches machten; und diese wiederum ist in einen glühenden Hass auf den jüdischen Staat übergegangen. Auf dem Weg dorthin haben die eifrigen Bemühungen von Propagandisten in Berlin, Moskau und Teheran die Fälschung so perfektioniert, dass sie ein Bestandteil des Denkens (und Redens) vieler Menschen geworden ist. Das vergangene Jahrhundert war in vielerlei Hinsicht ein Schlachtfeld, auf dem das heutige Denken geformt wurde, und dabei waren die Juden ganz vorn in der Schusslinie.

Was sich nun als Israelphobie äußert, ist eine uralte Feindseligkeit. Sie beruht auf Verschwörungsmythen und Gerüchten, die so tief in unserer Kultur verwurzelt sind, dass sie als solche unbemerkt bleiben. Israelphobie ist wie eine vertraute Sprache, in einem neuen Akzent gesprochen, oder wie eine hasserfüllte Erzählung, in einer anderen Schriftart geschrieben, oder wie ein Remake eines widerwärtigen Filmklassikers. »Die Erwartungen seiner Feinde«, sagt Howard Jacobson, »hat Israel nicht enttäuscht, sondern bestätigt. Was war schon anderes als Völkermord und Apartheid von einem Volk zu erwarten, das mit dem Teufel im Bunde steht und das Blut nichtjüdischer Kinder trank?«[1]

Um Israelphobie zu bezwingen, muss man sie zunächst einmal erkennen. Was manchmal allerdings schwerfällt, da sie sich nachdrücklich als Antirassismus oder als Sorge um soziale Gerechtigkeit tarnt. Hier sind acht Anzeichen, durch die sie sich verrät:

1. Die alten antisemitischen Verschwörungstheorien: Die Juden, heißt es, kontrollieren die Finanzmärkte, die Medien und die Politik – nur dass jetzt Israel oder der Mossad die Fäden ziehen.
2. Wiederkäuen sowjetischer Propaganda: Israel sei ein rassistischer oder faschistischer Staat; Zionismus sei Kolonialismus; die Israelis seien genauso schlimm wie die Nazis; Israel sei ein Apartheidstaat, der sich ethnischer Säuberungen und gar eines Völkermords schuldig mache; der Holocaust werde übertrieben und dazu benutzt, Sympathien für Israel zu gewinnen; Diasporajuden seien eine fünfte Kolonne im Dienste israelischer Interessen.
3. Was das jüdische Volk erlitten hat, so wird behauptet, fügten die Juden selbst nun anderen zu. So wird Israel eines »Holocausts« an den Palästinensern beschuldigt.
4. Israel wird als das schlimmste Land der Welt dargestellt, während die Verbrechen anderer Länder – selbst weitaus schlimmere, wie sie auch in Israels Nachbarländern begangen werden – unbeachtet bleiben.

5. Fehler Israels werden dazu benutzt, die Legitimität des Staates selbst in Frage zu stellen, statt die Schuld den direkt Verantwortlichen zuzuweisen.
6. Die Geschichte des jüdischen Volkes im Land Israel wird geleugnet.
7. Israel wird nachgesagt, es habe »kein Existenzrecht«, und zwar auf Grundlage falscher Behauptungen über Illegitimität, Kolonialismus, Rassismus und der Vorherrschaft der Weißen.
8. An den jüdischen Staat werden moralische Maßstäbe angelegt, an die kein anderes Land der Welt sich hält oder jemals gehalten hat.

Diese Liste ist freilich nicht vollständig; man könnte mühelos noch mehr Anhaltspunkte nennen, und viele davon sind recht subtil. Doch selbst wenn man Israelphobie einmal erkannt hat, mag es immer noch schwerfallen, sie zu bekämpfen. Aufgrund ihrer tiefen kulturellen Verwurzelung ist es sogar schwierig, Menschen überhaupt dazu zu bringen, sie anzuerkennen. Wer aus Gewohnheit gegen den jüdischen Staat Stellung bezieht, ist oft schon mit dem Vorwurf des Antisemitismus konfrontiert worden und hat Standardfloskeln zu seiner Verteidigung parat. Der wichtigste lautet: »Ich bin nicht antisemitisch, sondern nur antizionistisch.« Wenn man das in Frage stellt, wird man unweigerlich beschuldigt, Kritik an Israel unterdrücken zu wollen. Der Begriff der Israelphobie, wie ich ihn hier in drei Schritten dargelegt habe, mag dabei helfen, aber es wird bestimmt nicht lange dauern, bis der Hass eine neue Gestalt annimmt und sich einen anderen Zufluchtsort sucht, um unentdeckt zu bleiben. Fürs erste jedoch bedarf es einer schnellen und einfachen Möglichkeit, die Israelphobie ihrer rhetorischen Rüstung zu entkleiden.

Versuchen Sie folgendes: Es gibt mindestens fünf Druckpunkte, an denen man ansetzen kann, um den Schutzpanzer eines Israelphobikers aufzubrechen und den darunter liegenden weichen Körper ungeprüfter Annahmen freizulegen. Zu diesem Zweck stellen Sie einfach ein paar Fragen. Dass Sie ins Schwarze getroffen haben, werden Sie daran erkennen, dass Ihr Gegenüber auf bewährte Verteidigungsstrategien zurückgreift, auch wenn diese bereits durchschaut wurden.

Natürlich wird das nicht mit jeder Frage bei jedem funktionieren. Menschen palästinensischer Herkunft zum Beispiel können auf die erste Frage eine sehr gute und vernünftige Antwort geben. Doch wenn Sie im richtigen Moment den richtigen Ton treffen, werden Sie vielleicht eine Diskussion über die Dinge anstoßen können, die ich in diesem Buch dargestellt habe. Und wenn es Ihnen nicht gelingt, die Meinung Ihres Gesprächspartners zu ändern – wie oft kommt das schon vor? –, können Sie vielleicht die Menschen in Hörweite positiv beeinflussen oder zumindest zum Nachdenken anregen.

1. *Was hat das mit Ihnen zu tun?*

Von den Straßen Manchesters bis zu den Universitäten von Michigan haben viele Israelphobiker nichts mit der Sache zu tun. Da sie keine Verbindung mit der Region haben, hätten sie sich auch für die Rechte der Afrobrasilianer oder der Bewohner der Torres-Strait-Inseln stark machen können, oder für die Rechte der Pygmäen in Zentralafrika, die dort unter den Bantu-Völkern leiden. Nicht, dass es an sich falsch wäre, sich auf ein bestimmtes Unrecht zu konzentrieren. (Ich spreche hier nicht von vernünftigen Aktivisten, sondern von denen, die ihre Argumente auf Fälschung und Dämonisierung stützen). Aber warum setzen sich so viele für die Palästinenser ein?

Es lässt sich kaum behaupten, dass sie das aus Sorge um deren Wohlergehen täten. Wenn das zuträfe, hätten die Aktivisten sich ebenso lautstark zu Wort melden müssen, als Assad die palästinensische Gemeinde in Yarmouk bombardierte oder als die Hamas ihr eigenes Volk unterdrückte. Da unvergleichlich mehr unschuldige Muslime von islamischen Terroristen und Tyrannen getötet werden als von Israel, dürfte man erwarten, dass sie dazu etwas zu sagen haben.

Dafür gibt es zwei triftige Erklärungen. Erstens: Die palästinensische Sache ist zu einem ideologischen Totem für den revolutionären Instinkt der Linken und zu einem kollektiven Ausdruck der politischen Identität der Anhänger geworden. Zweitens: Die Juden.

2. *Können Sie akzeptieren, dass Israel viele bewundernswerte Eigenschaften hat, insbesondere im Vergleich zu den anderen Staaten der Region? Wenn nicht, warum nicht?*

Vernünftige Kritiker fühlen sich durch die lobenswerten Aspekte Israels nicht bedroht. Da sie frei von Vorurteilen sind, betrachten sie beispielsweise die liberale Haltung des Landes zu gleichgeschlechtlichen Beziehungen oder den (wenn auch unvollkommenen) Schutz von Minderheiten als etwas Gutes, das man als solches anerkennen sollte. Israelphobie hingegen beruht auf einer Dämonisierung, die alle Übel Israels übertreibt und das Land als die weltweit schädlichste Macht verunglimpft. Wenn jemand am Lob der positiven Dinge Anstoß nimmt, mag das ein Anzeichen von Bigotterie sein. Den ärgsten Widersachern fällt es sogar schwer zu akzeptieren, dass das Essen in Israel einfach wunderbar ist.

Natürlich gibt es auch viele positive Aspekte der palästinensischen Gesellschaft, wie die charakteristische Gastfreundschaft, die Loyalität, die familiäre und gemeinschaftliche Solidarität und der Respekt vor den Älteren, ganz zu schweigen von der Küche. Auch das sollte leicht zu erkennen sein.

3. *Sind Sie in der Lage, Ihre Kritik zu artikulieren, ohne längst widerlegte sowjetische Lügen und andere Fälschungen zu wiederholen?*

Das Nachplappern von Propagandalügen ist das eigentliche Kennzeichen der Israelphobie, das sie von legitimer Kritik unterscheidet. Dazu gehören gefälschte Anschuldigungen von Völkermord, Apartheid, Vorherrschaft der Weißen, Siedlerkolonialismus und so weiter. Jeder dieser Vorwürfe ist leicht zu widerlegen, doch fühlen sie sich oft richtig an, weil sie so altbekannt sind. Nur selten trifft man jemanden, der weiß, dass dieses Zeug von Propagandisten in Moskau oder im nationalsozialistischen Berlin ausgeheckt wurde.

4. *Es gibt viel schlimmere Ungerechtigkeiten und Menschenrechtsverletzungen auf der ganzen Welt, insbesondere im Nahen Osten. Oder?*

Vom Krieg in der Ukraine bis zu den Bürgerkriegen in Jemen und Myanmar – letzterer forderte allein im Jahr 2022 etwa 20.000 Menschenleben, verglichen mit 255 Toten im israelisch-palästinensischen Konflikt[2] – lassen sich Beispiele von Leid und Enteignung auf der ganzen Welt anführen, die die Notlage der Palästinenser traurigerweise noch in den Schatten stellen. Wer sich nicht von Vorurteilen beeinflussen lässt, sollte diese Tatsache ohne weiteres anerkennen; seine Sympathie für die Palästinenser muss er darum schließlich nicht aufgeben. Israelphobie jedoch beruht, um es noch einmal zu sagen, auf Dämonisierung. Wer die Welt so betrachtet, wird das wahre Ausmaß des Konflikts schwerlich akzeptieren.

5. *Welches Land hat eine bessere moralische Bilanz als Israel?*

Unter dem Einfluss der Dämonisierung erscheint es schier ungeheuerlich, dass Israel eine durchaus anständige moralische Bilanz vorzuweisen hat. Man vergleiche es einmal mit Großbritannien und den Vereinigten Staaten, zum Beispiel mit der Geschichte des britischen Weltreichs, der Einmischung in Übersee, der rassistischen Unterdrückung und den Kriegen, die diese Länder in aller Welt geführt haben. Vergleicht man Israel mit seinen Nachbarn, ist seine positive moralische Bilanz ganz einfach unbestreitbar. Außerdem steht der jüdische Staat vor den größten Sicherheitsherausforderungen aller Demokratien. Würden andere – etwa die britischen Truppen in Irland, die Royal Air Force in Dresden oder die USA im Irak – besser abschneiden? Warum wird Israel stets ein Verhalten abverlangt, das kein Land in der Geschichte je an den Tag gelegt hat?

Diese Fragen können helfen. Aber das Problem ist nicht leicht zu lösen. Die Herausforderung besteht nicht zuletzt darin, dass die Leute in den Kulturkämpfen, die gerade ausgetragen werden, Israel zu einer Frage ihrer politischen

Identität machen. Als Israelphobie zum kulturellen Standard von Corbyns Labour Party wurde, zog sich die Schlange der konservativen Freunde Israels vor dem Tory-Parteitag über Kilometer hin; als aber Sir Keir Starmer die Führung der Labour Party übernahm und plötzlich ein neuer Wind wehte, war die Schlange der Freunde Israels seiner Partei sogar noch länger als bei den Torys. Was bedeutet das alles für die Juden?

Wir müssen auf eine Zukunft hinarbeiten, in der Israel weder dämonisiert noch fetischisiert, sondern als das betrachtet wird, was es ist: ein in vielerlei Hinsicht bemerkenswertes, in anderer Hinsicht beunruhigendes, aber letztendlich – mit all seinen Helden und Schurken – einfach ein anderes Land. Nur dann werden wir das Ende der Israelphobie erleben.

ENDNOTE

Tatsächlich bin ich nicht der erste, der von »Israelphobie« spricht. Als mir der Begriff in den Sinn kam, gab ich ihn sogleich bei Google ein und fand heraus, dass die italienisch-israelische Journalistin Fiamma Nirenstein ihn zwar bereits verwendet hatte – wenngleich nicht in dem Zusammenhang, in dem ich ihn hier dargestellt habe –, er aber noch nicht weit verbreitet war. Soweit ich sehe, wurde der Begriff in den 1990er Jahren von dem Historiker Raphael Israeli geprägt.

DANKSAGUNG

Besonderer Dank gilt dem Historiker Simon Sebag Montefiore, dessen freundliche Ratschläge mir unverzichtbar waren. Großzügige Hilfe leisteten mir auch die russische Historikerin und Publizistin Izabella Tabarovsky, David Motadel, außerordentlicher Professor für internationale Geschichte an der London School of Economics, der Politikwissenschaftler und Historiker Matthias Küntzel, Professor Meir Litvak, Vorsitzender der Abteilung für Geschichte des Nahen Ostens und Afrikas an der Universität Tel Aviv, Professor Elhanan Yakira von der Hebräischen Universität Jerusalem, Professor Andrew Roberts, der mir wertvolle Hinweise zu Churchill und Dresden gab, und der stets zuvorkommende Jeffrey Herf, emeritierter Professor an der Universität Maryland. Danken möchte ich auch dem Rechtsanwalt und Antisemitismusexperten Anthony Julius sowie den Journalisten Dominic Green und Jonathan Foreman. Orlando Radice, dem stellvertretenden Chefredakteur des *Jewish Chronicle,* und den anderen Mitarbeitern danke ich dafür, dass sie, immer wenn ich mich zu ungünstigen Zeiten zum Schreiben zurückzog, bereitwillig eingesprungen sind. Mein ganz besonderer Dank gilt schließlich Roxanna, unseren Kindern und der gesamten Familie, die es ertragen hat, dass ich mit der Kurzsichtigkeit eines Verrückten rund um die Uhr gearbeitet habe. Es ist nicht leicht, sein Leben mit einem Autor zu teilen, erst recht nicht mit einem, der obendrein noch als Zeitungsredakteur in Vollzeit beschäftigt ist und sich mit Radfahren und Whisky über Wasser hält. Meine ewige Dankbarkeit ihnen allen.

ANMERKUNGEN

1. Der neueste Hass

1 https://www.thejc.com/news/news/bbc-interviews-%27we-love-death%27-activist-on-tackling-jew-hate-52WPeblECTwTCZ8tsw-H5P
2 https://www.thejc.com/news/news/jews-make-up-less-than-1-per-cent-of -u- population-but-a-quarte-of-all-hate-crimes-7jnjAHPKZ-1cQqLFlL3olMk
3 https://www.thejc.com/news/news/antisemitism-watchdog-launches-uk-wide-stand-with-jews-campaign-5gY61OZ4xJh-BLCDh0NieyH
4 https://www.theguardian.com/commentisfree/2023/apr/15/racism-in-britain-is-not-a-black-and-white-issue-it-is-far-more-complicated
5 https://www.npr.org/2023/03/23/1165737405/antisemitism-statistics-report-2022-anti-defamation-league
6 https://www.jpost.com/diaspora/antisemitism/article-729720
7 https://www.osw.waw.pl/en/publikacje/analyses/2023-03-27/germanys-strategy-to-combat-anti-semitism
8 https://www.businessinsider.com/israel-iron-dome-blocks-90-per-cent-rockets-hamas-gaza-2021-5?r=US&IR=T
9 https://news.un.org/en/story/2021/12/1108352
10 Dara Horn, *People Love Dead Jews*, W.W. Norton & Co, London 2021, S. 10.
11 https://www.thejc.com/news/news/bbc-apologises-after-presenter-said-israeli-forces-are-happy-to-kill-children-4JDRb7IKCqCUk6-Vck6w3AJ
12 https://quillette.com/2019/11/16/thorstein-veblens-theory-of-the-leisure-class-a-status-update/
13 Elizabeth Currid-Halkett, *The Sum of Small Things: A theory of the aspirational class*, Princeton University Press, 2017.
14 https://www.btselem.org/press_releases/20230108_the_occupied_territories_in_2022_largest_number_of_palestinians_killed_by_israel_in_the_west_bank_since_2004
15 Kombattanten: https://www.newsweek.com/ukraine-russia-elon-muks-troop-deaths-war-1779496. Zivilisten: https://www.ohchr.

org/en/news/2022/12/ukraine-civilian-casualty-update-19-december-2022
16 https://peoplesdispatch.org/2023/01/04/over-3000-yemenis-were-killed-or-injured-in-2022-says-report/
17 https://www.spiked-online.com/2021/11/10/the-demonisation-of-israel-is-out-of-control/
18 https://nypost.com/2023/01/14/university-of-michigan-protesters-call-for-intifada-demise-of-israel/
19 Albert H. Halsey, *The Decline of Donnish Dominion: The British Academic Professions in the Twentieth Century*, Oxford University Press, 1992, chapter 11.
20 Remi Adekoya, Eric Kaufmann and Tom Simpson, *Academic Freedom in the UK: Protecting Viewpoint Diversity*, Policy Exchange, 2020.
21 https://www.cspicenter.com/p/academic-freedom-in-crisis-punishment
22 https://www.nationalaffairs.com/publications/detail/the-constitution-of-knowledge
23 https://www.cspicenter.com/p/academic-freedom-in-crisis-punishment
24 https://www.telegraph.co.uk/news/2020/07/16/harvard-professor-stephen-pinker-attacked-550-academics-tweets/
25 https://www.insidehighered.com/news/2021/08/31/fire-launches-new-database-tracking-attacks-speech
26 https://www.insidehighered.com/news/admissions/2023/05/08/jewish-student-enrollment-down-many-ivies
27 https://www.standwithus.com/post/george-washington-university-ignored-professor-s-antisemitism-says-new-civil-rights-complaint
28 Hannah Arendt, *Eichmann in Jerusalem. Ein Bericht von der Banalität des Bösen*, München-Zürich 1986, S. 188–189.
29 John Rees, *The ABC of Socialism*, Bookmarks, 1994, S. 55.
30 https://www.thejc.com/news/news/university-student-union-officer-slammed-after-saying-i%27d-back-hamas-in-a-conflict-with-israel-542SSNfDZ1AbY8j6V4z8EL
31 https://www.jpost.com/International/Belgian-MP-tramples-Israeli-flag-at-pro-Assad-rally-315523
32 https://www.timesofisrael.com/palestinians-celebrate-jerusalem-synagogue-massacre-with-fireworks-sweets/
33 https://www.ibtimes.co.in/wanted-kill-many-not-just-one-palestinian-enters-israel-craving-jewish-genocide-rapes-856400
34 https://www.youtube.com/watch?v=6zHL2x0ndgE&t=698s
35 https://web.archive.org/web/20121029025033/ http://www.adl.org/extremism/karta/
36 https://www.nytimes.com/2007/01/15/nyregion/15rabbi.html
37 Howard Jacobson, *Mother's Boy*, Vintage 2023, S. 267.

38 Revelation 2:9 and 3:9
39 https://www.thetimes.co.uk/article/voters-remember-what-politi-cians-forget-3lsl0k9ng0n
40 https://www.theguardian.com/media/2003/may/22/theindepend-ent.pressandpublishing
41 https://www.theguardian.com/media/2013/jan/28/murdoch-apol-ogy-sunday-times-cartoon
42 George Orwell, *Orwell and England*, Macmillan, 2021, S.

2. Was ist Israelphobie?

1 https://twitter.com/guidofawkes/status/981074670635159553
2 Theodor Herzl, Der Judenstaat: Versuch einer modernen Lösung der Judenfrage, Ölbaum Verlag, Augsburg 1996, S. 16, 101.

3. Dämonisierung

1 http://downloads.bbc.co.uk/rmhttp/ra-dio4/transcripts/1961_reith5.pdf
2 https://www.mackinac.org/OvertonWindow
3 Alan Dershowitz, *The Case for Israel*, John Wiley & Sons Inc., 2003.
4 https://www.jcpa.org/phas/phas-sharansky-f04.htm
5 https://jcpa.org/mission-impossible-repairing-the-ties-between-eu-rope- and-israel/anti-semitism-in-europe-today-comes-mostly-from-the-left/
6 https://fra.europa.eu/en/content/fra-opinions-experiences-and-per-ceptions-antisemitism
7 https://fra.europa.eu/en/news/2023/major-eu-survey-antisemitism-and-jewish-life-launched
8 https://obamawhitehouse.archives.gov/blog/2010/05/03/because-i-believe-you
9 https://assets.nationbuilder.com/nus/pages/108/attachments/origi-nal/ 1673471780/Independent_Investigation_into_Antisemitism_ Report_ NUS_12_January_2023.pdf?1673471780
10 https://assets.publishing.service.gov.uk/media/59786a0040f0b65d-cb00000a/042-Persecution-of-Christians-in-the-Middle-East.pdf
11 Benny Morris, *1948: Righteous Victims: A history of the Zionist-Arab conflict 1881–2001,* Vintage Books, 2001, S.252–258.
12 Avi Beker, *The Forgotten Narrative: Jewish refugees from Arab countries*, Jewish Political Studies Review, Vol. 17, No. 3/4, 2005
13 Noah Lewin-Epstein and Yinon Cohen (18 August 2019), »*Ethnic origin and identity in the Jewish population of Israel«, Journal of*

Ethnic and Migration Studies, 45 (11), S. 2118–2137.

14 https://www.jewishvirtuallibrary.org/jewish-refugees-from-arab-countries

15 https://www.youtube.com/watch?v=35eEljsSQfc

16 https://www.jewishvirtuallibrary.org/israel-ranking-on-democracy-index

17 https://www.transparency.org/en/cpi/2022

18 https://hdr.undp.org/data-center/human-development-index#/indicies/HDI

19 https://worldpopulationreview.com/country-rankings/crime-rate-by-country

20 https://www.jns.org/israel-ranked-fifth-safest-country-for-tourists/

21 https://www.jewishvirtuallibrary.org/total-casualties-arab-israeli-conflict

22 https://www.indexoncensorship.org/indexindex/

23 https://www.timesofisrael.com/thousands-attend-funeral-of-ballet-dancer-who-was-washed-out-to-sea/

24 https://www.bbc.co.uk/news/world-middle-east-64390817

25 https://worldhappiness.report/ed/2023/world-happiness-trust-and-social-connections-in-times-of-crisis/#ranking-of-happiness-2020-2022

26 https://il.boell.org/en/2019/04/04/poll-most-israelis-have-positive-view-jewish-arab-relations

27 https://www.pcpsr.org/en/node/931

28 https://www.timesofisrael.com/israel-divided-along-tribal-lines-rivlin-warns/

29 Morris, *1948: A History of the First Arab-Israeli War*, 2008, S. 404–406.

30 Anthony Julius, *Trials of the Diaspora*, Oxford University Press, 2012, S. xv.

31 In David Barsamian and Edward Said, *Culture and Resistance: Conversations with Edward Said*, Pluto Press, 2003, S. 54, Said sagte: »Die Stadt Hebron ist im Wesentlichen eine arabische Stadt. Vor 1967 gab es dort keine Juden.« Das war falsch. Wie Anthony Julius bemerkt in *Trials of the Diaspora*, Oxford University Press, 2012, S. xiv: »Über 2000 Jahre lang, bis 1936, gab es in Hebron eine kontinuierliche und bedeutende jüdische Präsenz, meist geduldet, immer untergeordnet.« Said hat bei verschiedenen Gelegenheiten weitere fragwürdige Behauptungen über Hebron aufgestellt.

32 https://www.haaretz.com/israel-news/2016-08-23/ty-article/premium/ arab-students-in-jerusalem-get-less-than-half-the-funding-of-jews/ 0000017f-f859-d887-a7ff-f8fdad430000

33 https://www.wsj.com/articles/the-huwara-riot-was-not-a-pogrom-jews- palestinians-misappropriation-mainstream-margins-russia-95b5dabb

34 https://metro.co.uk/2023/03/27/black-children-six-times-more-likely- to-be-strip-searched-by-police-18504292/
35 https://www.thetimes.co.uk/article/police-strip-searching-children-as- young-as-eight-8vnjfr0cm
36 https://www.france24.com/en/france/20210913-macron-to-increase-oversight-of-police-after-brutality-and-racism-claims
37 https://www.thetimes.co.uk/article/why-many-british-jews-will-be-horrified-by-israels-new-government-rzjvpcg7h
38 https://web.archive.org/web/20080102223444/http://www.csuohio.edu/tagar/boris.htm
39 https://unwatch.org/2022-2023-unga-resolutions-on-israel-vs-rest-of-the-world/
40 https://www.fdd.org/analysis/2022/08/24/the-time-is-now-to-reform-the-un-human-rights-apparatus/
41 https://www.un.org/unispal/human-rights-council-resolutions/
42 http://www.gicj.org/images/2019/pdfs/HRC41/The-Rise-in-Hate-Speech-by-Political-Representatives-and-on-Social-Media-in-Israel.pdf
43 https://www.thejc.com/news/israel/israel-is-the-most-targeted-country-in-the-world-on-social-media-says-new-study-pAyuIfSSheLdoy7guwtRt
44 https://www.worldjewishcongress.org/en/durban-conference?item=t4izTL3hYeaTf0PCpfHQm
45 https://www.france24.com/en/20090421-un-attempts-damage-control-after-ahmadinejad-speech-
46 Danny Danon, *In the Lion's Den: Israel and the world*, Wicked Son, 2022.
47 Mark Twain, *The Innocents Abroad*, Wordsworth Editions, 2010.
48 https://www.jpost.com/international/article-743145
49 https://freedomhouse.org/countries/freedom-world/scores
50 https://www.thejc.com/news/uk/now-end-of-zionism-academic-says-bristol-jsoc-is-israel-s-pawn-1.511915
51 https://www.nytimes.com/2022/10/19/world/middleeast/palestinian-culinary-traditions.html
52 Theodor Herzl, *»A Solution of the Jewish Question«*, *Jewish Chronicle*, January 17, 1896, S. 12.
53 Simon Sebag Montefiore, *Jerusalem: Die Biographie*, Stuttgart, 2024.
54 Manashe Harrel, *»The Jewish Presence in Jerusalem through the Ages«* and Ori Stendel *»The Arabs in Jerusalem«*, in Sinai and Oestericcher, eds., *Jerusalem*, John Day, 1974
55 http://monbalagan.com/45-chronologie-israel/des-arabes-chretiens-et-ottomans/126-1899-1er-mars-lettre-de-youssouf-diya-al-khalidi-

a-herzl-premiere-opposition-au-sionisme.html?highlight=WyJsZX-R0cmUiLCJoZXJ6bCIsImhlcnpsaWVubmVzIl0=

56 T. E. Lawrence, Malcom Brown (ed), *T. E. Lawrence in War and Peace: An anthology of the military writings of Lawrence of Arabia*, Greenhill Books, 2005, S. 106.

57 https://www.theatlantic.com/membership/archive/2017/12/when-the-british-got-jerusalem-for-christmas/548192/

58 https://archive.jewishagency.org/maps/content/35916/

59 Joseph S. Spoerl, »*Palestinians, Arabs and the Holocaust*«, *Jewish Political Studies Review* Vol. 26, numbers 1–2, March 2015, S. 25.

60 Sebag Montefiore, *Jerusalem*.

61 Benny Morris, »*Vertreibung, Flucht und Schutzbedürfnis: Wie 1948 das Problem der palästinensischen Flüchtlinge entstand*« in *FAZ*, 29.12.2001.

62 https://www.jewishvirtuallibrary.org/latest-population-statistics-for-israel

63 https://www.thetimes.co.uk/article/akub-restaurant-review-london-giles-coren-jl6j66wrg

64 Simon Sebag Montefiore, *The World*, Weidenfeld & Nicolson, 2022, S. 1078.

65 Yasmin Khan, *The Great Partition: The Making of India and Pakistan*, Yale University Press, 2008; https://www.redcross.org.uk/stories/our- movement/our-history/india-partition-the-red-cross-response-to-the- refugee-crisis

66 Morris, *1948: First Arab-Israeli War*, S. 404–406.

67 https://www.jewishvirtuallibrary.org/latest-population-statistics-for

68 Sunder Katwala, *How to be a Patriot: Why love of country can end our very British culture war*, HarperNorth, 2023, S. 62.

69 https://www.unhcr.org/us/about-unhcr/who-we-are/figures-glance

70 https://www.newsweek.com/palestinians-never-miss-opportunity-miss-opportunity-opinion-1531588

71 https://www.washingtonpost.com/wp-dyn/content/article/2009/07/16/AR2009071603584.html?sid=ST2009090403399

72 https://www.bbc.co.uk/news/world-asia-63554941

73 https://edition.cnn.com/2019/02/01/world/european-colonization-climate-change-trnd/index.html

74 Sebag Montefiore, *The World*.

75 https://www.churchtimes.co.uk/articles/2005/11-february/features/ash-wednesday-1945

76 https://melaniephillips.substack.com/p/the-real-story-about-that-gaza-death

77 https://www.spectator.co.uk/article/what-the-bbc-gets-wrong-about-israel/

78 Ruth Harris, *The Man on Devil's Island: Alfred Dreyfus and the affair that divided France*, Penguin, 2011.

79 Piers Paul Read, *The Dreyfus Affair: The story of the most infamous miscarriage of justice in French history*, Bloomsbury, 2012.
80 Sebag Montefiore, *The World.*
81 David Livingstone Smith, *Less Than Human: Why we demean, enslave and exterminate others*, Macmillan, 2011, S. 137.
82 Richard Taylor, *Film Propaganda: Soviet Russia and Nazi Germany*, IB Tauris & Co Ltd, 2009, S. 179.
83 https://jcpa.org/article/parallels-between-nazi-and-islamist-anti-semitism/
84 https://www.theatlantic.com/magazine/archive/2008/03/the-2-000-year-old-panic/306640/
85 HH Ben-Sasson (ed), *A History of the Jewish People*, Harvard University Press, 1976, S. 875.
86 https://collections.ushmm.org/search/catalog/irn2910
87 https://www.theguardian.com/world/2006/jul/31/arts.usa
88 https://encyclopedia.ushmm.org/content/en/timeline-event/holocaust/1939-1941/hitler-speech-to-german-parliament
89 Peter Longerich, *Hitler: A biography*, Oxford University Press, 2019, S. 779.
90 https://www.jewishvirtuallibrary.org/muslim-clerics-jews-are-the-descendants-of-apes-pigs-and-other-animals
91 https://www.thejc.com/news/uk-news/chris-williamson-hits-out-after-losing-his-seat-saying-foreign-government-mobilised-against-corby-1.494422
92 https://www.thejc.com/lets-talk/all/the-problem-with-miller-1.512511
93 https://www.thejc.com/news/uk/david-miller-sacked-by-bristol-1.521060
94 https://securingdemocracy.gmfus.org/british-commentators-iran-russia-ukraine-conspiracy-theories/
95 https://www.opensecrets.org/fara
96 https://www.adl.org/resources/blog/antisemitic-conspiracy-theories-abound-around-russian-assault-ukraine

4. Bewaffnung

1 Istvan Pal Adam, *Post-Holocaust Pogroms in Hungary and Poland*, Central European University, 2009, S. 1.
2 David Hirsh, *Contemporary Left Antisemitism*, Routledge, 2017, S. 5.
3 https://twitter.com/jeremycorbyn/status/824708732504473601
4 https://www.timesofisrael.com/corbyn-called-for-uks-holocaust-memorial-day-to-be-renamed/

5 https://www.independent.co.uk/news/uk/politics/labour-antisemitism-row-jeremy-corbyn-holocaust-israel-nazis-party-definition-a8472276.html

6 https://www.theguardian.com/politics/2016/jul/04/jeremy-corbyn-says-he-regrets-calling-hamas-and-hezbollah-friends

7 Charles Baudelaire, Die Blumen des Bösen, Frankfurt 2011.

8 https://www.bbc.co.uk/news/topics/c28q43x9qmzt

9 https://www.memri.org/tv/british-bishop-denies-holocaust-iran-tv-no-many-good-jews

10 https://www.theguardian.com/us-news/2017/aug/16/charlottesville-neo-nazis-vice-news-hbo

11 Bari Weiss, *Wie man Antisemitismus bekämpft*, Tiamat, Berlin 2022.

12 https:/ /twitter.com/jeremycorbyn/status/1194197042534461440?lang=en

13 George Spater, William Cobbett: *The Poor Man's Friend*, Cambridge University Press, 1982.

14 William Cobbett, *Political Register*, 25 October 1823, cols 214–218.

15 Cobbett, *Political Register*, 25. Oktober 1823, Kol. 214–218.

16 Cobbett, *Political Register*, 5. Juni 1830, Kol. 728–735.

17 Cobbett, *Political Register*, 20. April 1805, Kol. 597–598.

18 Cobbett, *Political Register*, 1. März 1823, Kol. 565.

19 John W. Osborne, »*William Cobbett's Anti-Semitism*«, *The Historian*, Volume 47, 1984, Issue 1.

20 https://www.amnesty.org/en/location/middle-east-and-north-africa/palestine-state-of/report-palestine-state-of/

21 https://twitter.com/habibi_uk/status/1624005478916276224?lang=en

22 https://www.palestinecampaign.org/trade-unions-uk/

23 https://www.jewishnews.co.uk/spains-new-deputy-pm-called-israel-an-illegal-state/

24 https://inews.co.uk/news/politics/jeremy-corbyn-nick-griffin-bnp-support-zionists-comments-row-190234

25 Golda Meir, *My Life*, Dell Publishing Company, 1975, S. 308–309.

26 https://www.spectator.co.uk/article/blm-should-look-to-martin-luther-king-not-malcolm-x-for-inspiration/

27 Malcolm X, *Die Autobiographie, Heyne, 1996.*

28 Patricia Bidol-Padva, *Developing New Perspectives on Race*, New Detroit, 1970.

29 https://www.theguardian.com/culture/2022/feb/02/whoopi-goldberg-suspended-from-the-view-after-saying-holocaust-isnt-about-race

30 https://www.hepi.ac.uk/2017/12/18/two-thirds-68-students-now-back-labour-think-labour-55-jeremy-corbyn-58-back-remain/

31 https://www.theguardian.com/politics/2017/oct/07/oh-jeremy-cor-
byn-chant-white-stripes
32 https://nymag.com/intelligencer/2020/02/this-one-chart-explains-
why-young-voters-back-bernie-sanders.html
33 https://www.commentary.org/noah-rothman/bernie-sanders-has-a-
big-jeremy-corbyn-problem/
34 https://www.usnews.com/news/elections/articles/2019-12-19/sand-
ers-calls-netanyahu-racist-escalating-attacks-on-the-embattled-is-
raeli-pm?context=amp
35 https://www.dailymail.co.uk/news/article-7742535/Jeremy-Cor-
byn-played-role-useful-idiot-Kremlin-undermining-Nato.html
36 https://www.dailymail.co.uk/news/article-11388081/Ukraine-
brands-Jeremy-Corbyn-one-Putins-useful-idiots-hes-set-speak-
propaganda-event.html
37 https://www.thearticle.com/jeremy-corbyns-shameful-links-to-
irans-theocratic-tyranny
38 https://www.syriahr.com/en/291981/
39 https://www.ohchr.org/en/stories/2023/05/behind-data-recording-
civilian-casualties-syria
40 https://www.jewishvirtuallibrary.org/total-casualties-arab-israeli-
conflict
41 https://www.thejc.com/news/news/bbc-broadcasts-folksongs-that-
glorify-attacks-on-jews-6wJhXGiv3rhgfazyMN9cAS
42 https://theweek.com/articles/488741/conspiracy-alert-egypts-shar-
kattack-crisis-work-israel
43 https://www.thejc.com/news/news/fury-of-local-residents-as-pales-
tinian-flag-flies-over-lancashire-town-hall-in-jubilee-week-
6V0CU7VuaZkyCIeuuiwax9
44 https://www.theguardian.com/news/2019/may/01/jeremy-corbyn-
rejects-antisemitism-claim-over-book-foreword
45 https://www.thejc.com/lets-talk/all/is-it-time-for-jews-to-do-less-
yearning-and-more-living6O93osYNNU1pl8P6Cjy2qA
46 https://www.thejc.com/news/news/kate-winslet-gaza-film-%27is-
hamas-propaganda%24HTFOwxQYtJTATLDuO8zOb
47 https://www.thejc.com/news/news/kate-winslet-gaza-film-%27is-
hamas-propaganda%274HTFOwxQYtJTATLDuO8zOb
48 https://www.spectator.co.uk/article/the-new-york-times-revealing-
gaza-coverage/
49 https://www.theguardian.com / media / 2002 / may / 06 / monday-
mediasection5
50 https://www.france24.com/en/tv-shows/truth-or-fake/20211104-
pally-wood-truth-and-falsehoods-amid-political-communications
51 https://www.reuters.com/article/factcheck-fake-gaza-idUSL2N2N-
52AF
52 https://www.thejc.com/news/world/bella-hadid-slammed-for-anti-

israel-posts-in-wake-of-synagogue-terror-attack-7At8BfuTnl9X7-eaFauyECN

53 https://www.timesofisrael.com/israel-raps-bbc-for-unethical-terror-attack-headline/

54 https://www.theguardian.com/sport/2017/sep/24/israel-giro-ditalia-race-conflict-2018-start-cycling

55 https://www.trtworld.com/magazine/israel-s-greenwashing-weaponising-environmentalism-on-palestinian-lands-54041

56 https://www.newarab.com/analysis/israel-uses-animal-rights-veganwash-occupation

57 https://bdsmovement.net/pinkwashing

58 https://decolonizepalestine.com/rainbow-washing/purplewashing/

59 https://www.aljazeera.com/opinions/2022/4/9/wine-washing-the-israeli-occupation

60 Jean-Paul Sartre, *Überlegungen zur Judenfrage, Reinbek 1994.*

61 https://www.allgemeiner.com/2023/01/06/hamas-official-interviewed-on-german-public-tv-in-latest-antisemitic-scandal/

62 Menachem Begin, *The Revolt*, Dell, 1977, S. 313.

63 Noah Lewin-Epstein and Yinon Cohen, ibid., S. 2118–2137.

64 https://antisemitism.org/jews-over-five-times-more-likely-to-be-targets-of-hate-crimes-than-other-faith-group-caa-analysis-of-home-office-stats-shows/

65 https://forward.com/news/415385/is-a-string-of-attacks-against-brooklyn-jews-really-about-anti-semitism/

66 https://www.jstor.org/stable/43822935

67 https://www.spectator.co.uk/article/does-israel-train-america-s-police-forces/

68 https://www.jta.org/2020/06/02/united-states/los-angeles-jews-take-stoc-after-george-floyd-protests-batter-local-institutions/

69 https://www.timesofisrael.com/protesters-shout-dirty-jews-at-paris-rally-against-police-racism/

70 David Baddiel called it »Schrodinger's whites«. David Baddiel, *Jews Don't Count*, TLS, 2021, S. 73.

71 https://www.orwellfoundation.com/the-orwell-foundation/orwell/essays-and-other-works/antisemitism-in-britain/

72 https://web.archive.org/web/20080102223444/http://www.csuohio.edu/tagar/boris.htm

73 https://www.ngo-monitor.org/fact-sheet-ken-roth/

74 https://www.channel4.com/programmes/david-baddiel-jews-dont-count

75 David Baddiel, Und die Juden?, München 2021.

76 https://twitter.com/baddiel/status/1205468962345177088?lang=eu

77 Baddiel, *ebenda*

78 Baddiel, *ebenda*

79 Baddiel, *ebenda*

80 Dennis Ross, *The Missing Peace: The Inside Story of the Fight for Middle East Peace*, Farrar, Straus and Giroux, 2005, S. 694.
81 https://www.wayoflife.org/reports/temple_denial_vs_archaeol-ogy.html
82 https://content.time.com/time/subscriber/article/0,33009,493263,00.html
83 Dore Gold, *The Fight for Jerusalem: Radical Islam, the West and the Future of the Holy City*, Regnery Publishing, 2007. 205
84 https://www.theguardian.com/world/2016/oct/14/israel-unesco-res-olution-jerusalem-palestine
85 https://web.archive.org/web/20080102223444/http://www.csuohio.edu/tagar/boris.htm
86 Herzl, »*A Solution*«, S. 12.
87 https://www.thejc.com/news/news/bbc-apologises-after-presenter-said-israeli-forces-are-happy-to-kill-children-4JDRb7IKCqCUk6Vck6w3AJ
88 https://www.thejc.com/lets-talk/all/jews-in-their-own-words-so-long-as-they-don%27t-say-%27israel%27-6tRo9LjpbgX4XQrdvBgJwk
89 Hannah Arendt, *Eichmann in Jerusalem*, München 1986.
90 https://www.dailymail.co.uk/columnists/article-11874055/ANDR-EW-NEIL-easy-scoff-woke-nonsense-like-Oxfams-language-guide-not-fad.html
91 https://yougov.co.uk/topics/politics/articles-reports/2021/12/22/cancel-culture-what-views-are-britons-afraid-expre
92 John Milton, *Areopagitica and Other Writings*, Penguin, 2014.
93 https://www.britainschoice.co.uk/
94 https://www.the-tls.co.uk/articles/problem-hyper-liberalism-essay-john-gray/
95 https://www.kcl.ac.uk/news/uk-culture-war-debate-public-divide-into-four-groups-not-two-warring-tribes
96 https://www.jta.org/2017/06/25/united-states/marchers-carrying-jewish-pride-flags-asked-to-leave-chicago-dyke-march
97 https://www.change.org/p/lesbians-attacked-at-san-francisco-dyke-march-demand-retraction-of-libelous-statements
98 https://www.feministcurrent.com/2018/08/13/lesbians-excluded-vancouver-dyke-march-name-inclusivity/
99 https://www.thejc.com/lets-talk/all/like-corbynism-the-gender-de-bate-has-gone-through-the-looking-glass-1L9eUHjLSVsgO2b52uRIph
100 https://www.amnesty.org/en/latest/news/2022/02/israels-apart-heid- against-palestinians-a-cruel-system-of-domination-and-a-crime-against-humanity/
101 Trevor Noah, *Born a Crime: Stories from a South African childhood*, John Murray, 2017.

102 https://www.timesofisrael.com/khaled-kabub-sworn-in-as-supreme-courts-first-muslim-justice/

103 https://www.tandfonline.com/doi/abs/10.1080/17511321.2020 1770848?journalCode=rsep20

104 https://twitter.com/YosephHaddad/status/1639728828900581377?s=20

105 https://www.jpost.com/arab-israeli-conflict/palestinian-authority-youre-a-traitor-if-you-sell-land-to-the-jews-619368

106 https://www.washingtoninstitute.org/policy-analysis/israels-security-fence-effective-reducing-suicide-attacks-northern-west-bank

107 https://thespectator.com/topic/has-micah-goodman-found-the-path-to-peace/

108 »*The Arab Boycott and Apartheid«*, *Arab Outlook* 1/2, December 1963, in Dave Rich, *The Left's Jewish Problem*, Biteback, 2018, S. 38.

109 https://www.ohchr.org/sites/default/files/Documents/Issues/Truth/CallLegacyColonialism/CSO/Al-Haq-Annex-3.pdf

110 Jean-Paul Sartre, *Überlegungen zur Judenfrage, Reinbek 1994.*

111 https://www.timesofisrael.com/amnestys-israel-chief-criticizes-groups-report-accusing-israel-of-apartheid/

112 https://www.thejc.com/news/news/revealed-amnesty%27s-own-offi-cials-reject-%27apartheid%27-smear-1Hgn4ETJJkQk9a7i-SASNCv

113 Rich, *Left's Jewish Problem*, S. 36.

114 https://assets.nationbuilder.com/nus/pages/108/attachments/original/1673471780/Independent_Investigation_into_Antisemitism_Report_NUS_12_January_2023.pdf?1673471780

5. Verfälschung

1 Edward Horne, *A Job Well Done: A History of the Palestine Police Force 1920–1948*, Market Harborough 2003.

2 David Motadel, *Islam and Nazi Germany's War*, Cambridge (Mass.) 2014, S. 39.

3 Yuval Arnon-Ohanna, *The Internal Struggle Within the Palestinian National Movement 1929–1939*, Tel Aviv 1981, S. 286. Mit Bezug auf palästinensische Quellen gibt der Autor 4.500 von Arabern getötete Araber an. Die Encyclopaedia Britannica schätzt sie Zahl der während des gesamten Aufstands getöteten Araber auf 5.000: https://www.britannica.com/place/Palestine/The-Arab-Revolt.

4 Stefan Wild, »Mein Kampf« in arabischer Übersetzung, in: *Die Welt des Islams* 9/1–4 (1964), S. 207–211.

5 Spoerl, *Palestinians, Arabs*, S. 15.

6 Ebd., S. 16.

7 Jeffrey Herf, *Nazi Propaganda for the Arab World*, New Haven (Conn.) 2009, S. ix–xvii.

8 Spoerl, *Palestinians, Arabs*, S. 18.

9 Herf, *Nazi Propaganda*, S. 92.

10 Abd al-Karim al-Umar (Hg.), Mudhakkirat al-Hajj Muhammad Amin al-Husayni (*Die Memoiren des Hadsch Mohammed Amin al-Husseini*), Damaskus 1999, S. 108.

11 Motadel, *Islam and Nazi Germany's War*, S. 63.

12 Sebag Montefiore, *Jerusalem*, S. 546–547.

13 Motadel, *Islam and Nazi Germany's War*, S. 43.

14 Sebag Montefiore, *Jerusalem*, S. 547.

15 Ebd.

16 Spoerl, *Palestinians, Arabs*, S. 22.

17 https://www.tabletmag.com/sections/news/articles/amin-al-husseini-nazi-concentration-camp

18 Klaus Gensicke, *The Mufti of Jerusalem and the Nazis*, Elstree 2015, S. 122.

19 Gilbert Achcar, *The Arabs and the Holocaust: The Arab-Israeli war of narratives*, London 2011.

20 https://www.jpost.com/israel-news/never-before-seen-document-penned-by-nazi-leader-himmler-uncovered-by-national-library-485539

21 Mitteilung an Reichsaußenminister Joachim von Ribbentrop, zit. nach Klaus Gensicke, *Der Mufti von Jerusalem*, Amin el-Husseini und die Nationalsozialisten, Frankfurt a.M. 1988.

22 Barry Rubin/Wolfgang Schwanitz, *Nazis, Islamists, and the Making of the Modern Middle East*, New Haven (Conn.) 2014, S. 163.

23 Gensicke, Der Mufti von Jerusalem.

24 Informationsblatt über Yunis Bahri, gesendet von Lampson (brit. Botschaft, Kairo) an Halifax (brit. Außenministerium), 6. Juli 1939, Alexandria, NA, FO 395 / 664, zit n. Motadel, *Islam and Nazi Germany's War*, S. 93.

25 Herf, *Nazi Propaganda*, S. 198.

26 Gensicke, *Der Mufti von Jerusalem.*

27 Herf, *Nazi Propaganda*, S. 101 f.

28 Ebd., S. 105.

29 Ebd., S. 105 f.

30 https://nymag.com/intelligencer/article/marjorie-taylor-greene-qanon-wildfires-space-laser-rothschild-execute.html

31 Herf, *Nazi Propaganda*, S. 126.

32 Ebd., S. 237.

33 https://www.tabletmag.com/sections/history/articles/the-nazi-roots-of-islamist-hate
34 Bernard Lewis, *Semites and Anti-Semites: An inquiry into conflict and prejudice*, New York 1999, S. 160.
35 Zvi Elpeleg, *Through the Eyes of the Mufti: The essays of Haj Amin*, Elstree 2009, S. 26.
36 Herf, *Nazi Propaganda.*
37 Zvi Elpeleg, *The Grand Mufti: Haj Amin al-Hussaini, Founder of the Palestinian National Movement*, London/New York 1993, S. 115, 120, 124–128.
38 Spoerl, *Palestinians, Arabs*, S. 24.
39 Paul Berman, *Terror and Liberalism*, New York 2003.
40 Matthias Küntzel, *Djihad und Judenhaß: Über den neuen antijüdischen Krieg*, Freiburg 2002.
41 https://embassies.gov.il/holysee/AboutIsrael/the-middle-east/Pages/The%20Hamas-Covenant.aspx
42 Matthias Küntzel, Jihad and Jew-Hatred: Islamism, Nazism and the roots of 9/11, Candor (NY) 2007, S. xxi (Vorwort zur englischen Ausgabe).
43 Christian Eggers, »Die Juden werden brennen.« Die antisemitischen Wahnvorstellungen der Hamburger Al Qaida-Zelle um Mohammed Atta, in: Matthias Küntzel (Hg.), Heimliches Einverständnis? Islamischer Antisemitismus und deutsche Politik, Münster 2007.
44 https://www.tabletmag.com/sections/history/articles/the-nazi-roots-of-islamist-hate.
45 Gensicke, *The Mufti of Jerusalem*, S. 182 f.
46 Gensicke, *The Mufti of Jerusalem*, S. 182 f.
47 Benny Morris, *The Birth of the Palestinian Refugee Problem Revisited*, Cambridge 2004, S. 23.
48 Nicholas Bethell, *The Palestinian Triangle: The struggle between the British, the Jews and the Arabs 1935–48*, London 1979, S. 349.
49 Morris, *The Birth of the Palestinian Refugee Problem Revisited*, S. 408 f.
50 Küntzel, *Djihad und Judenhaß*, Freiburg 2002, S. 54.
51 https://archive.jewishagency.org/maps/content/35916/
52 Spoerl, *Palestinians, Arabs*, S. 15.
53 https://www.tabletmag.com/sections/history/articles/the-nazi-roots-of-islamist-hate
54 https://www.memri.org/reports/saudi-columnist-condemns-sympathy-hitler-arab-world
55 https://observer.com/2002/06/can-wieseltier-dcs-big-mullah-have-it-both-ways/

56 https://www.nytimes.com/2002/10/26/world/anti-semitic-elders-of-zion-gets-new-life-on-egypt-tv.html
57 https://www.israelhayom.com/2023/01/05/palestinian-village-elder-claims-israel-trained-cattle-for-espionage /
58 https://www.israelnationalnews.com/news/208696
59 https://www.adl.org/sites/default/files/Press-Conference-Deck-v4-May-12-2014.pdf
60 https://twitter.com/HonestReporting/status/1624746548675354624
61 https://www.memri.org/tv/uae-islamic-scholar-waseem-yousef-arabs-responsible-sectarian-war-division-in-the-region
62 https://www.institute.global/insights/geopolitics-and-security/think-again-inside-modernisation-new-middle-east
63 https://www.tabletmag.com/sections/history/articles/the-nazi-roots-of-islamist-hate
64 https://fathomjournal.org/balfour-100-chaim-weizmann-the-guardian-and-the-balfour-declaration/
65 https://fathomjournal.org/balfour-100-before-balfour-the-labour-partys-war-aims-memorandum/#_ftn2
66 Susie Linfield, *The Lion's Den: Zionism and the Left from Hannah Arendt to Noam Chomsky*, New Haven (Conn.) 2019.
67 https://www.jstor.org/stable/26554993
68 Ion Mihai Pacepa/Ronald J. Rychlak, *Disinformation: Former spy chief reveals secret strategies for undermining freedom, attacking religion, and promoting terrorism*, Chicago 2013, S. 99.
69 https://www.washingtonpost.com/archive/politics/1979/07/15/soviet-jews-see-growth-in-anti-semitismsoviet-jews-are-fearful-of-rising-anti-semitism/9d822731-c7cc-4d1f-9af7-7fb13827410d/
70 Izabella Tabarovsky, Demonisation Blueprints: Soviet Conspiracist Antizionism in Contemporary Left-Wing Discourse, in: *Journal of Contemporary Antisemitism* 5 (2022), S. 7.
71 Ebd., S. 3.
72 https://www.scribd.com/doc/115762049/Caution-Zionism-Yuri-Ivanov-1970
73 http://collections.americanjewisharchives.org/ms/ms0603/ms0603.072.004.pdf
74 https://www.theguardian.com/politics/2023/feb/01/labour-mp-apologises-to-commons-after-calling-israeli-government-fascist
75 https://www.telegraph.co.uk/politics/2023/02/18/labour-candidate-called-israel-apartheid-state/
76 https://fathomjournal.org/soviet-anti-zionism-and-contemporary-left-antisemitism/
77 Pacepa, *Disinformation.*
78 Ebd.

79 https://www.tabletmag.com/sections/arts-letters/articles/mahmoud-abbas-soviet-dissertation
80 https://www.commentary.org/articles/daniel-moynihan/the-politics-of-human-rights/
81 George Orwell, *Orwell and England*, New York 2021, S. 50.
82 Baruch A Hazan, *Soviet Propaganda: A Case Study of the Middle East Conflict*, Abingdon 2017, S. 150.
83 Robert Wistrich, *From Ambivalence to Betrayal: the Left, the Jews, and Israel*, Lincoln (Nebraska) 2012.
84 https://www.dailymail.co.uk/news/article-6738195/CORBYN.html
85 https://www.timesofisrael.com/uks-labour-suspends-another-member-over-comments-against-jews/
86 Tabarovsky, *Demonisation Blueprints*, S. 8.
87 Ebd., S. 12.
88 https://www.cpusa.org/party_voices/convention-discussion-zionism-is-a-form-of-racism/
89 Tabarovsky, *Demonisation Blueprints*, S. 15.
90 https://newleftreview.org/issues/i43/articles/che-guevara-vietnam-must-not-stand-alone
91 https://fathomjournal.org/soviet-anti-zionism-and-contemporary-left-antisemitism/
92 Jovan Byford, *Conspiracy Theories: A critical introduction*, New York 2011, S. 62.
93 https://www.jstor.org/stable/20101082
94 https://www.thejc.com/news/world/exclusive-iran%27s-shadowy-uk-network-revealed-1.517965
95 https://www.orwellfoundation.com/the-orwell-foundation/orwell/essays-and-other-works/antisemitism-in-britain/

6. Acht verräterische Anzeichen und fünf Druckpunkte

1 https://www.thejc.com/lets-talk/all/is-it-time-for-jews-to-do-less-yearning-and-more-living-6O93osYNNU1pl8P6Cjy2qA
2 https://acleddata.com/dashboard/#/dashboard

Aus der Reihe Critica Diabolis

21. Hannah Arendt, Nach Auschwitz, 13.- Euro
65. Guy Debord, Gesellschaft des Spektakels, 20.- Euro
171. Harry Rowohlt, Ralf Sotscheck, In Schlucken-zwei-Spechte, 15.- Euro
223. Mark Fisher, Gespenster meines Lebens, 20.- Euro
225. Eike Geisel, Die Wiedergutwerdung der Deutschen, 24.- Euro
246. Mark Fisher, Das Seltsame und das Gespenstische, 18.- Euro
253. Wolfgang Pohrt, Werke Bd. 10, Kapitalismus Forever & Texte, 22.- Euro
254. Wolfgang Pohrt, Werke Bd. 3, Honoré de Balzac, 2. Aufl., 18.- Euro
262. Wolfgang Pohrt, Werke Bd. 4, Kreisverkehr & Texte 82-84, 30.- Euro
268. Wolfgang Pohrt, Werke Bd. 1, Theorie des Gebrauchswerts u.a., 32.-
271. Eike Geisel, Die Gleichschaltung der Erinnerung, Essays, 26.- Euro
272. Mark Fisher, k-punk, Nachgelassene Schriften (2004-2016), 34.- Euro
277. Iris Dankemeyer, Erotik des Ohrs. Adorno, 30.- Euro
278. Wolfgang Pohrt, Werke Bd. 6, Massenbewusstsein BRD 1990, 30.-
282. Wolfgang Pohrt, Werke Bd. 8.1, Harte Zeiten & Texte, 26.- Euro
284. Caroline Fourest, Generation Beleidigt, 18.- Euro
286. Ingo Müller, Furchtbare Juristen, erweiterte Neuausgabe, 24.- Euro
287. Wolfgang Pohrt, Werke Bd. 8.2, Brothers in Crime, 26.- Euro
291. Wiglaf Droste, Chaos, Glück und Höllenfahrten, Autobiographie, 24.-
292. Hallische Jahrbücher#1, Die Untiefen des Postkolonialismus, 24.- Euro
294. Wolfgang Pohrt, Werke Bd. 9, FAQ & Ergänzungstexte, 26.- Euro
295. Léon Poliakov, Vom Hass zum Genozid. Das 3. Reich und die Juden, 34.-
297. Walter Benn Michaels, Der Trubel um Diversität, 24.- Euro
298. Pascal Bruckner, Ein nahezu perfekter Täter, 26.- Euro
301. Klaus Bittermann, Unruhestifter Wolfgang Pohrt, Biographie, 32.- Euro
311. Ingo Elbe u.a. (Hg.), Probleme des Antirassismus, 34.- Euro
312. Laure Adler, Die Reisende der Nacht. Über das Altern, ca. 30.- Euro
313. Wolfgang Pohrt, Werke Bd. 11, Briefe & Mails 1976–2016, 38.- Euro
314. Charles King, Odessa. Leben und Tod in einer Stadt der Träume, 32.-
315. Stefan Gärtner, Tote und Tattoo, Kritik der Dummheit, 24.- Euro
316. Funny van Dannen, Angst vor Gott. Neue Geschichten, 22.- Euro
317. Wiglaf Droste, Vollbad im Gesinnungsschaum. Sprachkritik, 22.- Euro
318. Andreas Stahl u.a. (Hg.), Gesichter des politischen Islam, 30.- Euro
319. Matthew Beaumont, The Walker. Die Stadt und die Moderne, 34.-
320. Michael Miersch, Einmal Freiheit und zurück, 28.- Euro
321. John Sanford, Die Menschen vom Himmel. Roman, 30.- Euro
322. Julie Burchill, Willkommen bei den Woke-Tribunalen, 34.- Euro
323. Ahlrich Meyer, Der Bann der Unglaubwürdigkeit. Essays, 30.-Euro
324. Jake Wallis Simons, Israelphobie, ca. 24.- Euro
325. Bruno Chauoat, Ist Theorie gut für die Juden?, ca. 30.- Euro
326. Claudius Seidl, Aufstehen. Brüllen. Rebellieren., ca. 20.- Euro
327. Adolph L. Reed Jr., Schatten der Vergangenheit, ca. 20.- Euro
328. Ingo Elbe, Antisemitismus und postkoloniale Theorie, ca. 30.- Euro
329. Christof Meueler, Welt in Schach halten. Wiglaf Droste, ca. 30.- Euro
330. Vojin Saša Vukadinović, Rassismus für Einsteiger, ca. 20.- Euro
331. Meyer Levin, Auf der Suche in aufgewühlten Zeiten, ca. 38.- Euro

http://www.edition-tiamat.de